臺灣歷史與文化 研究輯刊

十八編

第 11 冊

文化、詩話與族群想像
——彰化文士吳德功的文化視野與文化詩話學書寫

林美秀 著

花木蘭文化事業有限公司

國家圖書館出版品預行編目資料

文化、詩話與族群想像——彰化文士吳德功的文化視野與文化
詩話學書寫／林美秀 著 -- 初版 -- 新北市：花木蘭文化事業
有限公司，2020〔民 109〕
目 4+184 面；19×26 公分
（臺灣歷史與文化研究輯刊十八編；第 11 冊）
ISBN 978-986-518-191-8（精裝）
1. 吳德功 2. 臺灣文學 3. 古典文學 4. 文學評論
733.08   109010606

臺灣歷史與文化研究輯刊
十八編　第十一冊
ISBN：978-986-518-191-8

文化、詩話與族群想像
——彰化文士吳德功的文化視野與文化詩話學書寫

作　　者　林美秀
總 編 輯　杜潔祥
副總編輯　楊嘉樂
編　　輯　許郁翎、張雅淋　美術編輯　陳逸婷
出　　版　花木蘭文化事業有限公司
發 行 人　高小娟
聯絡地址　235　新北市中和區中安街七二號十三樓
　　　　　電話：02-2923-1455／傳真：02-2923-1452
網　　址　http://www.huamulan.tw 信箱 hml810518@gmail.com
印　　刷　普羅文化出版廣告事業
初　　版　2020 年 9 月
全書字數　162033 字
定　　價　十八編 16 冊（精裝）台幣 40,000 元

文化、詩話與族群想像
——彰化文士吳德功的文化視野與文化詩話學書寫

林美秀　著

作者簡介

林美秀，1956 年生於臺灣嘉義。曾任國立高雄應用科技大學教授，2006 年退休。視治學如生活，一者開發潛能，探索生命；一者詮解文化，知所通變。因此兼攝詞章、義理，以生命的篤誠踐履，提攝文學研究論述。著述含中國文學與臺灣文學，前者有《中國十大鬼怪傳奇》《江進之文學理論與實踐》《袁中郎性命思想與文學》《漢語文學的古典傳統論述》，後者有《傳統詩文的殖民地變奏——王松詩話與詩的現代詮釋》等。曾獲科技部及教育部多次獎助。

提　　要

　　世變下傳統文化何去何從？是族群存亡的議題：更是知識份子生命的自我安頓之道。本書自此切入，分成二部分論述。第一部分三章討論吳德功文化視野，依其生命脈絡，作貫時性鋪陳。先釐清乙未變革前，他在官學系統、官紳互動，及原鄉信仰交相浸滲下，所形成的重倫常、庶民化、功利性，而帶著知識分子身段的儒教價值觀念。其次依序就政治認同與文化認同議題，探討 1895 至 1897 年間，在改隸之際殘酷不仁的歷史現場，他如何從虛懸的儒教理想，回歸庶民的人道思維。而以「不嗜殺人」的王道判準，巧妙重構政治認同。並以「孔教包括萬類」說，據儒教以德為本的價值思維，匯通、融攝近代文明，建立臺灣族群的文化認同，與自我生命的安頓之道。第二部分三章，則基於前述基礎，觀察如何由文化視野，發展並實踐文化詩話學書寫。先就作者的取材、文體屬性、文化類群等形式表現，檢證其文化跨域傾向。其次論究其基於對當代臺灣歷史文化語境議題的關注，藉文化詩學的比興傳統，建構文化詩話學的美學。再以禮樂文化作為我族想像，以禮樂之君作為政治認同判準，聯結異族完成我族建構。最後以文化詩話學的基調提攝作結，以證其承自傳統的文化智慧。

目次

導論——我讀我思：關於文化、詩話、與族群
　　想像 ……………………………………………………… 1

一、近代臺灣文化的島國特質與開展 ……………… 1

二、詩性文化與詩學型態 ……………………………… 3

三、文化、詩話與族群想像 …………………………… 5

四、我讀我思 …………………………………………… 6

第一章　清領時期吳德功儒學價值觀念的形成 …… 11

一、文化語境中的踐履與轉譯 ……………………… 12

二、學校儒學價值觀念的建構 ……………………… 17

　（一）入泮前古學教育 ……………………………… 18

　（二）入泮後官學經學致用教育 ………………… 21

　（三）延續福建朱子學的在地轉化 ……………… 27

三、庶民儒教信仰的浸滲 …………………………… 31

　（一）祖神與地理、風水 ………………………… 32

　（二）文昌帝君相關信仰 ………………………… 34

四、結語——邊陲格局的典範思維與游移 ……… 38

第二章　乙未動盪歷史語境中清廷政治典範思維
　　的轉移 …………………………………………… 41

一、乙未歷史語境的衝擊 ………………………………41

（一）從奉清正朔到棄地棄民的慨歎 ………41

（二）臺灣民主國經世濟民理想的破滅 ………44

（三）亂離經驗的省思 ………………………49

二、庶民視域的回歸與期待——望太平 ………52

（一）秉持清國政治核心典範 ………………52

（二）亂離經驗動搖政治認同意識 …………54

（三）回歸到庶民視域的思考 ………………56

三、政治典範思維的再建構 …………………………57

（一）期待爭霸圖王不嗜殺人的強權 ………57

（二）傳統儒教文化價值的糾葛 ……………60

四、結語——一場同文同種政治典範的想像 ………62

第三章　乙未後儒教聖道觀的文化視野 …………63

一、孔教包括萬類 ……………………………………63

二、革故鼎新富有日新 ………………………………66

三、素朴的文化我族觀 ………………………………69

四、儒教聖道觀在歷史語境中的侷限與超越 ………71

（一）傳統儒學教養下的學思格局——學術
　　　與政教的融滲 ………………………72

（二）世變中儒學務實致用展現的特色——
　　　儒學向禮教的游移 …………………73

（三）新民想像與在地變異——文化對話與
　　　詮釋創意 ……………………………76

五、結語——期待胸懷萬卷能闡聖道的文化格局
………………………………………………………79

第四章　《瑞桃齋詩話》文化詩話學的表現特質 …81

一、近代傳統詩話的跨域傾向與文化詩話學觀念
………………………………………………………81

二、跨域書寫的形式表現 ……………………………83

（一）題材 ……………………………………84

（二）文體 ……………………………………86

（三）文化類群 ………………………………89

　　三、文化詩話學的觀照思維 ……………………94

　　　　（一）觀照角度──當代歷史文化語境的
　　　　　　　關注 ……………………94

　　　　（二）書寫動機──移住地的認同 ………96

　　　　（三）書寫意圖──族群記憶的建構 ………98

　　四、文化詩話學的建構觀念 …………… 102

　　　　（一）詩是族群美學形式的最佳實踐 ……… 102

　　　　（二）詩與文化道通為一 …………… 106

　　五、結語──比興傳統在臺灣族群文化建構的
　　　　運用 …………… 108

第五章　文化詩話學的敘述實踐 ……………111

　　一、清國敘述中的我族建構 ……………111

　　　　（一）我族建構的策略 …………… 112

　　　　（二）聖王建構與我族認同 …………… 118

　　二、日本敘述中的我族建構 …………… 120

　　　　（一）取材範疇與角度 …………… 121

　　　　（二）敘事結構與主題意涵 …………… 125

　　三、我族建構與認同移動 …………… 126

　　　　（一）我族建構的辯證 …………… 127

　　　　（二）認同移動的迷思 …………… 129

　　四、結語──認同建構是亂世生命的自我安頓 … 133

第六章　結論──文化、詩話與族群想像 ……… 135

　　一、以文化詩學總攝族群美學 …………… 135

　　二、運通變史觀融攝族群差異 …………… 137

　　三、持情境意識匯觀族群文化 …………… 143

　　四、積學涵養以為詩學通識 …………… 146

　　五、兼攝格調、詩史以傳承文化 …………… 151

　　六、結語──族群想像是建構文化詩話學的核心
　　　　…………… 154

附錄：吳德功作品繫年 …………… 157

重要參考文獻 …………… 179

導論——我讀我思：關於文化、詩話、與族群想像

一、近代臺灣文化的島國特質與開展

　　臺灣地理上為一島國，十七世紀前已有原住民居住。之後大陸沿岸漢人移入屯墾，經過明鄭、清朝與日本的治理，形成獨特的移民社會。浩瀚汪洋中的孤島，自然形成與海相處的智慧。大海波濤變幻、夷險莫測；卻孕育著豐富寶藏。大海禁錮著島嶼，卻載人浮海探險。海中有覆舟取命的惡靈，亦提供乘風破浪的挑戰場域。遂形成冒險犯難、樂觀進取、靈活機智、堅毅不拔的海洋文明。移住漢人則引進原鄉的內陸文明，相對於海洋，陸地安穩靜默。歲時有常，厚德載物，孕育萬有，滋養生民。形成剛健樸實、固著秩序的內陸文明。日本亦屬島國，其好勇鬥狠的民族性，即富於海洋文明精神。原住民／漢人、漳籍／泉人、臺民／日人爭奪領地利益，既對抗又交流，形成特殊的多元文化景觀。

　　集權時期，文化詮釋權往往操諸統治者之手。明、清二朝經營，以儒家思想為精神旨趣的漢文化，成為臺灣文化主軸。傳統科舉考試相關的古典經籍四書五經，參雜福建朱子學的儒家哲學，以及具地方特色庶民化的儒教倫理。上有游宦者的披揚獎倡，下有士子、紳民的聞風相隨。形成游動權變而親切有味的漢文化譜系。此一文化譜系，思維脈絡大抵以華夏漢族為主軸。文明初啟，漢字的結構原理與運用，或模擬具體物狀，或指點事況之象；或藉形體、音聲雙重暗示，或組合數體會意；而或取聲為類，輾轉相注、假藉通用。單音節語言的主從組合、聯結延展、雙聲疊韻、語尾幫襯等，展現族

群集體的思維方式，諸如觀察、審美、感悟、比擬、暗示、想像、象徵，非詩文類的創造，而有如詩的心理活動與創作實踐。日常文化活動更饒富詩的印記，友朋集會有詩歌酬唱；文人結社賦詩遊藝、詩鐘鬥捷；童蒙教學有對句應答、童謠唱誦。文化習俗上，廟宇、書齋、宅門有對聯，致賀、悼哀有韻文，祈福、開示有聯語、籤詩。因此漢文化的特色，一言以概括就是一種如詩的文化。

日治時期，教育制度、課程規劃皆自成系統。但對文人、仕紳採取懷柔政策，來臺日人皆精通漢語古典經籍。加藤重任、水野遵創玉山吟社，舉辦徵詩活動；白井新太郎巡臺與紳民酬唱，輯有《南游詩草》。「詩」作為外交語言，自古已然，春秋時代各國朝會，往往拈詩應答，故孔子有「不學詩，無以言」之語。（《論語·季氏》）日本殖民政權亦不例外，形成臺灣詩歌文化獨特的異國風貌。日本殖民的另一特色，是近代文明的大量移入。加速臺灣文化傳統與近代文明的交會激盪。日本以異族進駐，一方面以漢文與士紳互動，一方面積極宣揚國威，推動新式教育與現代化建設，因而拓展了傳統文化的新視野。但異文化碰觸之際，同時引發族群認同意識，與文化何去何從的虞慮。當時傳統詩社的興盛、儒教宗教的論辯、臺灣話文的論爭……皆是針對日式新學的迎合與抗拒、傳統文化價值因革與揚棄的議題，所作的時代回應。

此一歷史發展脈絡下，臺灣島國文化的特質，遂為一熔爐型的移民文化。自漢族移入後，海洋文明冒險犯難、靈動應變的精神，未能充分彰顯。而被漢族根深柢固的內陸型文化所遮蔽，儒教價值大抵反映內陸文明剛健篤實、尚同和諧的特性，成為臺灣文化的主軸。日人治理臺灣以其島國特有文明型態，再度攪動內陸與海洋的對話。遠渡重洋游學、觀光，拓展視野者不乏其人，人的跨國流動是文化新變的指標之一。然而文化調合之際，儒教價值仍是文化核心。庶民文化活動中，春節迎新、節慶祈福、宴飲高會等，詩仍是文化的象徵。因此傳統的再建構中，最為傳統知識份子堅持的，莫過於庶民化的儒教倫理價值，與表現在日用平常中的漢文。換句話說，迄乎日治時期，臺灣文化的形成與開展，無論是海洋文明或內陸文明，文化特質的主體性不變，係源自漢文化的詩性心靈。其精神價值以儒教倫理為標竿，面對存在的歷史語境、踐履為日用尋常的生活。生活中使用的語言則為感性有溫度的符碼，可歌可頌，比興蘊藉。

二、詩性文化與詩學型態

漢文化的詩性特質，表現為文學藝術，最直接的體裁就是詩歌。詩歌形式上強調語言的節奏韻律；題材上以現實生活的林林總總為範圍；其意趣既在語言之內，又超乎語言之外，傳達生命在實存語境中的情感溫度。所以《書‧舜典》解釋：「詩言志，歌永言」，《說文》也說：「詩，志也。」《國語‧魯語》：「詩所以合意，歌所以咏詩」。詩從表現內容而言，是言志、合意。就表現形式而言，就是能感性言志合意，具有生命熱度的節奏韻律。所謂詩性文化，是指文化關懷必須面向實存語境，融入人間生活場域。其表現思維具有歌詠性，自然不是條分縷析精準邏輯思辨的排列組合；而是旁敲側擊、不即不離，提供令人幡然自悟的情靈共振框架。

這種文化的詩性特質，可溯源於殷商時期的巫術文化。祈禱娛神活動中，詩、樂、舞交織共構，祝頌、問卜據事擬意，往往發之以韻語。伏羲畫卦，文王演易之說，卦爻是象徵符碼，卦爻詞演繹義蘊，比物連類思理如詩，辭語亦多韻語。由此，文化的詩性表現，就信仰而言，是尊天敬神的多神論；就哲學上而言，是天人合一的辯證思維；就修養而言，好學而上達，悟道是人生的蘄向。也就是說生活永遠是立足於現實而朝向理想。現實理想價值是日用尋常的儒教倫理，是生命在歷史實存語境中體悟的智慧，思維上具有辯證性與圓融性。至於如何踐履司馬遷所言「通古今之變，究天人之際」，（《史記‧太史公自序》）就只能把握每個當下勤懇學習，事上磨練，即事悟理。這種不憤不啟、不悱不發，貴在自悟的文化思維，還表現在對語言媒介的認知。老子說：「道可道，非常道；名可名，非常名。」（《老子‧第一章》）莊子視聖人之言若「古人之糟粕」，（《莊子‧天道》）孟子提醒「盡信書不如無書」，（《孟子‧盡心下》）皆展現對語言與生命學問間落差的強調。以免學習者拘泥於語言格套，疏忽潛藏的辯證思理，而生買櫝還珠之憾。

抑且漢語的單音節特性，可以有聲律對偶、重章疊句，便於歌詠，提供語言詩化的利基。因此漢文化語言的解讀，忽略辯證思維與實存的歷史語境，就容易抓住糟粕反為所陷溺。辯證思維源自天人合一的哲學觀，根本態度是「天地與我並生，萬物與我為一」，（《莊子‧齊物論》）終極關懷是萬事萬物圓融和諧。言說者與詮釋者基於此一共識，皆採用主文譎諫的策略，確保言說、詮釋之效與氣氛的和諧。而譎諫策略的具體實踐，便是通過比興手法的運用。實存的歷史語境是當下言說的氛圍，隱藏於背後的人文地理、政

治興衰、運會風流，乃至言說者人格特質、際遇感慨，在在影響其所寄寓的意義。詩本言志、緣情而發，語言詮解背後盤根錯節，詮釋者要知人論世，修養有得、以意逆志，方能默契於心、相悅以解。

基於這種族群思維，由詩歌而詩學論述，自然迥異於邏輯分析的思辨方式。詩話作為討論詩的一種文類，始自歐陽修，其自述為「以資閒談」而作。（《六一詩話》）閒談是何種性質活動？為何可以詩話助興？可能仍需回歸存在情境，否則各據一隅人言人殊，視閒談如八卦無聊之舉，詩話的文類特質亦隱晦不彰。古代文人雅士若歐陽修者流，閒談共同的特質是「閒適自在」「包羅萬象」「僅供參考」。換個角度來說，就是言者、閱聽者皆無負擔，深者見其深，淺者見其淺；深淺之別，在於「悟」而已。詩話閒談導向的表現型態，其要有四：（一）類型如筆記小說，單則短小，前後不必相連屬。（二）各則書寫如與閱聽者閒談，說者成竹在胸隨機表述。（三）或攝詩歌本事，或收納批評、創作、鑑賞為一。（四）主觀抒感，理念一貫。正呼應於閒談的特質，因此雖為詩歌觀念理論之談，但不顯邏輯言辯相；仍是優游不迫、說猶未說，留待閱聽者自悟。而言說者隨機表述隨緣指點，如話家常而綱維俱在，與文化詩性特質氣脈相通。

作為詩學表述型態之一的詩話，體裁結構上有詩有話，是詩與散文的組合。選詩以大家為主，詩是文學的主體；散文閒話或紀事探源，或論評抒感，皆以選詩為核心。清代以降，詩話發展具有論述性、建構性、意圖導向的特質。前二者緣自百代以下後出轉精的文學觀念。如沈德潛重格調、倡詩教，主張學古，著有《說詩晬語》；翁方綱主張肌理說，重學問義理，以救神韻、格調之弊，著有《石洲詩話》；袁枚論詩主性靈，反擬古，與沈德潛、翁方綱對壘，著有《隨園詩話》。皆因舊法之弊轉立新法以謀補救。至若詩話而具自覺的意圖導向者，則肇因於文風普及或運會詭譎。就文風普及而言，專家性、地方性詩話、閨秀詩話逐漸受到重視。如紀勻《李義山詩話》，王世禎《漁洋杜詩話》，專論一家。鄭方坤《全閩詩話》，陶元藻《全浙詩話》，限於方域。袁枚《隨園閨秀詩話》，梁章鉅《閩川閨秀詩話》，表彰閨秀文學。至於因運會詭譎所激者，往往與時代文化、政治議題攸關。如林昌彝《射鷹樓詩話》，以鴉片戰爭為背景；新竹王松《臺陽詩話》、彰化吳德功《瑞桃齋詩話》，則與中日甲午戰爭臺灣改隸關係密切。此類詩話的書寫，沿襲舊有文類稱名，卻跨越文學藩籬，寄寓書寫者自覺關懷的議題，其閒談氛圍更濃，而主題意

義往往更加隱晦，堪稱為近代詩話的另類發展。

三、文化、詩話與族群想像

詩話論詩，詩是文化美學，再現歷史存在語境；地理物產、風土民情、世之盛衰、生民悲欣等，悉存乎詩。「話」之言說，則分享美的感動，指引美的追尋；同時也展現文化的辯證思維與價值歸趨。詩與話共同再現文化譜系，詩作者／解詩讀者、詩話作者／詩話讀者，無論角色、身分如何轉換，皆能相視會心，相悅以解，其中關鍵就在族群共識。透過家庭、社會的浸潤，學校教育的培養形塑，經籍閱讀的自證自得；族群共識雖有因革損益，仍代代薪傳永續不絕，此之謂族群文化。

漢語詩話迄乎清代，詭麗輻輳、通古變今。屬於文學一脈，系統建構更見規模；而新變跨域一支，則由文化凝結為詩，因詩美感的分享而有詩話；當詩美感的詮釋分享者，自覺的轉換為運用者，詩遂易位成為運用者的轉註。詩話體裁異化，疏離文學本位，而讀者依然能抽絲剝繭，洞曉其微言大意，以其仍立足於文化譜系中，對族群共識的運用與開發。所運用者族群的存在經驗、感情模式、思維邏輯與價值意義的歸趨；所開發的則是通古變今的文化傳承。王松《臺陽詩話》與吳德功《瑞桃齋詩話》，即在此一脈絡下，展現以詩話體裁載錄族群文化的自覺意圖。

詩話作者書寫之際，已然預設潛在讀者為我族，此一族群想像的依據，植基於共同的文化歷史記憶。透過此一媒介，個人的見聞思慮、文化養成，往往被界定為文化的根源；而個人的實存經驗，以及伴隨而來的文化頓挫，就被視為文化的流變。就貫時性脈絡而言，往前思接千古，往後薪傳百代；加上共時性的跨種族、階層差異、多元文化等種種現象，交織成漢化族群的文化史。以吳德功《瑞桃齋詩話》為例，所謂族群，就地理而言，以臺灣島為場域，或原住民、移住民，或游宦人士；抑或南島語族、漢人、滿族、日人皆屬之。就歷史經驗而言，發生在臺灣，或與臺灣政治隸屬定位及前途有關者屬之。因此或敘明鄭、清朝、日本之治理；或言光緒百日維新、庚子事件、中法越南之戰。以文化而言，推崇儒教倫理，致力於漢語詩文教學與遊藝活動。就思維脈絡觀察，透過比興手法的運用或創作或編撰，展現辯證性的和諧圓融，勾勒出臺灣漢文化的淵源流脈。書非曠世鉅作，稱為風雨名山之業，當之無愧。涵詠咀嚼既久，自然照見作者書寫意圖。

四、我讀我思

閱讀傳統文學理論一支的詩話，必須具備對古今文學思潮的認知，藉由相應的分析方法，掌握詩話特有的言說氛圍，解讀文本的精義。閱讀跨域詩話，則於此一基礎上，更需擴及對其時代整體政治社會議題的關照。東西文明相互激盪後，漸受西方外延真理分析思辨文化薰陶者，與前賢往哲對話，應如穿越時光隧道，參加一場詩文化饗宴。因為洋溢著感性與理性交融之美的氛圍，意在言中更在言外；與會之際，宜整斂心緒、虛心涵詠，切忌匆促來去，任意安入格套解會。宋嚴羽主張詩道唯在妙悟，其《滄浪詩話》說：「詩有別材，非關書也；詩有別趣，非關理也。然非多讀書、多窮理，則不能極其至。所謂不涉理路，不落言筌者上也。」言論重點在於指點學詩，亦可做為詩話詮釋者的提醒。平日積學窮理，一旦解讀詩話，必須戒慎恐懼以對；臨文宜優游不迫，體會其中沉著痛快、情靈搖盪之處。

（一）研究緣起

秉持此一自我提醒，論者曾解讀日治初期王松《臺陽詩話》，撰著《傳統詩文的殖民地變奏——王松詩話與詩的現代詮釋》一書。發現1895年臺灣割讓日本，對傳統知識份子的震撼，無異於乾坤翻轉。除了功名路斷、生計無著等現實問題；敗亡世變，最大的憂患乃在文化的淪喪。王松因此藉詩話閒談之作，載錄臺灣相關事件、人物、勝景，保存史料文獻，而或表彰嘉德懿行，建構臺灣文化記憶。既澆胸中塊壘，並寄寓感時憂國情懷。驚豔於近代詩話體裁的文化容受度，遂興念詮解臺灣詩話。

彰化文士吳德功，亦為清領至日治初期傳統的知識份子。著述頗豐，有《瑞桃齋詩話》《瑞桃齋文稿》《瑞桃齋詩稿》《戴案紀略》《施案紀略》《讓臺記》《觀光日記》《彰化節孝冊》等，並經臺灣省文獻會於1992年彙編為《吳德功先生全集》刊行。著作保存完整，便於作系統性研究。《瑞桃齋詩話》五卷，論者閱讀之初，對卷二〈佳話〉尤感好奇。卷目下題註收錄「清國君臣唱和及詩家」，卻強烈突顯非文學的面向，格外撩撥自我挑戰、一探究竟的決心。因就〈佳話〉著手，從國君、詩家載錄人次、敘事型態、主題觀察分析，撰為〈吳德功《瑞桃齋詩話·佳話》的聖王建構〉。發現詩話採編之初，〈佳話〉意圖呈現的虞廷賡歌、雍雍大雅的景象，寄寓著臺灣傳統知識份子對科舉功名、外王事業的願景。漢文化特質的展現，凌駕於詩歌吉光片羽的收藏。遂自我惕勵，就其著述作更全面的檢視與觀察。

若果然探幽顯微相應的詮釋作者的苦心孤詣，其實也再現臺灣近代詩話發展的一支流派。由此可以擴及其他共時性，抑或跨國詩話的比較研究，或貫時性的溯本源、觀流變，呈顯臺灣詩話的特色。此外，日治時期島國特殊的歷史語境，如人文地理景觀、殖民地宿命、跨國文化交流、現代性文明的洗禮等因素，多方相激相盪。臺灣詩話除了保留筆記閒談型態外，視域大為開拓。記錄了時代語言，文化移動，臺灣、中國、日本的漢語詩歌，雖是吉光片羽，亦可作為文獻史料，以備相關議題研究之用。

（二）切入角度與研究方法

相應於研究範疇「臺灣傳統知識份子」「臺灣傳統詩話」「族群文化」等特殊屬性，本研究運用文化、詩話與族群想像交互融滲的理念思維。從文本作者的位置出發，試圖設身處地自其視域觀照當時存有的事件萬象，還原文本中說與不說間的深層義蘊。

1. 切入角度

就傳統詩話而言，文化與文本不一不二。其表述型態、聚焦層面、關照情境容或不同。而內蘊的感情模式、思維辯證與價值歸趨，皆一仍漢文化族群的意識活動，有其共同的意向性。雖說詩無達詁，但基於族群意識共同的意向性，文本意義必然受到基本規範而內在於語言中。因此詩話體裁結構中詩與文的組合，散文所提點者，代表詩話作者的詮釋與運用，雖可能對「詩」作者的原義衍生偏離，仍可順理成章系統的建構意義。因此本研究就文化角度切入觀察，以吳德功的角色定位，置於存在歷史的時空脈絡中，觀察在家庭，學校、社會文化情境的相互影響下，所形塑的文化涵養與格局。亦即確定他在漢文化譜系中所居的位置，以便相應的勾稽其創作意識活動的意向性。進而從文化詩話學角度解讀詩話，先行分別理解文本結構中，第一審美客體「詩」與第二審美客體「文」的意義。再相互參看比較，勾稽二者意義的聯結、歧異與轉化，及其發生的緣由與歷史文化經驗的相關性。

2. 研究方法

現代文學思潮中，對作者生平、文本作品以及二者的聯結，往往受到質疑。十九世紀法國著名文學理論與評論家羅蘭巴特，（Roland Barthes）即指出：作者、作品都是被拆解的對象，由此產生意義，但也不斷接收詮釋者賦與的意義。因此作為研究對象，原有的義意已被抽空、轉化而或消失，只淪為詮釋者不斷填充再建構的符號，因而有「作者已死」之論。相對於此，漢

文化譜系中，儒家點出《詩經》之美在於「思無邪」，(《論語‧為政》)道家認為「有真人而後有真言」，(《莊子‧大宗師》)真誠是美學創作的最高原理。而作者與文本作品的關係，自然是研究者不可忽視的課題。本研究在方法上亦以此為重心。

（1）歷史考察法——論世知人、以意逆志

「知人論世，以意逆志」的觀點，是孟子的主張。《孟子‧萬章下》他認為解讀文本必須與作者生平時代背景聯結，說：「頌其詩，讀其書，不知其人，可乎？是以論其世也。」〈萬章上〉則聚焦在文本上提醒：「說詩者，不以文害辭，不以辭害志，以意逆志，是為得之。」就傳統漢語詩歌的言志、緣情傳統，個人撰著是一種自我表述。吳德功有不少「詩史」之篇，《瑞桃齋詩話》雖為纂集眾人故事之作，亦不時有個人在場見證。其所著述仍展現文化譜系的創作思維，故頌其詩、讀其書，論世知人，以意逆志，是了解作者心路歷程，掌握發言者態度立場、見聞思慮，釐辨其思維脈絡的最佳方法。

（2）文本研究法——以文本為據與相關資訊對勘

「以意逆志」稍有不慎，則易流於詮釋者的獨白。援引間接資訊，若未加查證，或查證疏忽，抑或得其表相不明底蘊，皆無異於置作者於死地。吳德功著述頗豐，保存完整。以文本為據，輔以報章雜誌或同儕友朋所述；而或後之相關研究論述，事之梗概自然浮現。不同文本間相互對勘稽查，在說與不說、言與未言間，底蘊的隱微奧妙，才能脫穎而出。如《讓臺記》《觀光日記》，可以觀察其乙未改隸前後，政治認同的游移；文稿、詩稿則在此一貫時性脈絡中，微觀的展現前後各階段心情的起伏與落差、比較文化認同的頓挫與貞定。

（3）兼採現代文學論點分析

前述二項是研究方法的主軸，方便掌握命題的旨趣，系統性建構論述的規模。但於片片斷斷、枝節細微之處，如欲能見人之所未見，發人之所難發，則端賴更多元的觀察角度。而現代文學的分析論點，正好提供辯證思維架構下，串點滿盤游珠的金縷。相應論點的運用，更細膩、清晰、鮮活的呈現生命論述的溫度。如在文化與詩話氣脈勾稽上，運用結構學思維；文化、詩話與族群想像的聯結，則採用接受美學的理念；文化符碼的解析，則受惠於符號學的啟發。總之，現代文學思潮皆源自西學，不宜貿然套用於傳統文學。然相關論點仍值得借鏡，只是運用之妙，要審慎考量。

3. 章法結構

論者就觀察發現，撰述為六章，前置導論，不列章次。第一至六章為論述主體，含二大部分。第一部三章，即自認同議題著手，依貫時性的生命脈絡鋪陳，探討吳德功文化視野的形成與發展，作為後續論述的基礎。第二部三章，旨在探討由其文化視野如何發展出文化詩話學，並實踐認同建構。依序略述如下：

導論概述近代台灣文化，在大陸文明與海洋文明相互激盪下，衍生的島國特質，及根深柢固的詩性思維與漢文化價值意義。勾勒出宏觀的大歷史脈絡，並略述研究動機研究方法及架構鋪陳，以便於主體論述的閱讀、檢視。

第一章清領時期吳德功儒學價值觀念的形成：以 1850 至 1895 年為期，藉由其文本自述，置諸歷史語境，探究其儒學價值觀念。在官學系統性的培養下，其學複製乾嘉時期務實經世的漢學風格，因移住地的島國競爭更加突顯務實面向，重視倫常實踐。但加上原鄉民俗信仰，其價值觀念遂為一庶民化、具功利性的儒教。此一儒教價值意義往往虛懸缺乏實存語境的理想，在生死一線、人命危淺之際，最禁不起動盪的考驗。

第二章乙未動盪歷史語境中清國政治典範思維的轉移：約在 1895 至 1897 年之際。探討政治上的乾坤之變，引發的臺灣民主國鬧劇、社會不安、家族流離失所、至親喪亡，乃至同胞的相譖相殘。歷史現場的殘酷不仁，逼使他回歸尋常庶民的人道思維——清國政治典範何事？生民所望太平而已。因此新舊政治典範的移轉與重構，其價值判準回歸到「不嗜殺人」的王道。異族政治與固有文化典範間有了巧妙的連結。

第三章乙未後儒教聖道觀的文化視野，論述政治認同重構之後，面對強權的現代性文化，臺灣文化的願景如何？是族群想像，我族論述；更是自我安頓之道。吳德功倡「孔教包括萬類」說，企圖以儒教以德為本的價值思維，匯通、融攝近代文明，拓展文化格局。

第四章《瑞桃齋詩話》文化詩話學的表現特質：以詩話體裁載錄族群文化的自覺意圖，1853 年，（咸豐元年）林昌彝《射鷹樓詩話》已發先聲。1905年，（明治 38 年）王松《臺陽詩話》出版，與《瑞桃齋詩話》纂輯約在同時；但章法上未能精確突顯貫時性的歷史脈絡。《射鷹樓詩話》對日治初期臺灣詩話的影響如何？尚無稽考。但視為族群詩性文化思維對時運所趨與詩話文類發展的回應，殆無疑慮。本章即依「說什麼？誰在言說？言說理據為何」，層

層深入觀察。先就作者的取材、文體屬性、文化類群等形式表現，檢證其跨域傾向。其次論究其對當代歷史文化語境的關注，言說立場的臺灣主體性與編寫意圖的時代感。再回到文化詩學比興傳統的脈絡，勾勒其建構文化詩話學的美學思維。

第五章《瑞桃齋詩話》文化詩話學的敘述實踐：探討承上述運用開發的理念，具體落實的表現狀態。清朝、日本皆為異族，但以禮樂文化作為我族想像，以禮樂之君、聖王道統作為政治認同判準，在禮樂文化的高度，完成我族建構；自我生命亦得以安頓。

第六章結論──文化、詩話與族群想像的基調：重申其承自傳統的文化智慧，是以上各章鋪陳論述後的提攝。

世變下傳統知識份子的生命課題，莫大於認同探索。政治認同難，文化認同更難。政治認同猶可託諸宿命，在殖民者懷柔安撫、互動交流中，基於生存、情誼等現實考量，相對容易鬆動。文化是族群精神之所在，價值意義之所凝聚，乃知識份子所當堅持守護者。而當異文化藉由政治強勢入侵，固有文化何去何從？如何因革損益以代代薪傳？是族群存亡的重大議題，自然也是知識份子生命的自我安頓之道。

吳德功《瑞桃齋詩話》的書寫，堪稱是文化論述的變相。其卷五標目為「詩史」，或可謂之歷史的詩學，隱藏在文字語言底下，是世變下知識份子生命的滄桑與憂患意識。作為異代的詮釋者，也應走出冷漠的學術象牙塔，貼近猥瑣的生活場域，檢驗生命的真誠與虛假、堅韌與脆弱、圓融與困頓；體悟釐辨天人之際的煎熬與艱難；感受虛懸的理想與存在抉擇的落差與震撼。期能讀其書，覯其面，異代相逢，猶能默契其心、同其歌哭。

本研究原為 2008 年國科會專書寫作計畫，初稿於 2009 年完成。復於2014 年申請科技部人文社會科學研究中心「補助期刊審查專書書稿」，承蒙多位專家學者惠賜高見，並推薦出版。雖歲月磋跎，悠悠又已數載，然師友關心、鞭策不斷。且在陪伴親長行向遠方的時日，生命彷彿實實在在著了陸接上地氣，更加能感受到世變下知識份子生命的困頓，與《瑞桃齋詩話》透顯的文化溫度，是以續有修正。深感成就一事，乃凝聚十方助緣，始竟全功。因此勉力付梓刊行，向先賢致敬，為學涯註記，並誌感謝之忱。

第一章　清領時期吳德功儒學價值觀念的形成［註1］

　　彰化文士吳德功，（1850～1924）為日治初期跨代傳統知識階層，祖籍福建同安，為臺灣移民第五代；［註2］一生撰述甚勤，有《戴案紀略》《施案紀略》《讓臺記》《瑞桃齋詩稿》《瑞桃齋文稿》《瑞桃齋詩話》《觀光日記》《彰化節孝冊》等行世。［註3］雖遭逢乾坤之變，處於日本殖民初期，新舊文化乍然碰觸、衝擊震撼之餘，不得不面對臺灣傳統儒學「現代化」議題，展開文化演繹想像，在學思探索上另啟波瀾。但其一生以「忠信」自豪，［註4］安身立

〔註1〕本章曾整理摘要，以同題名精簡版型態，發表於國立中興大學文學院《興大人文學報》（2010年6月），第44期，頁111～138。

〔註2〕吳德功〈尋同安祖墳始末記〉自述：因家族與同鄉邵家搆釁，列械數年，「其本派族親，遂渡臺住彰化縣，而我高祖亦與焉。至乾隆戊戌四十三年，我曾祖誠厚公，諱世景，因奉祖先神主，並高祖媽洪氏、曾祖媽呂氏，皆搬過臺彰。」詳吳德功《瑞桃齋文稿》（南投：臺灣省文獻委員會，1992年），頁74～75。據此自其高祖起，迄至吳德功為五代。

〔註3〕詳吳德功《吳德功先生全集》（南投：臺灣省文獻委員會，1992年）。其中《戴案紀略》、《施案紀略》、《讓臺記》、《觀光日記》、《彰化節孝冊》合輯為一冊；《瑞桃齋詩稿》、《瑞桃齋文稿》、《瑞桃齋詩話》為單行本，原稿為國立中央圖書館臺灣分館館藏。本書引用文獻以臺灣省文獻會版本為據，並校對以國立中央圖書館臺灣分館館藏原稿。凡引用《瑞桃齋詩話》者，於2009年書成校稿之際，並與江寶釵《瑞桃齋詩話校註》（高雄：麗文文化事業有限公司，2009年）對勘定論。以下本書凡引用原典，皆略其全集之稱，逕以單書之名標註。

〔註4〕1900年3月，（明治33年）臺灣總督兒玉源太郎於臺北舉行揚文會，吳德功前往參加，歸途經大甲溪，眾流奔匯，波濤洶湧，褰裳涉水，〈口占〉七古有「自揣一生仗忠信，雖經險阻心不怖」語。詳吳德功《觀光日記》（南投：臺灣省文獻委員會，1992年），頁187。

命之道的堅持，與價值意義的思維，仍然秉持儒學價值典範，可見如同當時漢族移民土著，清領時期的文化歷史語境，對其儒學價值觀念的孕育，有決定性的影響。本章擬以 1850 至 1895 年為期，藉由其撰述文本，置諸知人論世的具體情境中，探討清領時期文化歷史語境，官方文化傳輸，與父祖庶民的原鄉意識，乃至移民海洋島國的認同思維，經過傳輸、對話與再詮釋，如何孕育為其一生信守的儒學價值觀念，〔註5〕進而彰顯其在歷史語境中的學思格局。

一、文化語境中的踐履與轉譯

　　文化是族群發展所凝聚、積澱的生活智慧，個體安身立命與自我實現，世代薪火傳承、慧命相續，自然以此為歸趨，建立核心價值典範。因此不同的人文地理環境、政治社會背景與特殊的族裔經驗，主客觀存在條件不同，族群文化亦呈現繽紛多元的樣態；其中有大歷史文明的國族傳統，有貫時性世代因革損益的開展，亦有共時並蓄的族裔特色與階層分殊。文化傳輸涉及主事者、執行者的立場、認知與意圖，通過接受者的再詮釋，對話落差、層層演譯，同源變異是發展常態。

　　清領時期，臺灣為漢族移民社會，先行者篳路藍縷、開闢草萊的歲月，原鄉文化意識亦隨之而至。十九世紀中葉以後，官方持續的文化傳輸，更促進臺灣文治化社會的形成。而無論原鄉文化或是官方文化，文治化的核心典範，事實上為一儒家倫理的多元演譯，以閩南朱子學為核心，崇經史、務實學，講究儒家三綱五倫、以和為貴的價值典範。當時接受過基本儒學教育的生員、舉人、進士等，形成士人領導階層，他們此套價值系統的建構，主要源自兩個脈絡，一為學校的儒學教育，一為父祖的原鄉意識；以忠孝節義為共同的倫理標竿，而科舉仕進被視為實踐此一倫理標竿的最佳途徑。不過基於生存需求發展出的移住地認同，海洋島國的生存思維，在文化接受之際，對於具有內陸型文化特質傾向的儒家傳統，融入土著化的演譯，形塑出臺灣

〔註5〕「儒學」一詞係就學術思想脈絡而言，指涉儒家以仁、善心性論為核心，挺立人道德主體性，所開展的生命哲學。相對於「儒教」觀念，或泛指具有儀式、教條規範傾向的儒家教化；或庶民化進而融入神祐果報信仰的宗教思維。突顯的是良知的自我立法，及落實到存在具體語境中──「時」的拿捏與實踐，其中自有一份盡其在我的貞定與道樂，求仁得仁，遑論其他？本文因應論述對象的特質，儒學與儒教僅大約相對成說，以儒家價值學問為基礎，對照具有功利、教條、儀式傾向的儒教系統，就其倫理教化意義處提攝，統稱為「儒學價值觀念」。

儒學價值的特殊景觀。

　　相對於清廷樹立的政治、文化核心典範，處於邊陲的臺灣士人，科舉仕進自然是他們發憤向學必經的途轍。而支援官方活動，與宦遊文士雅集酬唱，或參與地方公益活動，往往被視為通向科舉仕進的演練。透過這種社交互動模式，凝聚價值共識，就形成當時臺灣社會領導階層的儒家倫理價值，而這也是孕育吳德功思想觀念的文化語境。1874 年，他二十五歲，（同治 13 年）補為廩生，〔註6〕1895 年，四十六歲榮膺歲貢，（光緒 21 年）〔註7〕其間七度赴福州鄉試，（1875～1895）〔註8〕可見清領時期，從事科舉仕進是他汲汲努力的首要目標，舉措間自然展現士人階層意識的典型。

　　他一段撫今憶往的感嘆，充分表露沉浸在階層文化語境的生活常模：

　　　沈方伯應奎，甲申春初，（1884）法人來臺，奉檄駐彰辦理糧臺，
　　　（案：辨當作辦）寓白沙書院。時山長丁壽泉寓予書館，沈來回
　　　拜，遠見桃符以「修竹」二字冠首，云：「修己治人，有志未逮；竹
　　　籬茅舍，小住為佳。」數日間山長開課，設筵請方伯……筵間即言
　　　曰……其書館聯文云「修己治人」，語似太誇；「有志未逮」即自謙

〔註6〕〈尋同安祖墳始末記〉有：「甲戌歲，（案：戌當作戌）予補博士弟子員」之
　　　語。詳吳德功《瑞桃齋文稿》（南投：臺灣省文獻委員會，1992 年），頁 75。
　　　清代取士，凡經縣、府、院試及第者，為生員。其優者官給學資，名曰廩生，
　　　又稱上舍生。詳連橫《臺灣通史・教育志》（臺北：眾文圖書公司，1994 年），
　　　頁 269～270。

〔註7〕歲貢仍為生員。係以廩生食餼先後為序舉任。詳連橫《臺灣通史・教育志》（臺
　　　北：眾文圖書公司，1994 年），頁 270。

〔註8〕吳德功自述：「十赴秋闈」，詳吳德功《瑞桃齋詩話》（南投：臺灣省文獻委員
　　　會，1992 年），頁 119。但可考者僅七次，蔡德芳〈誥封宜人吳母陳太宜人六
　　　旬開一榮慶〉也敘其「雖七度鄉闈，歷薦未售」，詳楊緒賢〈吳德功與磺溪吳
　　　氏家譜〉，收入《台灣文獻》（1977），卷 28：3，頁 125。七度鄉試分別 1875、
　　　1876、1879、1882、1884、1891、1893 年。前四次載錄於〈尋同安祖墳始末
　　　記〉；1884 年事見〈紀海上曉景〉；1891 事見於〈游龍目井記〉。詳吳德功《瑞
　　　桃齋文稿》（南投：臺灣省文獻委員會，1992 年），頁 76、79、249、105～106。
　　　1893 年事見〈癸巳鄉試遇風泊舟不行〉，吳德功《瑞桃齋詩稿》（南投：臺灣
　　　省文獻委員會，1992 年），頁 35。鄉試在各省省城舉行，三年一試，考期在
　　　八月，故亦稱秋闈或秋試。由布政使司主持。例在子、午、卯、酉年，遇慶
　　　典加為恩科。凡國子學生員及府、州、縣學生員之優者，儒士未入仕者、官
　　　之未入流者，經有司保舉，皆可應考；學官、黜罷官吏、倡優之家、隸卒之
　　　徒、與居父母喪者，則不得應試。詳國史館編《清史稿校註・選舉三・文科
　　　武科》（臺北：國史館，1986 年），卷 115，志 90，頁 3140、3171～3172。

抑;「竹籬茅舍」亦極寂寞;「小住為佳」即不願於此終焉。蛟龍得雲雨,終非池中物也,飄飄然有南陽之風度……惜予十赴秋闈報罷,〔註9〕僅在鄉辦理節孝,(案:辦當作辦)以及育嬰救孩五千餘口,諸事不克副方伯之譽,錄此以誌知己之感云。〔註10〕

此則文本反映出三個士人階層生活常模的特質:其一、支援官方活動,凝聚階層連結。三人聚首的因緣,源自他將書館提供白沙書院山長丁壽泉寄寓。因此當沈應奎奉檄駐彰辦理糧臺,寓居白沙書院,因與丁壽泉往來,便得相結識,支援官方活動。在社交往來活動中,擴大聯誼交遊網絡,連結中土與臺灣的士人階層。次則進而以文會友、雅集酬唱,強化族群價值意識。書館聯文「修己治人,有志未逮;竹籬茅舍,小住為佳」,標示他當時心境,1884年他三十五歲,(光緒 10 年)四度秋闈失利,自認是喪失治人途徑,故稱是「有志未逮」;「竹籬茅舍」象徵退隱生活,非儒士兼善天下之舉,只能小住,非生命安頓所在。此中凝斂、寄寓一個臺灣傳統士人的精神鏡像,而沈應奎的解讀,媲美如隆中高臥的諸葛亮,具有南陽風度;讚譽他胸懷遠大終非池中之物,更令他引為知己終生感念。透顯出傳統士人階層共同的價值意識,從中土到臺灣一脈相承,皆以儒家人格理想——修己治人、兼善天下為標竿。其三、因此,辦理地方公益,就成為支援官方活動,進而兼善天下的演練。1880 年他已開始參與地方公益活動,長期辦理節孝,擔任育嬰堂董事,至 1895 年「育嬰救孩五千餘口」。(光緒 21 年)〔註11〕此外還奉旨採訪節孝,〔註12〕協助平定施九緞事變,〔註13〕受邀撰寫《施案紀略》《戴案紀略》,〔註14〕但針對如此績效自我評述,卻道「諸事不克副方伯之譽」,雖是

〔註9〕「十赴秋闈」當為七赴秋闈之誤。另詳註7。或以為「十」係與「七」形近而誤。詳江寶釵《瑞桃齋詩話校註》(高雄:麗文文化事業有限公司,2009 年),註34,頁 178。

〔註10〕吳德功《瑞桃齋詩話》(南投:臺灣省文獻委員會,1992 年),頁 118~119。

〔註11〕見〈詩遺〉朱樹梧條,詳吳德功《瑞桃齋詩話》(南投:臺灣省文獻委員會,1992 年),頁 109。

〔註12〕吳德功〈自序〉:有「光緒十二年,(1886)德功同山長丁壽泉、訓導劉鳳翔所采節孝婦一百六十名」之言,嗣後與進士蔡德芳倡捐興建節孝祠。1900 年,(明治 33 年)復請彰化廳長須田綱鑑春秋致祭,著為成例。詳吳德功《彰化節孝冊》(南投:臺灣省文獻委員會,1992 年),頁 191。

〔註13〕詳吳德功《施案紀略》(南投:臺灣省文獻委員會,1992 年),頁 103、104。

〔註14〕參與纂修全台通志,任採訪員,撰《施案紀略》《戴案紀略》事,詳吳德功《施案紀略》(南投:臺灣省文獻委員會,1992 年),〈蔡序〉,頁 3;及〈自序〉,

謙抑之詞，亦可看出他對修己治人、兼善天下理想的詮釋：若侷限在支援官方、辦理地方公益活動猶屬演練末節，要如諸葛亮馳驅效命蜀漢，通過仕宦實踐方為大道。沈應奎於隔年就任臺灣布政使，（1885）1888 年亦參與平定施九緞事變，[註15]（光緒 14 年）堪作為華夏典範的標竿人物。其「修己治人，語似太誇；有志未逮，即自謙抑」云云，不知確切意涵；但藉由他的肯認，更加鞏固仕宦與儒家價值判斷密切連結的正當性。只是當修己治人、兼善天下的標竿，窄化在仕宦之途的肯認；儒家知命、安命、立命的價值意識，就淪為偏向教條、功利性格的儒教信仰。

　　不過士人階層的交遊，尤其是與具有德望官僚的互動，對於儒家性格的培養具有身教示範的意義。他在〈詩遺〉中載錄朱樹梧事即是一例：

> 朱樹梧名幹隆，湖南人；性強項，上官不能屈。甲戌知彰化縣事，
> （1874；案：戌當作戌）添設白沙書院膏伙，建義渡，設義倉。庚
> 辰重來，（1880）倡捐育嬰堂，以余董其事；自辛巳迄乙未，（1881～
> 1895）共活女孩五千餘口，公之聖德大矣。公尤工於詩……[註16]

朱樹梧先後二次擔任彰化知縣，建義渡、設義倉、倡建育嬰堂、致力於教育等等頗具治績，展現儒家經世濟民理想的實踐。1874 年首度就任時，（同治13 年）他二十五歲受賞識補生員，[註17]本有知遇之感。1880 年二度重來，（光緒 6 年）他三十一歲，成了襄贊官方活動的得力助手，並開啟從事公益慈善的志業。朱樹梧的人品、作為，在他心目中自然樹立起儒家理想人格的典範。因此載其事蹟於卷首，並且完整的收錄其詩作〈留別〉四首，以及朱樹梧去世後一年，他自己和作〈敬步朱邑侯樹翁原韻〉四首，詩中「宦途世態盡炎涼，介節如公懷霜雪」（案：懷當作凜）、「獻策闕庭方賈誼，請纓長路比將軍」、（案：將當作終，終軍為人名與上聯賈誼對應。）「胸中飽德厭膏粱，（案：梁當作粱）富貴浮雲付渺茫」，[註18]展現對於儒家陽剛人格──

頁 95～96。

〔註15〕詳吳德功《施案紀略》（南投：臺灣省文獻委員會，1992 年），頁 105。

〔註16〕吳德功《瑞桃齋詩話》（南投：臺灣省文獻委員會，1992 年），頁 109。

〔註17〕1874 年吳德功補生員，與朱樹梧首度就任時間相符。其〈敬步朱邑侯樹翁原韻〉詩四首之二有句云：「詩文獲賞深銘佩，利弊論伸感肺腸」，句下註：「公下車考觀風，蒙取超等，卷中有利弊論，今皆施行」。詳吳德功《瑞桃齋詩稿》（南投：臺灣省文獻委員會，1992 年），頁 69。可知其科名之始，肇端於朱樹梧之賞識。

〔註18〕詳吳德功《瑞桃齋詩話》（南投：臺灣省文獻委員會，1992 年），頁 109～111。

威武不能屈、貧賤不能移、富貴不能淫，公忠謀國氣節的景仰。

而朱樹梧「公尤工於詩」，與士人階層的雅集唱和，對於孔門興於詩、游於藝的美學教育，於專業教化外亦具有潛移默化的涵養意義，〈敬步朱邑侯樹翁原韻〉詩四首亦收錄於《瑞桃齋詩稿》，其四有句：「詩咏東郊草木香」，下註：「公東郊迎春，與江老師聯吟唱和；因到學署，老師出其稿相示，私和一首。未云：(案：未當作末)「如今更普菁莪化，姓氏嗣前次第榮。」(案：嗣當作祠)[註19]即為此一美感角度的觀照。孔門師徒言志，曾點以「浴乎沂，風乎舞雩，詠而歸」，胸次悠然，動靜從容，深得老師讚許。[註20]朱樹梧東郊迎春，與人聯吟唱和，吳德功見其詩稿和作，雖然唱和內容不詳，但因詩發興，歌頌老師春風化雨之德，追步曾點之志，形跡可以略窺。

這種儒家人格涵養的雙重面向，清楚的表露在對左宗棠的欽仰：

> 左侯宗棠，同治中興名臣，功蓋宇宙，法國攻破馬江，公統兵入閩，病卒。奉旨建坊，在福省水部門外耿王莊。予與蔡君子庭、施君采生，同到祠中，觀其遺像，儼然可畏。公平生熟於四川形勢，與郭意誠書信往來，以老亮自居，觀祠匾額云：功垂宇宙，云諸葛大名，云丞相祠堂。聯文數十對皆以武侯比之。公殆諸葛之後身耶？其彌留時自口占輓聯，云……縱使黃土埋予應稱雄鬼，對聯云：喜他年化鶴歸來……但願為漁為樵，訪鹿友山中，訂鷗盟水上，消磨錦繡心腸逍遙一世，只恐蒼天阨我又作勞人。氣魄雄邁……公漳州府前佛寺，改建考棚，聯文云：五百年逃墨歸儒……[註21]

左宗棠自比為諸葛亮，綜覈一生東征西討當之「雄鬼」無愧，是儒家陽剛人格的典型；而處生死之際，竟然可以優雅從容的口占輓聯，氣魄雄邁如其一生功業，非深具游於藝的美學涵養莫辦。

三十五歲的吳德功因沈應奎稱譽有「南陽風度」終生感念，對於左宗棠此一「功蓋宇宙」的典範人物，他也論斷是「諸葛之後身」，可見諸葛亮象徵

又〈敬步朱邑侯樹翁原韻〉詩四首之四頷聯下註云：「公去年入祿位」，詳吳德功《瑞桃齋詩稿》(南投：臺灣省文獻委員會，1992 年)，頁 70。故知和作於朱樹梧去世後一年。

[註19] 詳吳德功《瑞桃齋詩稿》(南投：臺灣省文獻委員會，1992 年)，頁 70。但其和作除此一聯外，未被完整收錄。

[註20] 詳清趙順孫《四書纂疏‧論語‧先進》(臺北：學海出版社，1977 年)，頁 266。

[註21] 吳德功《瑞桃齋詩話》(南投：臺灣省文獻委員會，1992 年)，頁 115～116。

他人格典範類型的蘄向。諸葛亮可以飄然隱逸躬耕南陽，也可以慨然馳騁效命蜀漢；左宗棠對於來生的期盼，「願為漁為樵，訪鹿友山中，訂鷗盟水上」，也可能順應天命「又作勞人」。此一性格類型的處世特色就顯示為二個面向，既要以儒家兼善天下為理想，而同時又能擁有「錦繡心腸」，可以與萬物為侶、逍遙世間，也就是說當其受命任事可以承擔天下，而閒居無名可以如道家者流逍遙自適。

不過這種處世態度的詮釋，偏重於具體形跡的觀察，近似擺盪儒、道二端的思維；而儒家游於藝美學所強調的，則是將浩然正氣展露的陽剛性格，經由藝術心靈的滋潤銷解陽剛性格的張力，呈顯為優游不迫而充實飽滿的生命境界；處世之道則在推愛精神的貫通下，由內聖而外王、修己而治人。孔子是聖之時者，內聖、修己之義，乃至外王、推愛治人，皆是一種「時」的思維。曾點之志，特為孔門所歎許者，因就當下角色、身分、地位，結合暮春萬物生機盎然的氛圍而言，流露出智慧落實於生活的和諧之樂，「浴乎沂，風乎舞雩，詠而歸」，是日用平常之為，但平凡處即見天理流行。換句話說，生命主體對存在歷史語境的融入與權衡，就是內聖、修己的功夫與智慧。可見吳德功對於理想性格及處世之道的認知，在儒家觀念的基調上，已然融入生活存在語境的現象性思考。然而文化薪火的傳承，授業、解惑無非以生命智慧的開展為終極蘄向，存在語境的現象性思考，將「逍遙一世」與「又作勞人」視為對立兩端，略過心性主體發用的定靜與安然，捨本逐末拘泥形跡，則是儒學庸俗化的演繹。

二、學校儒學價值觀念的建構

透過社會領導階層社交互動，所凝聚的價值共識，固然是現實語境中文化時尚教育，讓處於風會中人，潛移默化於無形，但階層意識激盪影響的作用，植基於臺灣文化價值系統的建構，有文化價值系統的基礎建構，階層互動提供檢驗、反思的場域，才能加強價值共識的凝聚。吳德功價值觀念的基礎建構，一如當時社會常態，源自兩個脈絡，一為科舉制度下學校的儒學教育，一為移民庶民的儒教信仰。

清領時期臺灣科舉制度與學校教育，是一套相輔相成的系統。據連橫〈教育志〉敘述當時學校教育及考試制度是：

> 四民之子，凡年七、八歲皆入書房，蒙師坐而教之。先讀三字經或

千字文，既畢，乃授以四子書，嚴其背誦，且讀朱註，為將來考試
之資……又畢，授詩、書、易三經及左傳，未竣而教以制藝，課以
試帖，命題而監之作。肄業十年，可以應試。其聰穎者則旁讀古文，
橫覽史乘，以求淹博。父詔其子，兄勉其弟，莫不以考試為一生大
業。克苦勵志，爭先而恐後焉。舊制：三年兩試，一為科考，一為
歲考……先考古學，試以詩賦、策論、經解……〔註22〕

所謂學校教育泛指包括社學、書房、儒學、書院等傳統學習場所，從七、八
歲入學開始，除讀書識字外，無非是參加童生考試。大抵先就讀社學或書房，
學習內容先從三字經或千字文開始，接著就讀朱註四子書，而後五經、古文、
史乘；並教以制藝、課以試帖，往準備考試方向發展。可以看出是以科舉仕
途為核心的教學設計，童生考試為進入官學的初階。若經錄取為生員，則正
式進入科舉系統。此後尚須參加三年兩試的科考、歲考，通過者始得參加鄉
試、會試，窮極一生可能絡繹困頓於斯途。而科舉考試指定考科，四書五經
等儒家之學，遂系統性的傳輸置入社會，深刻影響台灣士人階層，成為臺灣
文化的主流價值。因此就學校教育歷程的角度，可以觀察吳德功儒學觀念形
成的一個面向。

（一）入泮前古學教育

吳德功入泮補廩前的儒學教育，可考最早者是在 1867 年十八歲時，（同
治 6 年）與弟吳汝翰及族兄吳汝位、吳澄善等隨從吳子超讀書。吳子超的知
識性格不得考，但當時他們同儕常促膝談心、論文賦詩，〔註23〕曾一起參加
童子試不第，〔註24〕可知如同一般臺灣子弟他大約八歲入學，當時已接受教
育十年。讀書既是應童子試準備，研習四書、五經、制藝、詩帖，應是必備
學習內容。所謂「論文賦詩」，亦非純就創作藝術而言，而是「古學」範疇下
的類項。「古學」則是以四書五經為核心，發展出來的各類文體。當時考試科
目，制藝是代聖立言的八股文，詩帖是藉五言八韻，闡述體悟聖道的心境，
皆著眼於科舉之用。

〔註22〕連橫《臺灣通史》（臺北：眾文圖書公司，1994 年），頁 269～270。

〔註23〕詳吳德功《瑞桃齋文稿·春日重經古月井旁讀書故址記》（南投：臺灣省文獻
委員會，1992 年），頁 101～102。

〔註24〕其〈放竈〉文有：「予弱冠赴臺南童子試，與廖君仲榮、陳君汝修、族兄澄善
同寓」語。詳吳德功《瑞桃齋文稿》（南投：臺灣省文獻委員會，1992 年），
頁 253。

他自道此一階段的師承：

> 僕前從柯千遂先生（名承暉）亦兼課古學，不幸壬申年（1872）在林
> 孝廉館中病故，於是再受業醒甫先生。厥後僕與周維恒（名紹祖）等
> 入泮補廩，兼於古學場獲雋……但先生恆以近體詩為課，然多致力
> 於文賦詩帖，近體間有作之，古體未嘗數數為之也。〔註25〕

在 1867 至 1872 年間，（同治 6 年～11 年）二十三歲前他師事柯千遂，此後再
受業於首度來臺的蔡醒甫，1874 年二十五歲時，（同治 13 年）即蒙朱樹梧賞
識入泮補廩。柯千遂的知識性格亦不得考。但其授課「古學」，就當時士人階
層重視仕宦的價值意識，應是研習四書、五經等，作為參加科舉考試的預備。
蔡醒甫亦延續古學授課，故能兼於古學場獲雋。而在當時學校教育及考試制
度下，朱註四書、五經、詩賦、制藝試帖，仍是他學習的主要內容。蔡醒甫
「多致力於文賦詩帖」的教學設計，對他影響尤深，故與同學周維恒得以經
其裁成入泮。其關鍵在於教材教法的創新，導入近體詩教學以習作五言八韻
詩帖，故「近體間有作之，古體未嘗數數為之」，科舉導向的教學策略，顯而
易見。

曾作〈香鄰山長大人蔡司馬七秩壽慶官章德芳〉〈蔡樞翁山長令尊軺文樞翁
官章壽星〉〈吳潤翁司馬暨林宜人五旬晉一雙壽序〉〈吳母黃太孺人六旬壽序〉
〈蔡曉滄觀察六旬壽序〉等篇，〔註26〕祝頌、哀弔文字或以慶賀或以致哀，
共同的特質在於「頌」，《文心雕龍・頌讚》解釋：「頌者，容也，美聖德而述
形容也」，〔註27〕亦即要能勾勒彰顯事主的美善，以達其壽慶祝頌或傷逝哀輓
的之意；所以此類文體的書寫體要大致趨向是：

> 原夫頌惟典雅，詞必清鑠，敷寫似賦，而不入華侈之區；敬慎如
> 銘，而異乎規戒之域；揄揚以發藻，汪洋以樹義，唯纖曲巧致，與
> 情而變……〔註28〕

如此「美聖德而述形容」文字雖以典雅清麗為宜，必須敬慎敷寫，切忌流於
浮誇；闡發潛德幽光，必須融入真情實感，辭義兼得。日人中村櫻溪評述諸

〔註25〕 吳德功《瑞桃齋詩稿・序》（南投：臺灣省文獻委員會，1992 年），頁 2。
〔註26〕 詳吳德功《瑞桃齋文稿》（南投：臺灣省文獻委員會，1992 年），頁 189～220。
其中〈慶饗老典會有序〉文本，雖作於乙未後，然此處旨在論述祝頌哀弔文類
的體勢，及作者必備的書寫涵養，無礙於論述脈絡的主題效力。
〔註27〕 詳劉勰《文心雕龍》（臺北：臺灣開明書店，1973 年臺十一版），卷 2，頁 62-b。
〔註28〕 劉勰《文心雕龍》（臺北：臺灣開明書店，1973 年臺十一版），卷 2，頁 62-a。

篇「瓌偉鉅麗」，〔註29〕也是就此一書寫體要角度的觀察。

　　周維恒批註則進一步點出他書寫功力的涵養與師承關係：

　　　　統閱四六篇諸，（案：篇諸當作諸篇）胸羅全史，妙在驅使典故，用
　　　　筆又能如行雲流水，絕無停滯之獎，（案：獎當作弊）推原其故，皆
　　　　得力於故業師醒甫蔡德輝先生為多，所以獨秀江東，當世之文人學
　　　　士皆仰如山斗。〔註30〕

作者必須「胸羅全史」，才能展露「驅使典故」之妙；敷寫如賦，又當「與情
而變」，才能真情流露、行雲無滯而不矯揉造作；因此推定蔡醒甫「多致力於
文賦詩帖」的教材設計，對他祝頌哀弔文類的書寫造詣，有點化提振之效。
就文學創作而言，文賦詩帖的體式在於悟道頌揚，頌悼之賦體式亦在於頌
揚，不過是發幽闡微以切實用。二者皆以儒家倫理為價值意涵，表現手法
近似，皆須藉著驅使典故，以遂其目的。故「胸羅全史」熟讀史書及四書
五經等儒家經典，提供其驅使典故豐沛的資料庫，而「纖曲巧致，與情而
變」的驅使能力，才能點化提振獨秀一方。此文賦詩帖與頌悼之賦異曲同工
之處。

　　而文賦詩帖創作，必須具備「胸羅全史」的基本學養，事實上突顯出文
學書寫的知性特質，可見此一師承影響，應兼就思想觀念與文學創作理解，
方為恰當。蔡醒甫福州茂才，曾著《東瀛集》十卷，《龍江詩話》八卷，皆不
存足本，〔註31〕知識性格不得而知。吳德功讚譽《東瀛集》：「芸編獨秉千秋
筆」，〔註32〕作有〈咏史〉百首；其〈八卦山〉五言古云：「曉登八卦山，歸
來讀《周易》」，〔註33〕可以略窺其對古文、史乘、《易經》的關注。吳德功具

〔註29〕詳吳德功《瑞桃齋文稿》（南投：臺灣省文獻委員會，1992年），頁219。

〔註30〕吳德功《瑞桃齋文稿》（南投：臺灣省文獻委員會，1992年），頁220。

〔註31〕許俊雅指出：葉際唐《百衲詩話》選錄的《龍江詩話》，「迄今只見書影及他
　　　　書零星，原書則未見」，詳許俊雅〈葉際唐及其詩話研究——以編纂背景及取
　　　　材來源、評詩內容為討論核心〉，頁168。收入張系國等《自然、人文與科技
　　　　的共構交響——第二屆竹塹學國際學術研討會論文集》（臺北：萬卷樓，2017
　　　　年），頁141～171。臺灣文獻匯刊續編第4卷收錄《龍江詩話》八卷（原缺卷
　　　　二），方寶川、謝必震等《臺灣文獻匯刊續編：《龍江詩話》八卷（原缺卷二）
　　　　上》（福建：Jiu zhou chu ban she，2016），2018/11/8讀取自 https://books.google.
　　　　com.tw。惜論者尚未得見。

〔註32〕詳吳德功《瑞桃齋詩稿·哭醒甫老夫子》（南投：臺灣省文獻委員會，1992
　　　　年），頁63。

〔註33〕詳吳德功《瑞桃齋詩話》（南投：臺灣省文獻委員會，1992年），頁120。

有史傳專長，曾撰《戴案紀略》《施案紀略》《讓臺記》；古文並能「獨秀江東，當世之文人學士皆仰如山斗」，有《瑞桃齋文稿》傳世；《瑞桃齋詩稿》中也流露出《易經》「盈虛消長」、「知幾」、「謙受益滿招損」等觀念；〔註34〕雖與科舉制度下，於四書、五經外，必須旁讀古文、橫覽史乘，以求淹博的通識教育有關，但深造獨詣處亦與其師有潛脈相通之處。是師者必授之業，而為學者所努力不懈者，皆以儒家倫理價值觀念為核心。即使在入泮前，早已隨古學教育，深植於心。

（二）入泮後官學經學致用教育

清代臺灣官學儒學教育的梗概，可由現存教育碑文學規中，略窺一二。1703年，（康熙42年）陳璸〈臺邑明倫堂碑記〉言：

> 自有人類，即有人心；有人心，即有人理；即若天造地設而有明倫堂。苟斯堂之不立，則士子講經無地，必至人倫不明，人理泯而人心滅，將不得為人類矣……予謂五經與五倫，相表裡者也。倫於何明……明此者，其必由經學乎？〔註35〕

陳璸於康熙年間，曾二度來臺，（1702；1710）為一勤懇篤行儒者。少讀四書五經，及長熟讀〈太極圖說〉〈西銘〉〈朱子小學〉等書。1702年任臺灣知縣，（康熙41年）即將廣教化、勵實學、厚風俗等列為治臺要務。〔註36〕關於興建明倫堂的陳述，從人心、人理論及五倫、五經之表裡相應，顯示其兼攝理學與經學，學思之外更講求實踐致用的態度。1710年二度來臺，（康熙49年）重建府儒學，及建祠崇祀朱子，強調朱子剖析發明經史、百氏之書，其義理思想足以綜括人生德業的價值，孔孟正學亦賴以延續不墜。〔註37〕

其後1740年，（乾隆5年）臺灣道劉良璧訂立〈海東書院學規〉六條，

〔註34〕其詩〈燈花〉有句：「盈虛理細推」；〈雉〉：「所以士君子，知機慎行止」；（案：知機當作知幾。）〈大樹〉云：「未幾陽春回，勾萌暢生機」「消長相循環，此理是也非」；〈囊螢〉云：「何若蠹草蟲，掩晦保終始」。詳吳德功《瑞桃齋詩稿》（南投：臺灣省文獻委員會，1992年），頁127、127、128、129。皆可看出其具有《易經》思想的觀照態度。

〔註35〕收於謝金鑾《續修臺灣縣志下》臺銀經濟研究室，臺灣文獻叢刊第140種（南投：臺灣省文獻委員會，1962年），頁474。

〔註36〕詳陳璸《陳清端公文選》臺銀經濟研究室，臺灣文獻叢刊第116種（臺北：漢珍數位圖書股份有限公司，2000年），頁1～4。

〔註37〕詳范咸《重修臺灣府志》臺銀經濟研究室，臺灣文獻叢刊第105種（臺北：漢珍數位圖書股份有限公司，2000年），頁680～681。

曰明大義、端學則、務實學、崇經史、正文體、慎交遊。〔註38〕1760年，（乾隆25年）覺羅四明重新勘定為八條——一端士習，二重師友，三立課程，四敦實行，五看書理，六正文體，七崇詩學，八習舉業。〔註39〕乃至胡建偉訂澎湖文石書院學約十條，為：重人倫、端志向、辨理欲、屬躬行、尊師友、訂課程、讀經史、正文體、惜光陰、戒好訟。〔註40〕皆主張為學應以志於道為目標，從日用倫常中涵養省察，並研讀經史以致實用。大底展現清初儒學以朱子學為核心，綜攝經史，對外王事業重視的趨向。

吳德功入泮補廩後的官學教育，即是此一風尚的延續。其學思狀況可考者四，其一、1878年二十九歲時，（光緒4年）應戊寅科試作〈騶虞解〉，夏宗師評曰：「引用經書原原本本，結尊朱注尤確」，即旁徵博引諸家之說，而據《詩集傳》的解讀統攝全篇宗旨：「此詩為美南國諸侯之事，嘆其仁心自然是即所謂騶虞也」，〔註41〕遵照科舉考試《詩經》引用朱熹集傳的規定。〔註42〕展現清初學術意圖藉由訓詁考據，以重新回歸典籍之旨的風尚。其二、1881年三十二歲左右，（光緒7年）考觀風之作〈小學考〉，自註：「聖朝文運昌明，經籍大備，而小學尤為入德之門，學人敢不考証及之」，江老師評曰：〔註43〕「小學源流引證精確不浮」。「小學」指文字、聲韻、訓詁之學，此篇旨在考證小學源流，廣義而言是入德之門，係為受業學習之始。精確的

〔註38〕詳余文儀《續修臺灣府志》臺銀經濟研究室，臺灣文獻叢刊第121種（臺北：漢珍數位圖書股份有限公司，2000年），頁355～356。

〔註39〕詳余文儀《續修臺灣府志》臺銀經濟研究室，臺灣文獻叢刊第121種（臺北：漢珍數位圖書股份有限公司，2000年），頁356～360。

〔註40〕詳胡建偉《澎湖紀略》臺銀經濟研究室，臺灣文獻叢刊第109種（臺北：漢珍數位圖書股份有限公司，2000年），頁81～88。

〔註41〕夏宗師名字不詳，當是其官學儒學教授。詳吳德功《瑞桃齋文稿》（南投：臺灣省文獻委員會，1992年），頁1～4。

〔註42〕清代科舉制藝註釋版本限定，《四書》主朱熹集註；《易》主程頤傳，朱熹本義；《書》主蔡沈傳；《詩》主朱熹集傳；《禮記》主陳澔集說；《春秋》原主胡安國撰；後改為《左傳》本事，參用《公羊傳》《穀梁傳》。詳國史館編《清史稿校註·選舉三·文科武科》（臺北：國史館，1986年），卷115，志90，頁3171。

〔註43〕江老師名字不詳，當是其官學儒學教授。〈敬步朱邑侯樹翁原韻〉之四：「詩咏東郊草木香」句下註曰：「公東郊吟春，與江老師聯吟唱和」，詳吳德功《瑞桃齋詩稿》（南投：臺灣省文獻委員會，1992年），頁70。可知任職約在1881年左右，與二度任彰化知縣的朱樹梧同時。〈小學考〉文，詳吳德功《瑞桃齋文稿》（南投：臺灣省文獻委員會，1992年），頁7。

說應是清代乾嘉考據之學中的一個區塊，類屬於漢學系統，偏重對文本的名物訓詁，屬語文認知的範疇。雖合於朱子格物致知之旨，所致者言辯認知與以實踐為導向的德行之知，尚未能率爾等同。但唯有考證精確，方能穿透語文掌握意義，進而「驅使典故」，以作經疏，亦為治學方法之應用。透露出朱子學漸教系統的風貌，與官學教育體制的教材內容。其三、〈敬和黻屏翁老師留別原韻並題玉照〉中有：〔註44〕「聽經已歷三年久」「黌宮親炙仰高山」，〔註45〕應是科舉必備四書五經的學習。其四、1881 年三十二歲左右，月課之作〈朱陸異同辨〉，附註江老師評曰：「異同處互勘，清辯滔滔」，此篇就朱陸異同處互勘，多引用原典，証成二家之別，僅在入手處有頓漸之殊，義理上並無町畦之畔。〔註46〕少用二手註解，故能超越考據學術性格的沉滯感，展現清晰俐落的言辯風貌，會通朱陸的企圖，透顯晚清臺灣義理學綜合化、實用化的輪廓。上述觀察難以清晰細膩的呈顯吳德功的儒學思想，但綜合義理、詞章、考據的學思途轍，與當時臺灣儒學教育脈絡的思考若合符節。

　　其〈彰化同志學問研究會論作文法〉一文，雖為乙未之後所作，但文本所述清初桐城古文師法，始於方苞、劉大魁，至姚鼐集大成而一脈流衍，其間透顯的學術思維與價值意義，亦正反映出清代官學經學致用教育的影響：

> ……輯《古文辭類纂》，以為作文必合義理、詞章、考據，三者缺一
> 不可。其為文源流兼賅，醇雅淵懿……咸豐間曾侯滌笙，文章經濟
> 為一代宗匠，嘗謂：藩能知文字者，姚先生啟之也……平居集古名
> 人十餘人，以姚氏為殿，繪像崇拜，其景仰可謂至矣。夫為文之道，
> 雖不拘成法，神而明之，存乎其人；學者輒恐合義理、詞章、考據
> 始成為文……舉業家當以此為旨歸也。〔註47〕

清代科舉制度沿襲明代八股取士辦法而變本加厲，格式規範煩瑣僵化，內容專取《四書》、《五經》命題，既須代聖立言，抑且恪遵一定註釋，非但箝制士人思想，且易於擬題傳習，對於本經內容的理解反而空疏不切。他在此則強調八股制藝與古文精神一貫旨趣相通，必須融合義理、詞章、考據為一，方能如姚鼐臻「源流兼賅，醇雅淵懿」之境，或如曾國藩兼攝「文章經濟為

〔註44〕黻屏翁其人不詳，當是其官學儒學教授。
〔註45〕詳吳德功《瑞桃齋詩稿》（南投：臺灣省文獻委員會，1992 年），頁 72。
〔註46〕詳吳德功《瑞桃齋文稿》（南投：臺灣省文獻委員會，1992 年），頁 29～32。
〔註47〕吳德功《瑞桃齋文稿》（南投：臺灣省文獻委員會，1992 年），頁 161～162。

一代宗匠」。〔註48〕曾國藩繪像崇拜以致孺慕景仰事，見於其〈聖哲畫像記〉一文，篇中據聖門德行、言語、政事、文學四科，依姚鼐所言義理、詞章、考據三個為學面向，述文王、周公、孔子、孟子等三十二人，〔註49〕在聖門四科所屬，其中周敦頤、程顥、程頤、張載、朱熹為德行之科、義理之類；杜佑、馬端臨、顧亭林一系，許慎、鄭玄、姚鼐、王念孫另一系；然同屬於文學之科考據一類。可以看出清代中葉以後，儒學的二個脈絡，一為宋學——義理學，義理是德行之學，尤其是承自周敦頤、二程、朱熹一脈的宋代理學。其中兼攝觀念認知與行為實踐，在知識學理下，必須內蘊有生命之德的體證。一為乾嘉漢學，其特色在於考據，意圖藉助於訓詁、實證以重返經典古籍之旨。因此研究範圍擴及古文字學、史學、地理學、目錄學、校勘輯佚，乃至自然科學。曾國藩能合文章、經濟為一代宗匠，與其對修己治人的貫通之道——禮學的重視有關，〔註50〕而他在德行與政事上的成就，則標幟出作為儒學典範的義理學，已然涵攝有對實際事功的實踐。吳德功對曾國藩的論述僅此一處，但綜合義理、詞章、考據的學思途轍，與重視存在語境的實踐思維，精神旨趣相同，皆是清代儒學由內聖之德延伸到外王事業的發展。

林國標《清初朱子學研究——對一種經世理學的解讀》指出：曾國藩與羅澤南同為晚清理學中興的代表人物，〔註51〕他們共同的思想特色是：

> 他們的思想與清初朱子學有直接的血緣關係，作為理學家，曾、羅
> 等人一以貫之地繼承了傳統尊德性的立場，即強調理學的道德內
> 省，但他們又不僅僅滿足於道德內省，而注重實踐，切於實用，講

〔註48〕曾國藩，(1811～1872)字伯涵，號滌生，湖南湘鄉人。其學淵源自桐城姚鼐，而尤以「轉移風俗、陶鑄人才為主」，主張匯通漢宋，歸旨於禮，而持論近於漢學。詳錢穆《中國近三百年學術史》下冊（臺北：臺灣商務出版社，1987年臺九版），頁569～591。

〔註49〕曾國藩〈聖者畫像記〉自述計圖繪三十二人，係將二程子兄弟程顥、程頤合計，文中所述總計實為三十三人。詳曾國藩《曾文正公全集》冊1（臺北：世界書局，1985年四版），頁119～124。

〔註50〕〈聖哲畫像記〉言：「先王之道所謂修己治人經緯萬彙者何歸乎？亦曰禮而已。」詳《曾文正公全集》冊1（臺北：世界書局，1985年四版），頁122。

〔註51〕羅澤南，(1807～1856)字仲嶽，號羅山，湖南湘鄉人。其學「主於性理，而求於經世」，「推本橫渠，歸極孟子，以民胞物與為體，以勉強力行為用」，為湘學一脈人物。詳錢穆《中國近三百年學術史》下冊（臺北：臺灣商務出版社，1987年臺九版），頁591～595。

求經世致用……曾國藩沒有將理學與經世對立起來，而是認為經濟之學即在義理之中。他還說：自內焉者言之，舍禮無所謂道德，自外焉者言之，舍禮無所謂政事。很顯然這又回到了清初朱子學道德倫理建設與實用事功之學相并重的立場。〔註52〕

此處進一步論述此一時期思想與清初朱子學有直接血緣關係，是「繼承了傳統尊德性的立場」，既「強調理學的道德內省」，又「注重實踐，切於實用」。所謂晚清朱子學的血緣，係指對清初官學時期湯斌以來，〔註53〕尤其是李光地朱子學綜合化、實用化發展的繼承，〔註54〕強調綜合故以程朱為宗脈，展現對陸象山尊德性論述的兼收並蓄；注重實踐、切用，故意圖通過格物致知，建立三綱五常、禮樂政教的倫理論述。

　　吳德功〈朱陸異同辨〉亦可略窺此一趨勢下，對宋代理學的詮釋：

蓋聞理學始自宋儒，而異同之說創自朱陸，夫二子皆以反身切己為事，雖見解議論不無齟齬，然各尊所聞，各行所知，非如水火冰炭之不相入也……論及教，朱子欲學者泛觀博覽，而後歸之約；陸子欲學者先發明本心，而後使之博覽……陸子詆濂溪增無極於太極之上，恐人求諸虛無逃入於禪；朱子不以為然……夫道問學、尊德行皆聖學修德之功，二子皆祖孔孟之說，其於道問學、尊德行又未嘗偏廢也。朱子曰：居敬窮理。又曰：非存心無以致知。又曰：君子之心常存敬畏，何嘗不以尊德性為事？陸子誨人曰：居處恭，執事敬，與人忠。又曰：克己復禮。又曰：學問之道無他，求其放心而已矣。何嘗不以道問學為事……朱陸之學躬行實踐，以聖賢自期，非若後世尋章摘句，博取聲譽者比。〔註55〕

此處點出朱陸之學旨趣相同，其一、學脈皆祖述孔孟「躬行實踐，以聖賢自

〔註52〕林國標《清初朱子學研究——對一種經世理學的解讀》（湖南：人民出版社，2004年），頁282。

〔註53〕湯斌，（1627～1687）字孔伯，號荊峴，又號潛庵，河南睢州人。從孫夏峰於蘇門山講學，同訂《理學宗傳》；與同道建繪川書院。〈湯斌·潛庵學案〉評其：「篤守程朱，亦不薄陸王，身體力行，不尚空論」。詳徐世昌等著《清儒學案》冊1（臺北：世界書局，1966年再版），卷9，葉二。

〔註54〕李光地，（1641～1717）字晉卿，號厚庵，福建安溪人。著作宏富，後人輯為《榕村全書》。〈李光地·安溪學案·上〉評其：「博學而精……恪奉程朱而深究天人，研求經義性理，旁及歷算、樂律、音韻」。詳徐世昌等著《清儒學案》冊2（臺北：世界書局，1966年再版），卷40，葉一。

〔註55〕吳德功《瑞桃齋文稿》（南投：臺灣省文獻委員會，1992年），頁29～32。

期」。故「皆聖學修德之功」。其二、縱使論述不同,「於道問學、尊德行又未嘗偏廢」。。其歧異處有二,一為入手工夫處頓漸之教有別──朱子側重道問學,主張「泛觀博覽,而後歸之約」;陸象山以德性為尊,強調「先發明本心,而後使之博覽」。其二、頓漸之別根源自本體論歧異──對於「理」的詮解不同,朱子由博反約,提攝處是「理」,理與流行之氣裂解為二,理、氣二元故贊同周濂溪無極而太極之論;陸象山「恐人求諸虛無逃入於禪」,主張「先發明本心」,此心既內在於人,又無限超越上通天理,心即理,自然毋須頭上安頭推增無極之說。朱、陸二家,一為理學,一為心學,就孔孟一脈道德義理而言,朱子為歧出。吳德功文本並未就二家論述勾稽議題,就道德本體思維脈絡根本歧異處釐辨清楚,反而合會混同兩存其說,以為不容軒輊,但於道德實踐工夫論中,頓漸二教遞相為用處互勘,以證成朱陸之學頓漸之教有別,然皆祖述孔孟聖學之論。

就宋明儒學發展而言,北宋初期周濂溪、張載、程顥建立道德的天道論。天道既為一生生不已的創造,亦為一含藏萬有的理體。就創造處可見萬物日生日成之性,陸象山言「先發明本心」,陽明「致良知」,皆視本心、良知呼應於天的創造之德,而忽略人之存在,乃心在氣質之中,其中自有氣稟之駁雜鬱滯。因此心之活動是否超越氣質限制如理而行?關鍵仍在修德與否。二者於北宋天道論之即活動即存有,有所偏執,故遭譏「墜於禪學之虛」。朱子主張「泛觀博覽,而後歸之約」,道問學是認知萬有之理。抽象之理非存有之體悟,即便格物致知為理,德性之理至於躬行踐履,猶有待於向上翻轉之頓悟。於北宋天道論,則僅具存有之理,而無活動創造之義,故被譏為「支離」。限於個人材質,於逆覺體證的實踐活動中,朱、陸恐無查覺各自論述的缺失。但就內聖之學的核心議題而言,朱子於孟子心性論為歧出。朱子所謂「心」,非陸象山之本心,而為一虛靈之氣。因此所謂居敬存理、非存心無以致知,此虛靈之氣皆須以敬、理約束,而非本具之良知良能。與陸象山「居處恭,執事敬」,直是此心當下隨機發用不同。

再者宋明儒所建立的天道論與心性說,大抵是逆覺體證的內聖之學,就思想發展脈絡而言,仍須自即活動即存有的天道,由本貫末,即天地萬有推展外王事業。此一論述迄乎明末清初已粗立梗概,劉蕺山「理為氣之理」,王船山「道者器之道」,前後相承完成此一縱貫脈絡。而清初思想家,黃宗羲重事功,顧炎武重視史學,主張通經以致用,雖論述系統不足,但皆代表清初

學風的務實轉向。朱子道問學認知功夫的重要觀念是格物致知以窮理，認為《大學》論治國平天下許多事，卻歸格物上，將心之創造視為文化的開展。格物窮理的著手處為聖賢經訓，故窮研古籍從聖賢經訓中，確立儒學道統，以建構文化制度的理想。此一論述雖然致使主體性流於客觀化，但其對世界的根本肯定，頗能循序漸進示後學以橫攝認知的途轍。故解經之說為明清官學所依據，即使在清代經世致用學風下，仍為官方義理學典範。〔註 56〕吳德功對於義理學未能貫通本末的粗疏論述，固然與個人學術專長有關，但可以看出他儒學教養的格局，在晚清傳統學風的籠罩下，宗主朱子並融入陸象山尊德性的論述，捨本體論的釐辨而專注於工夫論的互勘，正好是綜合化、實用化發展的延續，官學經學致用教育的影響深刻。

（三）延續福建朱子學的在地轉化

探討他的思想觀念，從師承考究、官學教育外緣體系觀察之外，更應置諸歷史文化語境中，臺灣儒學發展的脈絡下理解。陳昭瑛即指出福建朱子學在臺的發展，有其特殊的地域性議題：

> 臺灣儒學起源於明鄭時期第一座廟學的建立，其思想繼承南明儒學之經學與經世致用之學的傳統。清代是臺灣儒學的發展期……此期的思想主流是福建朱子學，程明道曾視其大弟子楊龜山歸閩為「道南之傳」，則朱子學之入臺可稱為「道東之傳」。就思想的原創性言，臺灣朱子學難脫福建朱子學的籠罩；但是就思想的歷史性、社會性、文化性而言，臺灣朱子學所浮現的問題，諸如與異文化（原住民文化）的邂逅，與民間信仰（如文昌帝君的信仰）的遭遇，與移民社會的互動，都使臺灣朱子學展現奇異繽紛的色彩。〔註57〕

清代臺灣朱子學的實踐，邂逅原住民文化後產生的變異，非本文所能涉論。鄭成功入臺之前，臺灣漢文化大抵以庶民階層為主，多表現於人倫日用間的次文化，自然特顯移民社會的致用性格，儒家觀念以禮教、規範、信仰的形態呈現。明鄭、清領時期，士人階層的文化譜系，隨著官方教育的傳輸，科舉功名的獎勵，社會的文治化，才逐漸建立規模。並且基於移民社會與地域的特殊性，展

〔註56〕有關宋明儒之分系，及其義理脈絡與局限，參考曾昭旭《王船山哲學》（臺北：遠景出版事業公司，1983 年），頁 292～320。

〔註57〕陳昭瑛《臺灣儒學——起源發展與轉化》（臺北：正中書局，2000 年），未標頁碼。

現出更強烈的致用傳統。明鄭治臺二十二年，學風延續明末經世致用傳統，清朝雖以異族入主，仍相承不斷，康熙中期，朱子閩學確立為官方儒學，更展現為博雅綜合與經世實用的特色。湯斌與李光地堪稱此一階段的代表人物。故兼稱臺灣儒學既有明鄭以來移民社會的致用傳統，又淵源自福建程門楊時下迄三傳朱子一脈閩學。〔註58〕吳德功祖籍福建泉州同安，其詩話文本中載及人物，也可略見閩學梗概，及其島國移民的特殊解讀。

湯斌，（1627～1687）河南睢陽人。《清儒學案》評其：「篤守程朱，亦不落陸王，身體力行，不尚空論」生平操守謹慎，實心任事。居官獎廉懲貪，肅清吏治，輕稅立學，化民成俗。〔註59〕吳德功〈佳話〉記載其事則曰：

> 湯文正公名斌，由鴻詞官巡撫，直聲稱天下。上取其平日詩進呈，有句云：「年老才將盡，憂多道轉親」，上問曰：「何憂多道轉親？」對曰：「臣半生在憂患中，常隨事體察，轉覺親切有味。」上為優禮。〔註60〕

一篤守程朱學者，自道因半生憂患得以隨事體察，反而能在日用倫常中體證天理。此種逆覺體證的功夫，頗有王陽明「某于良知之說，從百死千難中得來」之慨。〔註61〕吳德功除肯定其具體事功，並未特別標舉其在朱子學的地位，反而從陸王主張的從倫常簡易處證道，讚揚其道德學問。湯斌雖非閩人，此一思惟大抵仍與〈朱陸異同辨〉同一脈絡，透顯出對朱子閩學綜合化、實用化的詮解。

清初官學時期繼承此一風尚的李光地，即出身福建泉州：

> 泉州李文貞公光地，康熙初年入翰林……平生好獎人善……上因召公所薦楊名時、文志鯨入京，擢徐元夢為內閣學士，免出辛者庫。公聞之曰：「此皆上所舉陸清獻公、蔡世遠、梅夢九、趙申喬、方苞諸老，皆一時名士，以愈我疾也。」（案：愈當作瘉）……公上自河圖，下自濂洛，旁及曆象，無所不通。著《榕村集》二十餘種。〔註62〕

〔註58〕朱熹出仕，首登泉州同安主簿，任內常游走於漳泉之間，於金門講學，並創建泉山書院。知命之年任漳州知府，致力於社會教育，刊刻《詩》《易》《書》《春秋》與四子書，提倡經世致用。詳朱雙一《閩台文學的文化親緣》（福建：人民出版社，2003年），頁111～112。

〔註59〕詳徐世昌等著《清儒學案》冊1（臺北：世界書局，1966年再版），卷9，葉二。

〔註60〕詳吳德功《瑞桃齋詩話》（南投：臺灣省文獻委員會，1992年），頁105。

〔註61〕詳陳榮捷《王陽明傳習錄詳註集評》（臺北：臺灣學生書局，1983年），頁396。

〔註62〕吳德功《瑞桃齋詩話》（南投：臺灣省文獻委員會，1992年），頁95。

就學術脈絡——「上自河圖，下自濂洛，旁及曆象，無所不通」，點出其朱子學的淵源、綜合化性格，與實用傾向的學術成就。又捨棄時人對李氏操守作為爭議，〔註63〕細膩的標舉其日常德行——好獎人善，有對已負盛名者如陸清獻公、蔡世遠一時名士的讚美；更有提攜未顯後俊如楊名時、文志鯨、徐元夢等惜才、舉才的苦心。其中固然可能有為原鄉鄉賢隱晦的用意，但也透露在閩學之外，對生活實踐細節的重視。

又載述其門人蔡世遠：

> 閩漳浦蔡文勤公世遠，康熙年間舉進士，出李安溪門，講求理學。雍正朝授經筵教皇子，嘗謂：「吾功業不敢望諸葛武侯，庶幾范希文；道德不敢望朱文公，庶幾真希元也。」高宗追贈太傅，御製懷舊詩曰：「先生長鰲峯，陶淑學者眾……嘗云三不朽，德功言並重……氣乃欲其盛，理乃欲其洞……嗚呼於先生，吾得學之用。」〔註64〕

福州鰲峯書院為康熙年間進士張伯行所建，當時臺廈道陳璸，重視教育，蔡世遠曾應邀擔任山長；〔註65〕陳璸於 1702 年任臺灣知縣，治臺有惠政，深受臺人敬重。蔡世遠後來即受諸羅知縣周鍾瑄之託，隔海撰寫〈諸羅縣學碑記〉。〔註66〕連結陳璸、福建、鰲峯書院、蔡世遠、諸羅縣學碑記等符碼，可

〔註63〕錢穆載論李光地其人：「聖帝為堯舜，光地則稷契皋夔矣。然光地實小人，富貴煊赫，不足掩其醜。全謝山稱其初年賣友，中年奪情，暮年則居然以外婦之子來歸，足稱三案……自光地在位，眾多誚之，及其既歿，詆訏尤甚」全謝山責難事見《鮚埼亭集外編》，卷四十四，〈答諸生問榕村學術箚子〉。但方苞《望溪集‧安溪李相國逸事》、陳壽祺《左海文集‧安溪蠟丸疏辨》則為之平反。詳錢穆《中國近三百年學術史》上冊（臺北：臺灣商務書局，1987 年），頁 265。吳氏文本書寫，意在突出君臣相得之樂，或因術業專攻取向有別，或受制於政治文化邊陲資訊不足，亦可能為賢者晦，並未詳究其事。

〔註64〕吳德功《瑞桃齋詩話》（南投：臺灣省文獻委員會，1992 年），頁 99～100。

〔註65〕陳璸於 1702 年任臺灣知縣，（康熙四十一年）建孔廟、朱子祠、興社學、勵實學、厚風俗以推廣教化。1710 年回任臺廈道，（康熙四十九年）重建府儒學，理學與經學兼重，並且重視躬行實踐。治臺有惠政，臺人塑像於文昌閣。詳范咸《重修臺灣府志》臺銀經濟研究室，臺灣文獻叢刊第 105 種（臺北：漢珍數位圖書股份有限公司，2000 年），頁 135～136。連橫《臺灣通史‧列傳六》（臺北：眾文圖書公司，1994 年），頁 933～934。

〔註66〕詳陳夢林《諸羅縣志》臺銀經濟研究室，臺灣文獻叢刊第 141 種（臺北：漢珍數位圖書股份有限公司，2000 年），頁 255～256。夏德儀輯《臺灣教育碑記‧重修諸羅縣學碑記》臺銀經濟研究室，臺灣文獻叢刊第 54 種（臺北：漢珍數位圖書股份有限公司，2000 年），頁 8～10。

見隨著官方儒學教育的推展，鰲峯書院也成為臺灣書院師生景仰的典範。
文本「出李安溪門，講求理學」一語，指出蔡世遠師承李光地，而淵源自朱
子閩學。蔡氏自道「吾功業不敢望諸葛武侯，庶幾范希文；道德不敢望朱
文公，庶幾真希元」語，〔註 67〕無論所述是否確實，正好突顯其學術性格兼
攝經濟事功與道德實踐的特質。

對兵部侍郎沈源深事的記載，更直揭此一價值理念：

> 兵部侍郎沈叔眉源深，督學閩中，講程朱之學，求名各郡純樸之士，
> 手定條教數百言，示以躬行實踐之準。並輯《士林楷模》一書，重
> 刊《小學》。取士必采品行純篤，以居敬窮理為訓。在任溘逝。門生
> 王元穉，曾為臺中教官……〔註 68〕

文本仍藉沈源深與王元穉的師生情誼，聯繫臺灣與閩學的學脈。有關閩學的
關鍵詞為：程朱之學、純樸之士、躬行實踐、《士林楷模》、品行純篤、居敬
窮理，依作者詮解思維，程朱閩學的主要內容幾乎就是躬行實踐。此一詮解
脈絡下，臺灣朱子學已然產生微妙的變化，較諸閩學，融入更多移民社會的
致用傳統，突出對經濟事功與道德實踐的重視。

此外他另有〈藍鹿州先生事略〉，專文敘寫從祀於文開書院的藍鼎元：
〔註 69〕

> 閩之漳州府漳浦縣藍鹿州先生，名鼎元，少孤力學，讀書山中貧不
> 能具蔬，日攜白鹽以侑食……作〈白鹽賦〉以自勵……作〈餓鄉記〉
> 以自慰……我臺朱一貴之亂，藍提臺廷珍奉命副施世驃平臺，七日

〔註 67〕真希元與朱文公相對，應為人名。真德秀（1178～1235）南宋理學家、學者、
　　　　名臣，為政以耿介廉能著稱。《宋史・卷四百三十七・列傳第一百九十六》列
　　　　入儒林傳，字景元，後更為景希，今福建浦城人。詳元・托克托《宋史》（臺
　　　　北：商務印書館，1983 年），頁 288-159～288-164。《理學彙編・經籍典第三
　　　　百五十一卷經學部傳經名儒列傳二十五・宋七》首列真德秀，亦據《宋史》
　　　　轉述如此，收入陳夢雷《古今圖書集成》第五八三冊之五六葉（臺北：廣文
　　　　書店，1977 年），頁經籍典-3435。譯文《白話宋史・真德秀傳》，讀自古典文
　　　　學網《白話宋史》宋史白話文在線閱讀 https://m.cngdwx.com>m.php；古詩文
　　　　網〈真德秀作者簡介〉，讀自 https://m. qushiwen.org 皆有後又更為「希元」之
　　　　說。依行文語氣，蔡世遠與真德秀學術性格判斷，文本之「真希元」為宋之
　　　　真德秀殆無疑義。
〔註 68〕吳德功《瑞桃齋詩話》（南投：臺灣省文獻委員會，1992 年），頁 132～133。
〔註 69〕詳周璽《彰化縣志》臺銀經濟研究室，臺灣文獻叢刊第 156 種（臺北：漢珍
　　　　數位圖書股份有限公司，2000 年），頁 412。

復全郡。先生以廩生從事戎馬，參贊軍機，奏稿露布皆其手出。著
《平臺紀畧》，籌畫治臺善後事宜……薦拔廣東普寧縣……到任三
載，與當道不合，遂被劾免……擬伐魏檄……以誅凶雄奸於既
死……讀先生之文，愛國忠君之忱，悠然而生，而元兇大惡庶可以
少歛其氣燄矣。〔註70〕

藍鼎元亦曾讀書鰲峯書院，為朱子閩學學者。1721 年朱一貴事變，(康熙六十
年）隨南澳鎮總兵藍廷珍出師入台，參贊戎幕籌畫軍機，著述多攸關治臺策
畧。1824 年臺灣府知府兼學政鄧傳安倡建文開書院，(道光四年）主祀朱子，
以其「文章上追太僕，兼著功績於臺灣」奉為從祀。〔註71〕連雅堂《臺灣通
史》敘其生平著眼於其功績，即直接援引治臺論述作為主題；〔註72〕吳德功
此文則以小說筆法，從細微處著手，雖泛敘一生行誼、著述，然尤著墨於其
少孤力學、任事正直、筆誅雄奸之事，展現個人對其春秋之筆的讚賞，捨其
學思論述，突顯其懇切的道德實踐。文本的取材與書寫筆法，在在投射出作
者的儒學價值意識，延續朱子閩學重視致用、事功實踐的特質，並且融入移
民社會對典範人物的本土認同。〔註73〕

　　因此環繞他對湯斌、李光地、蔡世遠、沈源深、藍鼎元等朱子閩學學者
的書寫，可以勾勒出其源自學校儒學價值的基礎建構。在科舉制度教育的影
響下，一者順應清初官學湯斌以來朱子學綜合化、實用化的趨勢；再者融入
閩台邊陲地域的思考，不著墨各家的理學論述，雖標舉事功而尤其突顯日常
務實的道德實踐。因此文本中特別簡介朱子閩學學者，對於與臺灣淵源較深
的藍鼎元，專文表彰其純樸、正直、耿介的人格操守與愛國忠君之忱，而未
及其學思內涵。

三、庶民儒教信仰的浸滲

　　清領時期臺灣社會的移民結構以閩粵漢族為主流，具有海洋型文化的地
域特質──開放、通變、拓展與創新，在價值取向上具有強烈的功利性；但

〔註70〕吳德功《瑞桃齋文稿》(南投：臺灣省文獻委員會，1992 年），頁 275～277。
〔註71〕詳鄧傳安〈文開書院從祀議〉，收入周璽《彰化縣志》臺銀經濟研究室，臺灣
　　　文獻叢刊第 156 種，(臺北：漢珍數位圖書股份有限公司，2000 年），頁 412。
〔註72〕詳連橫《臺灣通史‧流寓列傳‧藍鼎元》(臺北：眾文圖書公司，1994 年），
　　　頁 952～954。
〔註73〕關於藍鼎元事，亦見於吳德功《瑞桃齋詩話》(南投：臺灣省文獻委員會，1992
　　　年），頁 142。大抵仍敘其平定朱一貴事功，及生平著述。未涉及思想內容。

就社會文化的形成與發展而言,先祖有部分自北方遷徙而至,長期浸淫於儒教文化譜系內,因此內陸型中原文化仍是核心典範,儒家重視三綱五常的價值意識依然主導思維方式與行為準則,塑造謙和禮讓、安土重遷的族群性格,展現封閉、固著、守舊、傳統的文化特質。而政治地理位置的邊陲性,促使海洋文化與內陸文化互動對話,形成臺灣社會文化既傳統守舊又創新通變的獨特風貌。這種多元錯綜的文化特徵,展現在庶民文化的集體價值意識上,就特別突出儒家人文教儀式化與功利性的傾向。

(一)祖神與地理、風水

儒家的終極關懷,是秉持良知良覺投身人間歷史長河,參與人文世界的建構歷程,而此一宗教性情懷的實踐就是孝道。孝道所建立的終極關懷象徵是列代祖宗,在生命血統上稱為父祖先人,就慧命道統言則為往聖先賢。而掃灑祭奠、晨昏定省,便是祭祖事親宗教儀式的設計,藉著此一宗教儀式的實踐,培養普遍超越的宗教情懷與道德情感,作為人生向上提升的源泉活水,終而將一切篤實踐履的成果與榮耀,歸諸父祖先人以光宗耀祖,或回歸歷史文化道統延續族群慧命。因此祭祖事親非但要藉儀式以啟導人心,更要秉持仁心自覺潤澤善化以彰顯儀式的價值意義。〔註74〕

吳德功的孝道觀念,見諸〈尋同安祖墳始末記〉一文,則在此一正統儒家脈落下,展現庶民文化的特色。其家族自乾隆年間高祖渡臺已歷百餘年,尋覓祖墳是曾祖媽遺願,1874年補博士弟子員後,(同治13年)積極遵照父命計畫往尋祖墳,先行託人訪查後,1879年與1882年二度親自往尋,(光緒5年、8年)最終得以尋得始祖墳等數穴,〔註75〕自道皆得諸有意無意之間,

---

〔註74〕詳曾昭旭,《良心教與人文教·儒家義理與生命禮俗》(臺北:臺灣商務出版社,2003年),頁157~159。

〔註75〕〈尋同安祖墳始末記〉敘遷臺始末與往尋祖墳緣由為:「……因本族與同鄉邵家搆釁,一時西山揚厝埔等處,咸與列械數年,其本派族親遂渡臺住彰化縣,而我高祖亦與焉。至乾隆戊戌(案:戌當作戍)我曾祖誠厚公諱世京,因奉祖先神主,並高祖媽洪氏、曾祖媽呂氏皆搬過臺彰,其墳皆在同安等處。高祖、曾祖即逝,而曾祖媽享壽最久,每遇年節及忌辰,皆流涕啼泣,每執吾祖與吾伯祖,謂之曰:吾女流也,汝等宜念祖宗,其未能及身渡內地尋祖墳,當告而子而孫……至甲戌歲,(案:戌當作戍)予補博士弟子員,家父即命之曰:此行鄉試當往尋祖墳。予亦竊計曰:祖墳庶可繼此而得見矣。」吳德功《瑞桃齋文稿》(南投:臺灣省文獻委員會,1992年),頁74~75。

若有神靈默佑。其敘尋得始祖墳所見所感：

> ……細審其地，眾山環拱，右邊有石巍然如雞形，朱文公寫四字「有
> 泉德邱」，里人目為金雞剪蜈蚣之穴焉。嗟乎！時過百年，道阻重
> 洋，而祖宗之墳基不至泯滅，予小子得以親承掃奠，豈予之所能致
> 哉？蓋由祖宗之德澤孔長，亦吾祖禰孝思之篤有以致之也。〔註76〕

訪尋同安祖墳，展現入閩開基祖崇拜，此為入閩漢族的移住地認同，藉助於
閩中地區的尋根，連結入臺族裔建立開臺祖譜系，則是庶民傳統與在地文化
認同的同源變異。尋覓祖墳完成曾祖媽遺願，是儒家繼志述事孝道觀念的實
踐儀式之一，將入補博士弟子員，視為訪尋最佳時機，而在事竣之後，得以
親承掃奠，皆歸功於「祖宗之德澤孔長，亦吾祖禰孝思之篤有以致之」；都可
視為奉「父祖先人」之名，投身人間世作懇切道德實踐，而終將一切榮耀歸
諸父祖先人。他在文末附綴數語：「文果得付梓，雖遭事變，譜牒無有，吾曾
孫若觀此，亦可觀其梗概矣」，〔註77〕在建立生命血統上，亦勾勒一脈德澤與
孝思的慧命統緒。

　　但在此一大傳統敘述架構下，復見庶民次文化的滲透，其一為神靈崇拜，
華夏民族具有多神信仰，祖先有祖神，山川木石亦可以為靈，因此百代之後，
移民族裔得以渡越重洋，於荒野蔓草間尋得祖墳，得諸有意無意之間，自其
觀點詮釋儼然有祖宗神靈默佑。大傳統論述雖曰「祭神如神在」，儀式中強調
要能誠敬以對，但「子不語怪力亂神」，靈佑觀念非為重心，人間生命的文質
彬彬、人文化成才是關懷旨趣。孝道講究繼志述事，重點在道德人格的踐履，
尋覓祖墳、親承掃奠的儀式，雖然在於彰顯對先人德澤的孺慕之情，但突出
對祖先靈佑的頌讚，則是庶民多神信仰的思維。而跨海尋覓祖墳，有內陸文
明安土重遷、傳統守舊的價值觀念；但祭奠者的移民後代身分，本身就具備
出走與再出走的移動傳承。海洋移民創新拓展的精神特質又流露無遺，展現
海洋文化與內陸文化錯綜的族群性格。

　　其二為地理風水信仰，風水勘輿是陰陽形家之學，非大傳統儒家人文教
論述所關注；其自述卜居廈門埭頭始祖漾公，深曉地理，其後分支烏石譜，
再分支同安祖墳皆得靈氣所鍾，漾公墳地風水尤佳，為「金雞剪蜈蚣之穴」，
故能庇佑後裔，其入補博士弟子員即積極計畫訪尋祖墳，也有感恩於祖上餘

〔註76〕吳德功《瑞桃齋文稿》（南投：臺灣省文獻委員會，1992年），頁79～80。
〔註77〕詳吳德功《瑞桃齋文稿》（南投：臺灣省文獻委員會，1992年），頁81。

陰之意。此種風水信仰，事實上是閩南移民文化企圖光宗耀祖觀念的移植。
陳進國曾指出風水信仰對移民族群的安定作用：

> 閩中地區林深叢莽……那些與圖騰分類或祖先崇拜相關的「敬鬼
> 立祠」活動，既是一種神秘的宗教信仰，也是一種生活的方式，更
> 是一種生存的動力。立基于邊陲惡劣的環境條件之下的文化調適或
> 信仰形態的同源變異，是移閩漢人走向「在地化」過程中學會認同
> 移住地的文化選擇。風水信仰及相應的風水實踐，可能帶給入閩漢
> 人一種心理上的平衡法則，並增強對移住地生存空間秩序的自信
> 心。〔註78〕

閩中與祖先崇拜相關的風水信仰，是原鄉文化譜系的在地變異，移民南遷邊
陲草莽初闢生存的艱難，與傳統價值意識光宗耀祖的意圖，藉助鬼神崇拜與
風水信仰，提供心理上的慰安與支持，以增強面對生活試煉的能量。吳德功
往尋祖墳的風水信仰及其背後的文化心理也是如此，泮誠公墳地是「有泉德
邱」，地理風水稱為「金雞剪蜈蚣之穴」，連結德與金雞，蜈蚣相對為害蟲，
有「以德除害」之意。

　　吳德功補博士弟子員，返鄉既是「光宗耀祖」，又是慎終追遠的孝思儀
式。為開臺高祖建立連結閩臺的生命血脈，也向先人德澤致敬，因地理風水
之祐，使其得以讀書有成光宗耀祖。展現原鄉文化譜系的在地繼承與紮根，
寓有孝思誠篤、感恩德澤之意。但偏離道德主體本位的敘述，突出風水勘輿
術數之說，正是庶民儒教文化滲入風水信仰的功利性思維。

（二）文昌帝君相關信仰

　　藉科舉功名以光宗耀祖的功利思維，還展現在文昌帝君信仰與敬字習
俗，文昌帝君是道教主持文運之神，一般視為儒教神。元明以降受到民間及
中下層儒生的崇拜，1801年官方崇祀文昌列入國家祀典，（嘉慶6年）〔註79〕

〔註78〕陳進國《信仰・儀式與鄉土社會——風水的歷史人類學探索》（北京：中國社
　　　　會科學院，2005年），頁44。
〔註79〕1801年皇上諭令：（嘉慶六年）「京師地安門外，舊有明成化年間所建文昌帝
　　　　君廟宇，久經傾圮，特命敬謹重修，見已落成，規模聿煥。朕本日虔申展謁，
　　　　行九叩禮，敬思文昌帝君主持文運，福國佑民，崇正教，闢邪說，靈跡最著，
　　　　海內崇奉，與關聖大帝相同，允宜列入祀典。」（呂宗力、欒保群《中國民間
　　　　諸神》（臺北：臺灣學生書局，1991年），頁119～120。至此文昌崇祀盛極一
　　　　時，甚而取代孔廟成為文廟代表。

尤盛極一時。臺灣移民社會開創拓展的精神需求，更助長此一儒道合流的趨勢，早在 1709 年臺灣縣已有義學與文昌祠合建現象，（康熙 48 年）〔註80〕迄乎嘉慶年間則逐漸發展為魁星、倉聖從祀，築敬字亭恭送字灰儀式。〔註81〕吳德功文本中亦反映此一信仰觀念，曾作詩讚頌倉頡：

〈倉頡〉

伏羲畫卦闢鴻濛，屈篆依然摹鳥蟲，迄自倉沮宏創制，煌煌巨典奪天工。四目明能達四聰，篤生異稟駕重瞳，結繩由此易書契，較勝塗山治水功。〔註82〕

題為「倉頡」，詩中則曰「倉沮」，「倉頡」為倉頡與沮誦複合的概稱，象徵文字創制階段的集體代表人物，雖然採用傳說筆法突顯人物的天生異稟，但從文明發展的角度思考，因文字而得以載錄智慧，往聖先賢慧命相續而累積煌煌巨典，論斷文字對人類精神開發與拓展的貢獻，超越大禹治水拯救生靈於一時的功績，彰顯倉聖信仰的儒家意涵。

　　但在敘述敬字習俗儀式中，則反映豐富的庶民次文化，其〈恭送　聖蹟文〉可略窺一斑：

蓋聞奎璧輝呈，瑞氣應登科之兆；龍馬圖負，祥符增大塊之華。是知文運奮興，端由文星庇佑；文風熾盛，胥由文字效靈……茲當建酉之歲，預祈發甲之祥，凡屬志勵芸窗，各宜捐鏹，即或詩吟蓮社，俱應投金；十三保同駢臻，縉紳雲集，十二年一鴻舉。遐邇風行，旗幟鮮明，偕日星而並耀；衣冠齊整，倬雲漢而為章。由是字跡尊崇，飛灰詎等蝴蝶；科名鼎盛，佳士首唱鴻臚。是為序。〔註83〕

〔註80〕根據周元文記載：「臺灣縣文昌祠，在府治東，康熙四十八年建，（1709）後層為義學。」詳周元文《重修臺灣府志·祠宇》臺銀經濟研究室，臺灣文獻叢刊第 66 種（臺北：漢珍數位圖書股份有限公司，2000 年），頁 47。諸羅縣學宮也建文昌祠。詳陳夢林《諸羅縣志·祠宇》臺銀經濟研究室，臺灣文獻叢刊第 141 種（南投：臺灣省文獻委員會，1962 年），頁 68。嘉慶十九年（1814）鳳山縣鳳儀書院原亦設有文昌祠，配祀奎星、倉聖。詳盧德嘉《鳳山採訪冊》臺銀經濟研究室，臺灣文獻叢刊第 73 種（南投：臺灣省文獻委員會，1960 年），頁 351。

〔註81〕關於臺灣文昌帝君信仰、從祀魁星、倉聖及敬字習俗的演變，另詳陳昭瑛《臺灣儒學——起源發展與轉化·臺灣的文昌帝君信仰與儒家道統意識》（臺北：正中書局，2000 年），頁 81～130。

〔註82〕吳德功《瑞桃齋詩稿》（南投：臺灣省文獻委員會，1992 年），頁 117。

〔註83〕吳德功《瑞桃齋文稿》（南投：臺灣省文獻委員會，1992 年），頁 179～180。

文末復為補註：

> 彰俗敬重字紙，僱人收拾，燒灰貯存文祠內，每年擇送至大肚溪。
>
> 十二年一次，新科拔貢當先，騎馬執五魁彩綢旗，紳士扛聖亭，十
>
> 三堡齊集，粧扮故事，百戲俱陳，甚盛典也。〔註84〕

文本書寫於 1885 年他三十六歲，〔註85〕（光緒 11 年）係應彰化十二年一次送字灰盛典而作，〔註86〕從活動的轄區總動員，資金的籌募，儀式主軸的隆重，乃至民俗節慶「粧扮故事，百戲俱陳」的熱鬧喧嘩，透顯出當時彰化縣對於文昌信仰的重視。文昌帝君是保護文運與考試的道教神祇，文昌祠遂稱為文祠，突顯民間士庶對科舉功名的渴望。雖說「文風熾盛，胥由文字效靈」，彰顯倉聖信仰的理性意涵，但振興文運不祈禱於孔廟，而乞靈於主祀文昌帝君的文祠，文昌信仰心理慰安的效用，顯然比孔廟作為人文省思空間，著重心靈的洗滌、提升，更具宗教神威影響魅力，為一般儒生及庶民所熱愛。因此文昌祠的祭祀空間，也發展出一套規格與儀式，不但從祀魁星、倉聖，並築有敬字亭，定期舉行恭送字灰儀式。所謂「文運奮興，端由文星庇佑」，「文星」當綜攝文祠主祀文昌帝君及其從祀魁星、倉聖而言，「文風熾盛，胥由文字效靈」讚頌倉聖，「奎璧輝呈，瑞氣應登科之兆」則稱美魁星，故遊行隊伍需由新科拔貢當先，「騎馬執五魁彩綢旗」「紳士扛聖亭」以為引領，〔註87〕

〔註84〕 吳德功《瑞桃齋文稿》（南投：臺灣省文獻委員會，1992 年），頁 180～181。

〔註85〕 文本有「迄乎癸酉重興盛會，（1873 年，同治 12 年）各抒誠心，文教暫興……茲當建酉之歲，預祈發甲之祥」之語，詳吳德功《瑞桃齋文稿》（南投：臺灣省文獻委員會，1992 年），頁 179～180。知此次儀式為癸酉年之後，下一個十二年歲在乙酉。（1885 年，光緒 11 年）當時吳德功三十六歲，且已於 1874 年入廩為生員，（同治 13 年）撰寫祝文較為符合身分。

〔註86〕 送聖蹟時間間隔長短各地不同，苗栗縣或五六年或七八年一次。詳沈茂蔭《苗栗縣志》臺銀經濟研究室，臺灣文獻叢刊第 159 種（臺北：臺銀經濟研究室，1962 年），頁 113。塹城三年一次。詳陳培桂《淡水廳志》臺銀經濟研究室，臺灣文獻叢刊第 172 種（臺北：漢珍數位圖書股份有限公司，2000 年），頁 297。噶瑪蘭則每年一次，送聖蹟儀式於二月三日文昌帝君誕辰舉行。詳陳淑均《噶瑪蘭廳志》臺銀經濟研究室，臺灣文獻叢刊第 160 種（臺北：漢珍數位圖書股份有限公司，2000 年），頁 188。彰化據載是「正月十五日恭送聖蹟赴大道溪流」，詳周璽《彰化縣志》臺銀經濟研究室，臺灣文獻叢刊第 156 種（臺北：漢珍數位圖書股份有限公司，2000 年），頁 153。即以倉聖誕辰日為據，吳德功文本未言明日期。

〔註87〕 五魁彩綢旗意涵為何不得而知，若以科舉制度相應為言，明代以五經取士，詩、書、易、禮、春秋各經錄取第一名為「經魁」，「五魁」，或即「五經魁首」。「魁」與奎星崇拜連結，則有「五魁」之意。抑或「五魁」為五文昌之意，

既顯神庥赫赫，復寓士子祈願、謝恩之忱。將儒家人文化成的理想，簡化為文風、文運，連結科舉功名、文字、中魁、倉聖、文昌等象徵符碼，形成寄寓臺灣移民社會開創拓展與顯親揚名意圖的民俗信仰。彰化地區一嚮熱衷於文昌信仰，道光年間周璽彰化〈學校志〉記載當時社學的格局：「社學則諸子會文結社，以為敬業樂群之所。大都有文昌祠即有社學」。〔註88〕沙連堡（今南投竹山北部到鹿谷水里西南一帶）董榮華詮釋《文昌帝君孝經》以教村童。〔註89〕吳德功也肯定文昌帝君《孝經》的教化功能，認為註釋訓詁以教村童，得「以明天經地義之理，而名教綱常庶維持而不墜」，〔註90〕對文昌信仰的認同，可謂是此一風尚中對庶民儒教文化的吸納。

　　事實上，文昌信仰與儒學道統在獎勵文風、提振文運的基調雖然一致，但前者強調神佑祈福，仰賴外緣的功利觀念，與儒學道統誠意正心、盡其在我的理性精神互有牴牾。因此康熙年間陳璸，雖然援用福建之制，首開府儒學興建文昌閣之例，但在〈新建文昌閣碑記〉則曰：

> 科名者，進身之階；務學者，立身之本。不務學而冀功名，猶不種
> 而期收穫，必不得之數也。願為學之道，自求放心，始求之窈冥昏
> 默，反荒其心於無用……必謹其獨，戒慎恐懼將所為修德積善者，
> 悉根諸此，學不自此進乎……福亦隨集；由此而登高科、享大名，
> 如持左卷。人之為歟？何非天之為也？〔註91〕

試圖在尊重庶民宗教信仰以推行文教之餘，導入儒學「自求放心」的自覺自主觀念，以「慎獨」「務學」匯通「修德積善」，轉化靈佑祈福的神秘思維。道光年間鄧傳安倡建彰化文開書院，在〈修建螺青書院碑記〉，也有類似的

此與道教「仙堂」信仰有關，五文昌則指梓潼帝君、文衡帝君關公、孚佑帝君呂洞賓、大魁星君與朱衣之神。

〔註88〕周璽《彰化縣志》臺銀經濟研究室，臺灣文獻叢刊第 156 種（臺北：漢珍數位圖書股份有限公司，2000 年），頁 149。

〔註89〕文昌帝君相關作品，以《文昌帝君陰騭文》最著，大抵教人循天理順人心，積善造福。董榮華註釋《文昌帝君孝經》未見，吳德功有「其子董直臣，擢邑庠生……竟食報於後人也」言，應與陰騭文近似，或同書別名。詳吳德功《瑞桃齋文稿‧董先生榮華傳》（南投：臺灣省文獻委員會，1992 年），頁 236。

〔註90〕詳吳德功《瑞桃齋文稿‧董先生榮華傳》（南投：臺灣省文獻委員會，1992 年），頁 236～237。

〔註91〕陳文達《臺灣縣志》臺銀經濟研究室，臺灣文獻叢刊第 103 種（臺北：漢珍數位圖書股份有限司，2000 年），頁 253。

省思：

> 然則書院之崇奉文昌，宜也……鄉會試糊名易書，衡文者從暗中摸
> 索以示至公。即使因文見道，僅能考其道藝，無由知其德行，此所
> 以名實不相應，而競乞靈於冥漠也。苟念赫然在上之神，憑依在德，
> 信而有徵，則歲時之薦馨，一若夙夜之勵志；庠序之敬業，一若門
> 內之修行。上以實求，下以實應，人所仰服，即神所默佑，士習自
> 不懈而及於古。〔註92〕

雖然認同崇奉文昌，但以天聽、天視觀念轉化靈佑思維，所謂「歲時之薦馨，
一若夙夜之勵志；庠序之敬業，一若門內之修行」「人所仰服，即神所默佑」，
將文昌詮釋為存在冥漠之間、赫然超越於人世之上的審判者，確保士子參與
科舉考試或因文見道，而或德行彰顯，得以名實相應，雖說是神靈默佑，其
實個人的勵志修行更居關鍵，與陳璸「人之為歟？何非天之為也？」旨趣相
同。凡此皆有神道設教之意，試圖藉由昭然垂鑒之神，激勵士子進德修業、
敦品務學；再者化俗為雅匯通儒、道，以倡儒學道統。相對於學政執事者陳
璸、鄧傳安的苦心孤詣，吳德功關於文昌信仰的書寫，就缺少儒學挺立道德
主體意識的反思。

四、結語——邊陲格局的典範思維與游移

　　相對於中原政治文化典範，清領時期僻處海濱的台灣文治化社會型態，
註定是一場中原典範的複製，因此對清初學風的發展趨勢，有一定的依附性
格。就一般基層儒生如吳德功者而言，泛海而至的中原宦遊人士，儼然是文
化典範的當代版具體景觀，他們的仕宦治績，標誌著儒家經世濟民理想的實
踐，交遊風雅則營塑類似虞廷賡歌君臣相得之樂的文化語境，展現優游不迫
的儒家美學。臺灣傳統知識階層的儒家價值思維，因此激盪惕勵而更為鞏固，
繼承內陸型中原文化保守、傳統、封閉、和諧的性格。清代科舉功名下的儒
學教育，由於文化傳輸管道匱乏，科舉出身的宦遊人士，居於主導的關鍵地
位，中原文化典範的移植，透過官方教育制式運作，更得以系統性輸入。因
此八歲入學，步上長達近四十年科舉之途的吳德功，在晚清學風的籠罩下，
儒學觀念展現出乾嘉時期務實、經世的趨向，具有以朱子學調和陸象山心學

〔註92〕周璽《彰化縣志》臺銀經濟研究室，臺灣文獻叢刊第 156 種（臺北：漢珍數
　　　　位圖書股份有限公司，2000 年），頁 462。

的思維，又復兼攝義理、考證、詞章三者為一，而歸趨於漢學。

　　但移民族裔在移住地生存空間的競爭壓力下，又更加突出典範中的務實面向。因此中原核心文化經世濟民的理想與儒家人格典範價值，雖為文本的意義主軸。但義理學觀念的建構，則展現對原鄉文化福建朱子學、李光地、蔡志遠、藍鼎元一脈的繼承，而特別突顯對倫常日用生活實踐的重視。尤其是對於藍鼎元的表彰，更透顯出移住地認同的文化思維，皆可視為傳統文化務實面向的在地紮根。但因為過度突出義理學重視人倫實踐的思考，加上術業專攻的偏向，朱陸異同的釐辨，僅展現為功夫論的類比和同；品評儒學典範人物，特別標舉諸葛亮、曾國藩、左宗棠等勳功顯赫人士，乃至於著重生活行跡的書寫。凡此缺乏道德形上學關注的詮解，則顯現出傳統文化在地變異的徵兆。

　　移民的務實、開創性格，更加突顯文化的同源變異，由大陸沿海族裔，移民「海島」，現在庶民文化原鄉意識中的宗教信仰，以赫赫神庥之勢，開啟神道設教的方便之門。朱子的理氣之辨，陸象山的心即理之說，皆意圖為義理學建構一套道德的形上論述。主體意識的形上依據與功夫論無法釐清，敘孝道而突顯血緣譜系；崇敬字而淪為儀式故事；務學以為弋取功名之具；敬神意在乞得靈庥之福。孝道、科舉功名與風水福報的連結，進德修業、科舉功名與文昌信仰的糾葛混淆，遂在儒家典範盡其在我的自律思維中，參雜道教民俗神靈庇佑、他力救贖的信仰。道德主體的自覺擱置不論，人文化成的理想過度訴諸神道設教，透顯臺灣儒學庸俗化與道教化的功利性。吳德功傳統儒學價值觀念的形成，有學校教育的培養，有庶民儒教信仰的潛移默化，更得諸知識階層具體歷史文化語境的演練實踐。而無論是中原典範或原鄉文化的複製，而或移住地文化的認同，都是邊陲基層儒生，在科舉功名連結顯親揚名的價值導向下，一種儒學思維觀念演繹的樣態。

第二章　乙未動盪歷史語境中清廷政治典範思維的轉移

　　1895 年臺灣族群認同受到重大的震撼，（光緒 21 年）中日戰爭清廷失敗，雙方媾和，簽訂馬關條約，割讓臺灣。臺灣官紳仕庶悲慟請命群情沸揚，形窮勢迫之際，唯死守島國頑抗，計商結外援，徐圖善後。但事起倉促，坐困絕地；復以戰火燎原民生凋疲，土匪流竄，引發社會巨大的變動，即所謂乙未動盪。乙未動盪歷史語境期程的界定，因個人或族裔經驗的省思不同，其時間長短自異。就吳德功角度而言，文本透顯的訊息，大抵以 1895 年讓臺議定，至 1897 年接受紳章表揚為期，[註1]態度上由對抗轉而面對歷史事實，標誌此一生命裂變焠煉的階段。所謂面對歷史事實，就表象觀察，是由清國人變換身分為日本國籍。其意涵則不是單純的政治妥協，而是固有政治核心典範的游移，及其內蘊的文化價值意識的重整。而乙未歷史語境，就是激盪此一觀念形成的具體情境。

一、乙未歷史語境的衝擊

（一）從奉清正朔到棄地棄民的慨歎

　　清朝中期以降，臺灣進入文治化社會；從另一個角度而言，也就是清朝政治文化核心典範的建立。因此清廷甲午戰役失敗，臺灣割讓日本，紳民群情激憤，即在清廷的行政架構上，擁戴巡撫唐景崧，成立臺灣民主國抗日，

〔註1〕佩受紳章事在 1897 年 5 月。詳台灣總督府編《臺灣列紳傳》（臺北：台灣日日新報社，1916 年），頁 182。

宣稱「仍奉正朔，遙作屏藩」，〔註2〕便是此一政治核心典範思維的具體呈現。就吳德功而言，這種政治正確意識，也展現在對鄭成功的評議態度，乙未前作詩曰：

〈明延平王〉

雄心誓與國存亡，蹇蹇精忠氣激昂，諸葛一生終輔漢，沙陀三世永稱唐。招徠頻卻天朝詔，拓闢來開盤古荒。堪嘆騎鯨人去後，朱家苗裔孰扶匡。〔註3〕

〈明延平王〉詩著意於表彰鄭成功對明朝政權的「精忠」，故頷聯以「諸葛一生終輔漢，沙陀三世永稱唐」為喻；而其開拓臺灣之功，則僅「拓闢來開盤古荒」輕輕帶過，轉而著重在延續朱家苗裔的詮釋。這種維護政治典範的解讀，透顯出乙未之前對「忠」的肯定，承自清廷的儒學教育，是近乎意識形態的國族思維。與沈葆楨署延平王廟楹聯：「開萬古得未曾有之奇，洪荒留此山川，作遺民世界；極一生無可如何之遇，缺憾還諸天地，是刱格完人」，看似同一旨趣，實則各有偏倚。沈葆楨身為清廷官方要員，所著眼者自然不能侷限於政治，而是要超越政治的敵對，從共同的文化典範著眼，肯定其開拓臺灣文治化契機之功。但就清末邊陲生員的角度觀察，依儒教價值意識的判準，拒絕清朝招降的作為，所表現的精忠之德，才是其作為儒生典範的可貴處。對鄭成功的表揚，透顯出乙未之前吳德功對清朝效忠的自我期許。

但參與臺灣民主國抗日，並將此一長達六個多月的認同捍衛活動，〔註4〕詳細記錄輯為《讓臺記》，文末〈附錄臺灣隨筆〉（見乙未十月閩報），其〔謹按〕所述，卻為此一盡忠意識的深沉反諷：

〔謹按〕：當和議協約之時，臺民呼天愴地，電奏乞哀。中朝以瀋陽為陵寢重地、京師為宗社攸關答之，是亡一臺灣，可以保全東三省，

〔註2〕 唐景崧膺臺民公舉暫主總統後，電致各直省大吏之言。詳吳德功《讓臺記》（南投：臺灣省文獻委員會，1992年），頁121。

〔註3〕 吳德功《瑞桃齋詩稿》（南投：臺灣省文獻委員會，1992年），頁80。

〔註4〕《讓臺記》記錄臺灣民主國尊奉清廷正朔抗日，至劉永福黑旗兵潰散，日本總督樺山進駐台南府，接收臺灣，北白川宮親王薨為止。起迄日期為1895年4月14日至同年9月27日止，（案：文本採光緒曆制，並有西曆互注）其中含閏五月，歷時六月餘。詳吳德功《讓臺記》（南投：臺灣省文獻委員會，1992年），頁117、159。本文為閱讀詮解便利，行文一律以西元標示；若註明出處則仍依原文光緒曆制標示。若文本西曆日期與中西曆對照查詢不同者，以後者為據。中西曆對照查詢系統明代以降，讀取自 thdl.ntu.edu.tw>datemap。詳 thdl.ntu.edu.tw>datemap。

而京師可高枕而臥，中國金甌微缺而已，無異乎以羊易牛也。上諭
云，實缺人員到者仍其官，未曾一語及紳士；是臺人為中朝之棄民，
痛癢無關，其去留似可以自便也。翄有草莽效忠，如殷之頑民，背
城一戰，或斷將軍之頭，或效睢陽之烈，肝腦塗地，徒委諸白楊衰
草之間，中朝未下旌忠之詔，豈不哀哉！〔註5〕

文本敘述包含三個重點：其一、角色立場的情感落差。自清朝角度，面對戰
敗的結局，割讓臺灣是維護中國安全犧牲最小、效益最好的方式，是一場以
羊易牛投資報酬率最高的交易。就臺灣紳民而言，臺灣則是中國的棄地，隨
時可以任意犧牲作為交易籌碼。其二、施政思維關照面不足，清朝僅處理官
宦撤退安置，對於島上領導階層的遺民士紳，則未曾措意。因此延續自皇權
的紳權，驟然遭到切割斷裂，以天朝子民自居的臺灣紳民，無異是清朝棄民，
痛癢無關。其三、貫徹政策、翻臉無情。草莽效忠對抗日軍死義之士，清朝
非但未予旌忠之詔，且任其曝屍荒野無一語聞問，視同亂民。可見堅持於固
定的政治典範，最後卻如同一場荒謬的悲劇。此三事中淪為棄地猶堪理解，
但淪為棄民乃至亂民，在感情上殊難承受。因為固有政治典範價值顛覆，安
身立命之道也隨之動搖。

　　基於棄地棄民的孤兒情結，乙未割讓後，再度歌詠鄭成功，角度則有偏
移。詩曰：

　　〈鄭成功〉之二
　　勞師遠涉敗崇明，一木思支大廈傾，百折不灰恢復志，負隅兩島抗
　　清兵。

　　之四
　　海外扶餘跡可原，招徠天使費傳宣，一心只欲延明祚，不願稱臣作
　　外藩。〔註6〕

文本著墨於他心境的解讀，所謂「負隅兩島抗清兵」「不願稱臣作外藩」，旨
在突顯其執意抗清與不願淪為外藩的心迹。如同臺灣紳民抗日，不輕易接受
日人安撫。其國族認同的堅定，殊無二致。對照現實語境的冷漠，充分透顯
出乙未臺灣割讓日本，臺灣紳民淪為棄地棄民的感慨。以「遺民」自居者，
仍是清朝政治核心典範的思維，其中自有凜然氣節的堅持；但稱作「棄地棄

〔註5〕吳德功《讓臺記》（南投：臺灣省文獻委員會，1992年），頁161。
〔註6〕吳德功《瑞桃齋詩稿》（南投：臺灣省文獻委員會，1992年），頁192～193。

民」，則有被視為糞土、草芥的羞辱感，引發個人對政治典範的護持與現實被棄置的反差，更深層的反省。國而不國，政治認同豈能不趨於破滅？故鄭成功自始至終志在延續明祚，視清為不國之國，負隅對抗不願依附為外藩；與臺灣民主國宣稱「仍奉正朔，遙作屏藩」的抗日之舉。二者待遇迥異，一為王侯，一為棄民，智愚高下，天地懸殊，再是頑強的意識形態，也不能不為之動搖了。

（二）臺灣民主國經世濟民理想的破滅

臺灣立國抗日號稱「民主國」，設有「民主總統」「民主將軍」「外務卿」「內務卿」「議員」等職，〔註7〕皆採西方民主國家政治組織辭彙，雖然事起倉促，為解燃眉之急，以對抗日軍登岸接收，但號稱民主，其發憤圖強邁向現代化社會意圖十分明確。也就是說臺灣立國，除了宣示效忠於清國，堅持固有政治核心典範；其實也寄寓著知識階層經世濟民的理想，充分展現儒教價值觀的實踐。但隨著抗爭浮顯的諸多現象，則產生名實間嚴重的落差。

1. 民主國內部紛擾衝突

臺灣蕞爾小島，兵源複雜，坐困絕地，對抗日本源源不絕大軍，本難以久撐，唐景崧就任總統電致各直省大吏時已告知「能否持久，尚難預料，惟望憫而助之」，並曾與臺灣紳民極力爭取外援，〔註8〕但憂患意識終敵不過民主國內部人性的利益衝突。以《讓臺記》所載6月4日至6日間，唐景崧夜逃滬尾轉乘輪船內渡廈門事為例，吳德功於文末論曰：

> ……當簡放臺灣道時，陛見西太后，委以海疆重鎮焉。何以臺灣割讓，紳民舉為伯里璽天德？亦冀臺亡而復存。何以調度失宜，日軍登岸月餘，變生肘腋，黑夜逃遁，外無赴援之兵，內乏弭禍之策？臺北生靈塗炭，競爭內渡，舟中之指可掬，不俟兵臨城下，一身已莫保矣。雖曰此中有天命焉，抑人謀之不臧也……觀十三、四日電曰：「千急急！萬急急！速赴援！」林朝棟、楊汝翼猶可云雖鞭之長不及馬腹，而紮南崁之兵近在桃園，臺北有淮楚軍、粵軍十餘營，

〔註7〕臺灣民主國係閩縣人陳季同所倡立，同工部主事邱逢甲、候補道林朝棟、內閣中書教諭陳儒林共推唐景崧為「臺灣民主總統」，劉永福為「臺灣民主將軍」，陳季同為「外務卿」，邱逢甲為「內務卿」，陳儒林諸紳為「議員」。詳吳德功《讓臺記》（南投：臺灣省文獻委員會，1992年），頁121。

〔註8〕詳吳德功《讓臺記》（南投：臺灣省文獻委員會，1992年），頁121。

外無一兵一卒可援,何以電文如此之急,諸軍視如弁髦?此豈人所能解耶![註9]

「變生肘腋」是唐景崧倉卒夜逃滬尾德商忌利士洋行的導火線。其事為粵勇覬覦庫餉焚署內變,唐景崧無法節制,聽任恣意索取、喧鬧,導致火藥庫爆炸,一發不可收拾。當時臺北軍隊十餘營,緊急電催林朝棟、邱逢甲、楊汝翼帶軍赴援,竟無一兵一卒可用。邱逢甲軍駐棗南崁離臺北最近,又身為唐景崧弟子,表現如此,尤為吳德功所不解。楊汝翼則拔隊至大甲,聞變轉而席捲餉銀逃回福州,餘勇輾轉逃難,淪為匪寇,社會動盪益甚。[註10]整個事件可以說是臺灣民主國經世濟民理想破滅的顯影。主帥無能,調兵簡將無方,應變遲緩,缺乏弭禍之策。將領臨危受命,卻徒託老大擁兵自重,缺乏危急存亡共識;甚者貪腐懦弱臨陣脫逃,置兵勇百姓於不顧,渾然忘卻肩負臺灣生民存亡福禍的重責大任,經世無心、無能,立身無德、無信,焉能濟民?國而如此,也不過是烏合之眾而已。臺灣民主國的崩潰,固然有客觀情勢上的劣勢。但依吳德功的觀察,唐景崧總統職務,僅維持短短的十二天,[註11]無關乎日軍兵臨城下,人謀不臧才是關鍵因素。此事彰顯經世濟民是太平歲月虛懸的理想,遇乎烽火動盪,固然有少數豪傑死義之士,但書呆、粗豪、投機取巧、短視近利者眾,政治權力核心如此,何能團結一致、共赴國難?

2. 紳庶迎日軍入城安民

亂世擾攘遍地烽火,死亡是最尋常的意象,吳德功曾記乙未冬入城所見:

〈乙未之冬合家寄寓甘井外甥林水生家,因入城一行,爰賦五古十韻〉

出城已半載,束裝回故里,十室九無人,存者惟婦女。兵燹兼疫癘,輾轉溝壑死,婦兮哭其夫,母兮哭其子;霜風添悲酸,草木為萎蘼;門巷甚蕭條,垣墉都傾圮……生者不得歸,死者長已矣;四野多哀鴻,嗷嗷嘆靡止。[註12]

「兵燹兼疫癘,輾轉溝壑死」戰爭帶來死亡,死亡孳生疫癘,兩者相乘死亡

〔註9〕吳德功《讓臺記》(南投:臺灣省文獻委員會,1992年),五月十二日、五月十四日條,頁125~126。

〔註10〕詳吳德功《讓臺記》(南投:臺灣省文獻委員會,1992年),頁124~125。

〔註11〕唐景崧行使總統職務自5月24日起至6月6日總計十二天。詳吳德功《讓臺記》(南投:臺灣省文獻委員會,1992年),頁119~125。

〔註12〕吳德功《瑞桃齋詩稿》(南投:臺灣省文獻委員會,1992年),頁129。

益眾，乃至造成「十室九無人，存者惟婦女」的景象。而活著的人面對荒廢的家園，倒塌的屋宇門牆，災難中物力維艱，民不聊生，衣食所需一切難得，殷實者僅得安飽，貧窘者「嗷嗷嘆靡止」，仍然飽受死亡的威脅。活著是生命必要的基本需求，因此一般庶民大眾，固然有堅持民族大義如三角湧居民，假意周旋送糧示好，繼而出沒無常、乘機偷襲者；〔註13〕但也出現政治認同錯亂的景象，如唐景崧5月24日逃亡後，兵勇劫掠，臺北淪為亂城，陷入無政府狀態。〔註14〕遂有另一種尋求庇護安定的無奈作法：

> 紳士劉廷玉、陳儒林等、洋商李春生請歐美人英德商先迎日軍安民。時辜顯榮（鹿港人）遊於臺北，見商民無主內亂，亦於十四日往請。（案：西曆6月6日）學務部長伊澤修二同水野遵巡哨，遂引見樺山及山田大尉，極言亂民之變，願為前導。日帥察其誠，使人偵探，果係實事，民不堪其苦；遂統大軍於午前三時入城安民。亂勇奔逃，人心始安。遂駐步兵二中隊於滬尾、步兵八中隊於臺北，收容殘兵四千，送之廈門，收其兵器。〔註15〕

當臺灣民主國兵勇的角色，由守護者淪為劫掠者；民不堪其苦，基於民生安定的需求，紳士洋商等只好為民請命，請歐美人英德商先迎日軍安民。日軍收容殘兵，送回廈門，敉平亂源，安定民心。自然也為百姓所接納，反客為主成為新的政治庇護者。此外日軍至新竹、彰化北斗街、雲林斗六、臺南，也都出現紳民迎接的現象。〔註16〕可見昇平無事，清朝政治核心典範價值意義若理之固然，知識階層尤其執著為意識形態，以為依此可以經世，可以濟民。但生命最基本的需求——生存受到威脅時，突顯出世事混亂、人命危淺，庶民大眾基於現實需求，改弦易轍乃大勢所趨，與知識階層固著的政治核心典範思維，形成巨大的反差。經世濟民的詮解，自然值得重新予以定義。

3. 臺、日軍事良窳懸殊

帝國主義當道、弱肉強食的時代，國富兵強，人民方得安居樂業，否則人為刀俎、我為魚肉，即便是苟延殘喘亦難以為繼。臺灣民主國坐困絕地，

〔註13〕詳吳德功《讓臺記》（南投：臺灣省文獻委員會，1992年），頁130。
〔註14〕詳吳德功《瑞桃齋詩稿》（南投：臺灣省文獻委員會，1992年），五月十四日條，頁125。
〔註15〕吳德功《讓臺記》（南投：臺灣省文獻委員會，1992年），五月十五日條，頁126。
〔註16〕詳吳德功《讓臺記》（南投：臺灣省文獻委員會，1992年），頁134、149、157。

若無外援本難久支，但與日軍交戰過程，所暴露的人謀不臧，尤讓人灰心喪志，知其無能成就大事。最嚴重者莫如不諳戰略，調兵簡將無方，不能知人善任。如乙未和議畫押前，3 月 24 日澎湖淪陷一事，吳德功論曰：

> 澎湖砥柱海中，為臺灣之門戶。如廣東之於瓊島，依作輔車；鎮江之於崇明，倚為唇齒。故當日延平王先登澎嶼，紅毛遁歸；劉國軒敗回安平，克塽納土。前車覆轍，後車宜鑒。唐公既膺專閫，豈不知巖疆一失，臺島港汊縱橫，防難勝防，自當籌畫保障。何以任一失明之周振邦統師鎮守，不崇朝之間，屏藩遽失。聞者莫不嘆其調兵簡將之無方也。嗟嗟！行軍之要，地勢為重；故爭江南者，競據武昌；入川蜀者，首圖巫峽。誰握兵符，而潰潰若斯耶！〔註17〕

5 月 8 日中日和議畫押，但吳德功於標題下紀事本末，將日本接收臺灣往前推始於澎湖淪陷，〔註18〕對於唐景崧選派周振邦為澎湖總鎮一事，認為既無知人之明，簡將無方，又乏軍事地理知識，殆如「劉國軒敗回安平，克塽納土」。而日軍選擇首攻澎湖，則大有「當日延平王先登澎嶼，紅毛遁歸」之勢。兩相對照，勝敗之兆已有跡可察。

　　類似失誤重複出現在 5 月 29 日，李經芳搭乘輪船在三貂海附近海域，〔註19〕正式交讓臺灣。當天日本海軍大將樺山資紀帶兵五千，從三貂角澳底登岸。臺灣民主國守軍，一時半間放棄澳底潰散。〔註20〕吳德功有論曰：

> 當時大兵多縶基隆、滬尾要塞，以為日本艦隊必由此處攻擊。樺山精海戰之術，偵探三貂角澳底港深可泊巨艦。而我國官弁視為荒僻之地，不派大軍駐守，僅少數之兵防堵而已。故樺山一鼓登岸，以為根據地。翌日，近衛師團亦連艎而入，此兵法所謂攻其無備、出其不意焉。噫！為將者詎可不識地理乎！〔註21〕

〔註17〕吳德功《讓臺記》（南投：臺灣省文獻委員會，1992 年），四月十四日條，頁118。

〔註18〕詳吳德功《讓臺記》（南投：臺灣省文獻委員會，1992 年），四月十四日條，頁117。

〔註19〕三貂角海應指臺灣東北角鼻頭角到三貂角附近海域，約在太平洋與東海交接處。三貂角為岬角，約在今新北市貢寮區，境內有澳底漁港。

〔註20〕詳吳德功《讓臺記》（南投：臺灣省文獻委員會，1992 年），五月初六日條，頁121～122。

〔註21〕吳德功《讓臺記》（南投：臺灣省文獻委員會，1992 年），五月初六日條，頁122。

澳底失守，仍是唐景崧調兵簡將無方、不能知人善任所致。先是澎湖既失，原令林朝棟駐守獅球嶺。林道曾於中法戰役駐守五堵、六堵，附近一帶地勢險要，甚為知悉，可謂適材適所。奈何統將張兆連猜忌其爭功，譖其足病；遂被調往臺中，改以提督胡國華統廣勇六營駐守。〔註22〕以致不諳地理誤判要塞所在，重兵駐守基隆、滬尾要塞，視三貂角澳底為荒僻無用之地，僅派少數軍隊防堵，讓日軍有機可乘長驅直入。而樺山資紀則精海戰之術，深識「三貂角澳底港深可泊巨艦」，攻其無備，故能一舉登岸。

日軍之精於戰略，熟諳軍情地理，復見於其攻取雲林縣。當時斗六形勢險巇，東西雄負高山，北有東螺溪、南有虎尾溪環繞；劉永福派重兵集結斗六，兩軍相持月餘。日本北白川宮親王探知西螺、莿桐巷一帶，只土兵二營。遂令武東堡內灣莊鄉人陳鳴鳳兄弟，引導日軍由西螺進兵；抄過斗六前面，避開險要屏障，由莿桐巷小路進兵。雖有黑旗派兵迎敵，但驅土兵與日軍器械精良之勁旅交戰，焉能不棄甲曳兵亡命而逃。故吳德功有論曰：「行軍者貴能相度地勢，正陣不勝，以偏師勝之，此兵法所云：運用之妙，在於一心也。」〔註23〕相形之下，日軍擁有現代化的戰略部隊，精準的軍事地理知識，一戰下澎湖，再戰登岸澳底，兩軍對峙之初，勝負之數已定矣。

戰略之外，雙方軍隊紀律亦良窳互見。以5月30日，日本近衛師團長北白川宮親王登岸澳底後，雙方交戰表現為例，同日獅球嶺統將吳國華率領部隊直抵瑞芳，與日軍戰於金山，稍挫日軍。隔日唐景崧增調滬尾守將李文忠、陳得勝等六營，奔馳至瑞芳支援，反而潰敗失守。吳德功追究其因乃是「各軍驕於小勝，兼以李文忠、陳得勝六營，遂自晨至午奔馳到瑞芳與戰。然士卒皆淮、楚產，峰回路轉，途徑生疏，加以飢疲已極，不能成隊伍」，因此當統領張兆連足趾被冷鎗所中，諸軍即潰散竄逃。〔註24〕小勝即驕，加上師老兵疲、路線生疏、各路部隊倉卒會師無法整合，軍紀蕩然，稍有意外則望風披靡而已。五月初十日條下記載，益發對比雙方軍紀之別：

〔註22〕詳吳德功《讓臺記》（南投：臺灣省文獻委員會，1992年），四月二十三日條，頁118～119。

〔註23〕詳吳德功《讓臺記》（南投：臺灣省文獻委員會，1992年），八月初五日條，頁152～153。

〔註24〕詳吳德功《讓臺記》（南投：臺灣省文獻委員會，1992年），五月初八、初九日條，頁122～123。

> 五月初十日，（西曆 6 月 2 日）日軍至三貂嶺，宿金胶蔣。一行軍
> 士，呼吸幾絕，始達山頂。聞前衛在金胶蔣劇戰，親王走巖石，手
> 持青竹杖，左右手引換，十分疲困。多數軍兵病人等呻吟，親王通
> 過敬禮之。是夜宿金胶蔣，與將校協議，預期三日海陸夾攻。斥候
> 長志岐中尉報告探悉戰線。午後十一時就村宿泊。
>
> 楊汝翼於正月間奉部命渡臺，統領翼字營，駐臺中、鹿港、番挖等
> 處，軍務不甚整頓。唐總統召往臺北，預向臺中府索餉，始肯拔
> 隊。〔註25〕

日軍跨越重洋以攻鄙遠，非但途徑生疏，艱困疲憊異乎尋常；抑且水土不服，
易招疾疫。而日軍在險惡的戰爭情境中，雖然疲困者有之，疾病呻吟者亦復
不少。但疲困的親王與呻吟的軍兵病人，仍各守本分相待以禮；作戰之餘蒐
集情資，協議規劃近期戰略，作息井然有序，軍紀儼然。反觀臺灣民主國統
領楊汝翼，6 月 4 日主帥電召奔往臺北救援，尚藉機勒索，預先支給餉銀，始
肯拔隊；兵至大甲，聽聞粵勇焚署內變，竟然乘間逃回福州。〔註26〕主帥無
能，將士不用命，加上軍紀如此瀅然，還奢談外抗強敵、內以安民？臺灣民
主國經世濟民理想豈能不歸於破滅？此事提敘於五月十日條下，與日軍軍紀
相互對照；吳德功將此兩則並置，應有無盡感慨寓乎其中。

（三）亂離經驗的省思

人窮極無奈而問天，是悲情之至無可傾訴尋求救贖的方式。日軍攻破彰
化後，吳德功家族開始逃亡生涯，〈搔首問天歌〉就是這種心情的書寫。文本
記錄當時遭遇：

> 造物降災真無常，胡為厄我作一場，安居樂業卅餘載，喜事重重安
> 梓桑。回思乙未六月間……我家老幼出城避，初住甘井後擺塘。闔
> 家染疫多熱症，大兒誤藥遂暴亡；伊時我亦抱采薪，寡妻力疾強支
> 牀，慇懃勸我勿憂慟，君悲慟兮妾斷腸；大兒無祿雖即世，承家還望
> 有二郎。越日寡妻疾愈篤，比翼鶼鳥忽分翔，凶信疊至咸驚愕，（案：
> 疊當作迭）急奉雙親回甘鄉。四處延醫急療治，永冀萱幃復安康；

〔註25〕吳德功《讓臺記》（南投：臺灣省文獻委員會，1992 年），五月初十日條，頁
　　　123。
〔註26〕詳吳德功《讓臺記》（南投：臺灣省文獻委員會，1992 年），五月十二日條，
　　　頁 125。

問卜求神胥無靈，昊天不弔喪我娘……吾弟逝兮婦寡孀。更有一般並痛楚，四弟與我同悲傷。四弟亦喪妻子嗚呼！天道有知而無知，搔首問天天茫茫，是豈作善降百福？作惡即降之百殃？人生瞬息風中燭，位置悉聽諸彼蒼，又何介乎通塞、得喪、壽夭與彭殤？〔註27〕

他們避難的路線是先至甘井外甥林水生家，後又移住在百塘。但因全家罹患熱症，長子、妻子先後去世，因此急奉雙親返回甘井延醫治療，無奈母親仍回天乏術。尤有甚者七弟也哀毀病逝，而四弟亦遭妻、子之喪，總計家族慟失六人。遭逢如此重大家族變故，徹底轉換三十年來原本安居樂業、喜事重重的生活型態。他一嚮熱心公益造福桑梓，相信善惡果報，遭逢劇變不知禍福何故，開始質疑「天道有知而無知」，故搔首問天「造物降災真無常，胡為厄我作一場」？對於戰爭帶來的動盪災難，有一種刻骨銘心的傷痛。

因此，次年1896年6月雲林民軍領袖簡義、柯鐵等人，率眾發起鐵國山事件，佔領斗六、集集、埔里、北斗、永靖、員林等地，並襲擊鹿港、臺中，〔註28〕他即作詩曰：

〈去年〉七古　丙申土匪之變

去年七月走山陽，時走大崙坑今年六月逃海疆，頂犁近海只三四里一歲兩遭大變故，（案：遭當作遭）死者長已生倉皇，滿道豺狼（案：豺狼當作豺狼）肆咆哮，時有土匪東走西奔走踉蹌，一肩行李重反輕，金錢費盡羞空囊……闔家和氣團圓聚，一旦分離心憂傷……眼前萬般皆覷破，更有何事熱我腸，晨夕追隨侍膝下，瓣香默祝親安康。〔註29〕

簡義曾參與乙未抗日，他於《讓臺記》中稱之為義民。〔註30〕鐵國山事件，後人視為日治初期武裝抗日運動；他於詩題下自註作於「丙申土匪之變」，則視之為土匪之變，而將簡義、柯鐵等人都當作「土匪」。「土匪」是日本官方對製造動盪的臺灣人的稱呼，但製造動盪者固然有趁亂劫掠的豪強暴徒；也

〔註27〕吳德功《瑞桃齋詩稿》（南投：臺灣省文獻委員會，1992年），頁132～134。
〔註28〕詳陳澤主編《臺灣前期武裝抗日運動有關檔案》（南投：臺灣省文獻委員會，1977年），頁15～17。葉榮鐘《日據下台灣大事年表》（臺中：晨星出版社，2000年），頁24。
〔註29〕吳德功《瑞桃齋詩稿》（南投：臺灣省文獻委員會，1992年），頁143～144。
〔註30〕詳吳德功《讓臺記》（南投：臺灣省文獻委員會，1992年），八月十八日條，頁153。

可能是堅持清朝政治認同的草莽效忠之士。他對待抗日人士出現與日人同一
詮釋角度的詞語，不能輕易解讀為政治典範的轉移；而是乙未逃亡顛沛流離
的生涯，痛失多名親人的傷痛，讓他難以再承受鐵國山事件引起的亂離生活。
因此對於引發事變的人深惡痛絕，稱之為「土匪」「豺狼」。在「一歲兩遭大
變故，死者長已生倉皇」的流離經驗後，他「眼前萬般皆覷破」，蘊含對知識
階層價值判斷的反思。從虛懸經世濟民的意識形態，轉向對「闔家和氣團圓
聚」的珍惜；尤其是孝養父親、承歡膝下盡人子之道。展現對人生基本需求
──生存，與人倫基礎家庭生活──親親之道的回歸與重視。

　　除了流離失所外，亂離經驗中最是雪上加霜的就是讒言與疾疫，他作詩
載及此事：

> 〈乙未冬，臺北之亂，彰化謠言四起，邑內諸紳士咸留在官署，余
> 亦與焉。適染血疾　幸高橋大尉延醫醫治；又笑云莫非吟詩所致乎？
> 近日多病，久廢吟詠，爰感事而作〉之一
> 紛紛讒口肆喧囂，隱遯山林亦不饒，公冶非無縲絏日，子與亦有殺
> 人謠。是非到底分歧路，黑白由來判兩條，究竟老天何意思？能將
> 浩劫霎時消。
>
> 之四
> 回春妙手賽神仙，服食丹丸病少痊，乍幸弱軀能爽快，其如故疾太
> 纏綿。人當困憊思無計，士到窮愁孰見憐，深荷長官相體諒，公平
> 伸雪獲安全。〔註31〕

1895 年 12 月，臺北之亂是指宜蘭民兵領袖林大北、林李成率眾襲擊頂雙溪、
瑞芳，夜攻臺北城；接著臺北民兵領袖陳秋菊、新竹胡阿錦亦率眾反攻臺北
城，造成北部騷動之事。〔註 32〕所謂彰化謠言四起所指何事不得而知，但從
「紛紛讒口肆喧囂，隱遯山林亦不饒」之語猜測，大概是機會主義者陰謀譖
害他人造反，以邀榮寵之類；為了防範未然「邑內諸紳士咸留在官署」，吳德
功亦是其中之一。可見他從參與臺灣民主國抗日，到將抗日事變視為土匪之
亂，內在心裡變化相當複雜，其中有對生存基本需求的維護，與家庭人倫之
樂的珍惜，更有對是非黑白顛倒錯亂、同胞相殘的憤慨，而這些都與政治認
同無關。

〔註31〕吳德功《瑞桃齋詩稿》（南投：臺灣省文獻委員會，1992 年），頁 134～135。
〔註32〕詳葉榮鐘《日據下台灣大事年表》（臺中：晨星出版社，2000 年），頁 20、22。

但是當他染有血疾，幸得日人高橋大尉延醫醫治，始得漸為平復，就成為意識形態顛覆的觸媒。回想整個事件中，動盪引發的不安，同胞無端陰謀譖害的恐懼，留在日本官署的安全保護、醫治病體的勤懇眷顧、困戀窮愁的關懷憐惜等，亂離經驗的省思，讓他「深荷長官相體諒，公平伸雪獲安全」的感恩之情油然而生。尤其後續丙申鐵國山事件二度顛沛流離，生命基本需求再度受到威脅，對於同胞與掠奪者角色的深層思考，遂使得我族與他者的界線更加模糊難辨了。〔註33〕

二、庶民視域的回歸與期待——望太平

放下政治核心典範回歸到生存的基本點思維，其實是從知識階層虛懸的價值判斷落實下來，回歸到庶民視域的思考，吳德功這段回歸的心路歷程，自1895年5月至1896年9月，大致可分為三個階段。

（一）秉持清國政治核心典範

第一個階段是清國政治核心典範時期，這個階段大約在1895年5月馬關條約割臺議定，到1895年8月彰化城破之際。〔註34〕因此1895年作〈割臺有感〉，他以「遺民」自居；〔註35〕而《讓臺記》文末，收所見乙未十月閩報〈附錄臺灣隨筆〉，藉按語書寫悲憤，自稱「棄民」，〔註36〕則標誌此一堅持的移轉。所堅持的清國政治核心典範，是清領時期臺灣傳統儒學教育下，知識階層意識形態的價值判斷。他的作為是奉清正朔以經世濟民，因此，面對中日甲午戰爭失敗議和割讓臺灣的歷史語境，他的悲憤一如當時的士紳階層：

〈割臺有感〉

軍書旁午割全臺，數日奇聞遍九垓；約議馬關權相定，敕交燕埠使

〔註33〕「他者」一詞的概念，在哲學、政治學、社會學領域中，各有其界定。大抵具有二個意涵，一為與自我意識相對的類群。其次此一我族類，抑且含有弱勢、邊緣化的劣義。本書所述的「他者」，是通識概念，未涉及嚴謹的學術界定，只做二者間彼此的對應關係，以區別人我為主，不涉及邊緣化、次級化的意思。就吳德功的角度而言，是自我映照下的族群區別，其認同主軸大抵在政治隸屬下，以是否具備漢文化為判準。

〔註34〕彰化城於1895年8月29日攻破。詳吳德功《讓臺記》（南投：臺灣省文獻委員會，1992年），七月初九日條，頁145。

〔註35〕詳吳德功《瑞桃齋詩稿》（南投：臺灣省文獻委員會，1992年），五月十六日、七月初九日條，頁127～128、148～149。

〔註36〕詳吳德功《讓臺記》（南投：臺灣省文獻委員會，1992年），頁161。

臣來。西清諫士圖恢復，東土遺民欲挽回；太息淡江花錦地，尸橫
遍野哭聲哀。〔註37〕

1895 年 5 月 28 日臺灣正式交讓，日本海軍大將樺山資紀隨即帶兵自三貂角澳
底登岸，〔註38〕文本有「太息淡江花錦地，尸橫遍野哭聲哀」之語，可見是
作於五月初日軍登陸之際，但文本透露的訊息與他《讓臺記》所載真實歷史
情境不盡相同。馬關議和約定的確由李鴻章簽署，但他只是清國談判畫押代
表，畫押前朝廷躊躇未定，而兵部侍郎孫毓汶、吏部右侍郎徐用儀皆力主儘
速畫諾，以確保清國安全。當時清朝固有反對人士，臺灣官紳士庶亦有悲憤
痛哭、飛章乞命之士，〔註39〕但都只是歷史語境中的一個視域；以臺北淡江
一帶災難為例，究竟何以致此？原因複雜殊難概括為言；因為日軍進駐臺北，
係唐景崧於 6 月 6 日夜內渡，兵勇乘亂劫掠，遂致屍橫遍野。紳民並歐美人
士乃邀辜顯榮往請日軍入城安民，並非日人妄肆殺虐所致。〔註40〕詩歌文本
將讓臺協議歸咎於李鴻章，將淡江庶眾的浩劫歸諸於「東土遺民欲挽回」的
慷慨忠憤，顯然與歷史客觀事實不符；只透顯作者主觀情感的價值判斷，滿
腔棄地棄民的悲憤，不願改隸日本的清國政治核心典範的堅持。

　　基於此一政治認同，臺灣官紳士庶認為處當時歷史語境，實踐經世濟民
之道則必須成立島國仍奉正朔，因此臺灣民主國成立，即電奏清朝，宣誓：「臺
灣士民，義不臣倭，願為島國，永戴聖清」。〔註41〕而 3 月 29 日日軍攻占澎
湖，吳德功即應臺灣府孫傳袞之命，與舉人林文欽自募練勇鎮紮；6 月間又奉
彰化縣丁燮諭令，與吳景韓、周紹祖在保甲局招募練勇鎮守；後奉臺北之命，
辦理臺中團練，〔註42〕直到 8 月 29 日彰化城破，開始逃難生涯。前此「義不
臣倭」「永戴勝清」之類的宣誓，以及支援抗日的具體作為，皆展現秉持儒教
倫理價值下，對清國政治典範的堅持。

〔註37〕吳德功《瑞桃齋詩稿》（南投：臺灣省文獻委員會，1992 年），頁 122。

〔註38〕詳吳德功《讓臺記》（南投：臺灣省文獻委員會，1992 年），五月初六日條，
　　　　頁 121～122。

〔註39〕詳吳德功《讓臺記》（南投：臺灣省文獻委員會，1992 年），五月初二日條，
　　　　頁 119～120。

〔註40〕詳吳德功《讓臺記》（南投：臺灣省文獻委員會，1992 年），五月十二日、五
　　　　月十五日條，頁 124、126。

〔註41〕詳吳德功《讓臺記》（南投：臺灣省文獻委員會，1992 年），五月初二日條，
　　　　頁 119。

〔註42〕詳吳德功《讓臺記》（南投：臺灣省文獻委員會，1992 年），五月十六日條、
　　　　七月初九日條〈附哀季子歌〉論，頁 127～128、148～149。

（二）亂離經驗動搖政治認同意識

　　當唐景崧夜逃，臺灣民主國內部紛擾逐漸浮顯，庶民迎日軍入城以謀安定的價值反差，乃至彰化城破開始流離逃難生涯的體悟，知識階層經世濟民理想也歸於破滅，他的心境也進入第二個階段。此一時期大約自 1895 年 8 月至 1896 年 5 月。詩歌文本即曾透顯對乙未乾坤之變的反思：

〈臺亂有感〉

兵戈巨變起瀛東，擁立藩王志豈同？保險守分南北郡，調兵勢隔馬牛風。中朝將相唯和解，寰海編氓敢怨恫？錦繡江山成決裂，何堪回首問蒼穹？〔註43〕

〈乙未八月有感〉

陸沉猶未覿神州，海外干戈動不休，正朔於今更鳳曆，蓬瀛從此判鴻溝。心傷禾黍頻增感，變起滄桑孰解憂，太息中朝和議定，難將覆水挽回收。〔註44〕

文本命題上，臺灣民主國抗日活動稱為「臺亂」，抗日失敗則逕以時間「乙未八月」標示，是一種面對改隸現實的修辭方式。將改隸原因依據歷史事實歸諸「中朝將相唯和解」「太息中朝和議定，難將覆水挽回收」，認定為清朝割讓而非日本侵略。從命題至內容，都流露對臺灣改隸此一歷史事實的面對。雖然情感上仍是「錦繡江山成決裂，何堪回首問蒼穹」「心傷禾黍頻增感，變起滄桑孰解憂」，別有一股棄地遺民深沉的憂悽之感。但檢視動亂的根源，海外干戈的巨變，清朝將相的無能；目睹臺灣民主國離心離德「保險守分南北郡，調兵勢隔馬牛風」的亂象，以清國為政治核心典範的思維，已然出現隱微的變化。

　　此後隨著乙未逃亡生涯的顛沛困頓、痛失親人的傷痛、動盪引發的不安、憂讒畏譏的恐懼等亂離經驗的省思，（另詳本章一之三）對於戰爭有了新的體會：

〈裁衣〉

良人遠從軍，秋風天未起，（自案：天未當作天末，形近而誤）持衡製征衣，停剪默無語。〔註45〕

〔註43〕吳德功《瑞桃齋詩稿》（南投：臺灣省文獻委員會，1992 年），頁 122。
〔註44〕吳德功《瑞桃齋詩稿》（南投：臺灣省文獻委員會，1992 年），頁 123。
〔註45〕吳德功《瑞桃齋詩稿》（南投：臺灣省文獻委員會，1992 年），頁 128。

文本顛覆男性知識階層的思維，從女性角度思考戰爭的意義，「停剪默無語」
道破不知為誰而戰、為何而戰的茫然，反映此時吳德功對乙未抗日戰爭的反
思。同時詩歌文本也流露對亂定歸返家園的喜悅：

〈重到味閒齋〉

事定歸來到故鄉，空齋闐寂景悽涼，犬貓見主懽忭躍，鳥鵲驚人避
□忙。數朵蘭花供客賞，一株梅樹為誰香，詩書滿架都零亂，急喚
僕僮再理裝。〔註46〕

雖說是「空齋闐寂景悽涼」，但是亂定歸來，一切都充滿希望——犬貓懽躍重
逢、蘭梅悠然綻放、詩書依舊滿架，只待重新整裝出發。亂離經驗的慘痛，
令他特別珍惜安定家居的生活，對於戰爭自然產生素樸的反對情緒。乙未冬
臺北之亂，彰化謠言紛擾，他與邑內紳士必須留在官署接受日人保護，這種
情緒可以說累積到相當飽和的張力；不過這種反戰情緒，可能顛覆傳統儒學
教育下知識階層經世濟民的意識形態，卻不足以徹底移轉他清國政治核心典
範的思維。因此隔年1896年端午節詩歌文本，弔祭屈原這個象徵忠魂的文化
符碼，也僅透顯心情的複雜：

〈端午有感〉

干戈初定在鄉村，節遇端陽寂不宣，有酒聊同茶獻客，無邪詎必艾
懸門。稱雄海外今何在？去年五月台灣唐帥稱民主國逃隱山中我幸存，
（案：幸存當作倖存）此日奚心弔屈子，家家沿舊為招魂。〔註47〕

文本透露劫後餘生的慶幸，也洋溢著傳統知識份子俯仰無愧的自得——心念
無邪所以不需懸門艾草。忠於清國則必得師法屈原，為屈原招魂也是在呼喚
自己的忠魂；但是「此日奚心弔屈子」，則流露對於儒教傳統「忠」的價值質
疑。棄國棄民究竟要效忠誰？因此作為忠心典範的屈原，其政治核心典範意
義並未被重視，家家沿舊招魂只形式化為儀式格套。所以此一階段，固然面
對臺灣改隸的歷史事實，知識階層虛懸的經世濟民理想，在現實磨難的摧折
下也為之鬆動，自然對破壞安定、危害生命的戰爭，產生素樸的反對情緒，
隱微間形成一股對政治核心典範的反思。乙未冬臺北之亂引發的動盪不安，
可以說是重要觸媒。

〔註46〕吳德功《瑞桃齋詩稿》（南投：臺灣省文獻委員會，1992年），頁135～136。
〔註47〕吳德功《瑞桃齋詩稿》（南投：臺灣省文獻委員會，1992年），頁137。

（三）回歸到庶民視域的思考

因此 1896 年 6 月丙申鐵國山事件，他再度逃難避居頂犁，加深對戰爭的厭惡。短短一年間身分的轉變，由地方仕紳而棄地遺民，乃至淪為棄地棄民、殖民地難民的際遇，逼使他正視眼前當下的存在語境。在〈去年〉一詩中，有詳細而沉痛的敘述：〔註48〕

1. 一歲兩遭大變故，戰爭何事？

他在〈搔首問天歌〉中，對乙未戰爭彰化城破舉家逃亡投靠甘井外甥，家族六人病故的悲慟，有「造物降災真無常，胡為厄我作一場」「人生瞬息風中燭，位置悉聽諸彼蒼」天道何論的憤懣。〔註49〕丙申鐵國山事件，他再度逃難，投靠頂犁親家謝攀桂，死者長已，生者倉皇踉蹌於干戈烽火中。戰爭對天下生民而言，本質上就是災難禍端，因此挑釁者就是殺戮製造者，視之如「土匪」「豺狼」而已。

2. 男兒志在四海，倫常安在？

「或謂男兒志四海，何不買舟駛重洋，遊歷各島廣聞見，詎效阮籍窮途狂」；既成日本殖民，積極作為應是面對改隸事實，到日本遊歷觀光，增廣見聞，學習強國典範。若淪為阮籍之流窮途而哭，就是偏執消極，非智者所當為。但人生如此變起倉促，干戈烽火、兵燹疾疫總是交相為害。男兒志四海還不如回歸生活，享受人倫之樂。二者並列比較抉擇，傷痕療癒的思維，居重要因素。不問讀聖賢書所為何事？而問生存的基本需求為何？除了民生物用，當然是「闔家和氣團圓聚」。家是儒家愛人的起點，虛懸經世濟民的意識形態，反而忽略當下的存在語境。

3. 世途險巇，何不委心任運？

戰爭、讒言、疾癘、年華老去、世途險巇、身世如蜉蝣，功名富貴等儒教價值意識，皆成鑿空之論。在一歲兩遭大變故的亂離體驗中，心境上進入第三階段，他放下虛矯的身段，從知識階層虛懸的價值判斷落實下來，回歸到庶民視域的思考。

〈東道〉一詩更直接提出內在的呼籲：

〈東道〉

四野烽烟起，聞風夢昧驚，南飛羨烏鵲，東道賴親朋。時在頂犁謝家

〔註48〕詳吳德功《瑞桃齋詩稿》（南投：臺灣省文獻委員會，1992 年），頁 143～144。
〔註49〕詳吳德功《瑞桃齋詩稿》（南投：臺灣省文獻委員會，1992 年），頁 132～134。

兄弟暫分散，妻孥半死生，去年八九月慘甚無家歸不得，翹首望太平。〔註50〕

文本透顯出對生存威脅的擔憂，對親人生離死別的傷感，以及寄人籬下有家歸不得的無奈，不再夸談經世濟民的理想，只聚焦於烽煙亂世中個人家族的安危。因此遭遇丙申鐵國山事件二度顛沛流離，「翹首望太平」就成了他最大的奢望。環繞「望太平」主題的思維，《瑞桃齋詩稿》中有〈望太平〉一首直接以題擬意；其餘〈頂犁庄望月〉：「奚日歸我家，團圓如皓魄」，表達期待太平返家團圓的渴望；〈線西〉：「久客悲戎馬，深更夢鼓鼙」，透顯對戰爭的恐懼；〈頂犁謝攀桂親家齋中即事排律十四韻〉：「欲歸歸不得，時命復何尤」，傳達戰亂有家歸不得的悲痛；〈七夕寄請汝端宗兄開東賢友造甘井五古二十四韻〉：「尤幸同學友，平安報兩字」，〔註51〕透露亂世對生命基本需求的回歸與珍視。而這也是當時一般平凡百姓夢寐以求的心願。

三、政治典範思維的再建構

　　亂世的顛沛流離，加上憂讒畏譏、土匪橫行，我族與他者的界線更加模糊難辨，原本基於生命平安需求而發的太平期望，隨著政局漸趨安定，遂轉成積極思維。

（一）期待爭霸圖王不嗜殺人的強權

　　基層知識份子，在無政府狀態下，角色地位完全顛覆，從統治、保護者，淪落為跟蹌逃命的難民。鐵國山事件大亂稍定，知識份子經世濟民的蘄向重新點燃，面對滿目瘡痍的社會群眾，訴求一強大的捍衛者，以確保庶民大眾的太平生活，成了重構政治典範的基本考量。彰化望紳楊吉臣，於1896年訪日，他作詩送行：

〈送楊吉臣兄赴東京五古二十韻丙申〉
……聞說謁東京，呈材等天驥。鯨魚揚長鬐，鵬鳥舒大翅，直言效長沙，慷慨談時事。覩此蚩蚩民，辛苦已嘗備；兵燹連疫癘，飢饉兩洊至；大旱望雲霓，恩膏期遍播；冀君請民命，生靈庶有神。自

〔註50〕詳吳德功《瑞桃齋詩稿》（南投：臺灣省文獻委員會，1992年），〈望太平〉，頁138。〈頂犁庄望月〉，頁138。〈線西〉，頁139。〈頂犁謝攀桂親家齋中即事排律十四韻〉，頁141。〈七夕寄請汝端宗兄開東賢友造甘井五古二十四韻〉，頁147。
〔註51〕詳吳德功《瑞桃齋詩稿》（南投：臺灣省文獻委員會，1992年），頁137。

顧老病身，俯仰抱慚愧，蒿目悲時艱，遭逢老壯志。又逢東海島，
花錦名勝地，山川與古蹟，奇景呈佳致；海上湧神山，徐福揚舫
去，三百童男女，養育廣生聚，經載史冊中，曾否真也未？君今履
其境，閱歷勿忘記，畫圖袖歸來，足補齊諧志，贈我作臥遊，玩賞
豁胃次。〔註52〕

1896年為人送行仍勉以為民請命──「覩此蚩蚩民，辛苦已嘗備；兵燹連疫
癘，飢饉兩洊至；大旱望雲霓，恩膏期遍播；冀君請民命，生靈庶有裨」。雖然
仍是經世濟民的儒教思維，但備嘗離亂之苦有感而發，遂能超越為國盡忠的概
念教條思維，轉而具現親親而仁民的儒家推愛胸懷。基於個人飽受亂離之苦而
發的太平期望，但也是知識階層回歸庶民視域後經世濟民的思維模式。

　　尤堪玩味者，以秦徐福為媒介，對日本開始流露出憧憬。想像其地是海
上神山──「山川與古蹟，奇景呈佳致」；連結種族、文化因緣──「徐福揚
舫去，三百童男女，養育廣生聚，經載史冊中，曾否真也未」。徐福東渡事最
早載諸《史記》〈秦始皇本紀〉〈淮南衡山列傳〉，載錄他尋訪蓬萊、方丈、瀛
洲三座仙山，率三千童男女、穀種、百工隨行，最後在平原廣澤處，相傳即
今九洲定居。〔註53〕歐陽修在〈日本刀歌〉中，逕認定其東渡日本，攜帶儒
家典籍流亡海外。〔註54〕因此在改隸的現時困境中，徐福事成為台日在廣泛
的族群血緣與文化交融的基礎，亦作為認同歸屬的可能象徵。雖然口吻委婉，
以驗諸到訪者「曾否真也未」探詢；並說「畫圖袖歸來，足補齊諧志，贈我
作臥遊，玩賞豁智次」。好像作為境外小說、稗官野史雜談之類，臥遊玩賞，
以開拓視野。但「聞說謁東京，呈材等天驥」之語，在酬酢虛應的言說姿態
下，隱藏一分敗亡傷痕的療癒意圖。〔註55〕

　　因此1896年丙申之亂後，總督府書記白井新太郎巡游探訪民情，（案：
白井新太郎即白子澄）與地方士紳酬唱，他曾作詩和曰：

〔註52〕吳德功《瑞桃齋詩稿》（南投：臺灣省文獻委員會，1992年），頁148～149。
〔註53〕《史紀》卷六〈秦始皇本紀第六〉載：「齊人徐市等上書，言海中有三神山，
　　　　名曰蓬萊、方丈、瀛洲，僊人居之。請得齋戒，與童男女求之。於是遣徐市
　　　　發童男女數千人，入海求僊人。」又卷一百一十八〈淮南衡山列傳第五十八〉
　　　　載：秦王「遣振男女三千人，資之五穀種種百工而行。徐福得平原廣澤，止
　　　　王不來。」司馬遷《史紀》（臺北：新安，1972年），頁247、3086。
〔註54〕讀取自 https://wapbaike.baidu.com>item>徐福 2017.3.29>日本刀歌。
〔註55〕關於徐福事在個人際遇、族群論述或中日交流上的象徵，意涵豐富多元，非
　　　　本章主題，此處不作討論。

〈步白子澄先生巡臺原韻〉（案：七絕二首）

彩雲初降色鮮新，普救蒼生屬此人，王道綏猷非小補，行看過化又存神。

之二

是是非非信有真，循行直道冀斯民，輶軒博采巡郊野，看到逃亡亦愴神。〔註56〕

將日本官方代表白井新太郎視為普救蒼生的仁者——「彩雲初降色鮮新，普救蒼生屬此人」、「輶軒博采巡郊野，看到逃亡亦愴神」；能體察民隱、推行德政——「王道綏猷非小補，行看過化又存神」。文本仍透顯面對政治現實的態度，一如清領時期知識階層的思維，以歌頌方式發抒心中的冀望，期待在位者體恤時艱，以王道普救蒼生。

這種心境其實也是當時許多傳統士紳階層的共識，以滄海遺民自稱的王松，（1866～1930）撰《臺陽詩話》，曾載當時酬唱輯有《南游詩草》：

《南游詩草》，一名臺灣觀風詩，所載美不勝收；和韻為多。錄之可見一時遭亂遺老得遇斯人，如旱逢雨，誠幸事也……陳君錫奎：「自今門不閉；無復醉兵瞋」。葫蘆墩陳君慶雲贈別云：「此日山橋分手去，西窗剪燭待何時」？鰲山蔡君蓮舫：「下馬尋高士，上書拯亂民」。王君學潛：「胸藏今古闊，計比地天長」。蔡君敏貞：「雞犬聲皆絕，田園目不窺」。淡水李石樵題詞云：「何人施辣手，此老見婆心」。古云：「爭霸圖王，不嗜殺者國祚必長；出將入相，不嗜殺者厥後多昌」；白君拯民於水火之中，所活何只萬命？贅之以驗他日報施不爽。〔註57〕

觀諸士紳和韻，都是從飽受亂離之苦渴望太平的角度，感恩期許斯人；故王松持儒家對執政者聖君賢臣的期待，讚美白井新太郎拯民於水火之中，所活何只萬命？並載錄故實以驗他日報施不爽。可見清國政治典範的價值判斷，在政治現實與維護基本生存權利需求下逐漸崩頹，是當時遭逢乙未乾坤之變者共同的傷痛。因此在詩酒酬唱中，感受到與日本種族與文化連結的因緣，源自敗國棄民的沉痛打擊，終究轉為歷史朝代的興亡輪替。如古所云：「爭霸圖王，不嗜殺者國祚必長；出將入相，不嗜殺者厥後多昌」；回歸庶民視域，

〔註56〕吳德功《瑞桃齋詩稿》（南投：臺灣省文獻委員會，1992年），頁150～151。
〔註57〕王松《臺陽詩話》（南投：臺灣省文獻會，1994年），頁48～49。

生活首要之事就是「保命存活」,「爭霸圖王,不嗜殺者國祚必長」,政治典範會隨庶民對現實感受而修正,典範的意義主要在於生存的護持。就傳統知識階層儒教意識形態而言,政治與文化典範是不一不二緊密相依的,但回歸庶民視域,「雞犬聲皆絕,田園目不窺」,民生經濟凋敝就是最切身的災難,拯民於水火者就是王道。王霸之分是孟子的政治觀,《孟子‧公孫丑上》說:「以德行仁者王,以力假仁者霸」。王道不仗恃武力征服,而是憑藉仁義感化,讓人心悅誠服。故政治典範建立的判準,亦應如此,絕非沿襲既有格套。日本治臺雖得諸武力征伐,但對干戈四起滿目瘡痍的斯土斯民而言,能安定動盪不安局面者便是救世王道。政治典範鬆動了,加上文化認同模式受到衝擊,固有政治典範思維則有土崩瓦解而已。

（二）傳統儒教文化價值的糾葛

雖然在乙未冬臺北之亂後,隱微間已有一股政治核心典範的反思,1896年丙申之亂後,政治認同開始轉向,對日本開始流露出種族、文化的想像,但是這種固有政治典範思維的轉變,是充滿矛盾煎熬的,其中有文化傳統維繫的擔憂:

〈白螘〉

……詎料地道濕,園宅穴白螘,啣泥緣箱巢,攢嚙無遺紙,蛀壞我淵鑑,此書原訂千餘卷蠶食我乘史,蠕動滿笥篋,擢髮數難指,嗚呼!斯文本載道,文存道即是,時值滄桑變,風俗漸浮靡,賴有典墳存,觀感與心,(案:漏一字,或當作觀感興於心)編簡被斷殘,吾道斯已矣,化灰赴川流,令人心欲死。〔註58〕

文本書寫於1896、1897年之際,〔註59〕賦筆直抒,以現實遭遇白蟻為害,傷及典籍,興起文化存亡絕續之嘆。「斯文本載道,文存道即是」,史乘典籍是傳統文化的載具,也是傳統文化價值的象徵,對典籍的珍愛,寄託亡國不亡天下的理想。典籍遭白螘攢嚙,文化傳統無所託附;復以日式西洋文明移入,兵馬倥傯,人性墮落,風俗浮靡等等,道出滄桑變後,殖民地風俗文化的變異,對傳統文化價值判斷產生的衝擊,做為一個傳統儒教知識份子怎能不憂心忡忡?

〔註58〕吳德功《瑞桃齋詩稿》(南投:臺灣省文獻委員會,1992年),頁162～163。

〔註59〕文本中有「陳經擇庚子,猶幸仳雛後」句,(案:雛當作離)干支紀年中,丙、辛年有庚子月,約在12月至次年1月。1895年8月吳德功逃亡寄居甘井。據此藏書應在丙申庚子月,即1896年12月至次年1月取出整理。

時危世亂仍有個人道德人品的堅持：

〈蘭〉

　　我有數鼎蘭，灌溉經時久，春秋花盛發，國香透窗牖。紉佩結同心，

　　入室聯好友……世變栽培疎，摧殘甚踏躒，忽置榛莽中，羞與眾草

　　偶。〔註60〕

以蘭自喻，「我有數鼎蘭，灌溉經時久，春秋花盛發，國香透窗牖」，透露自己長久以來對於道德人格的修養與堅持，以此結交許多志同道合的好友；可惜「世變栽培疎，摧殘甚踏躒」，亂世擾嚷人命危淺，人間美好的品格已消磨殆盡。但他自己「忽置榛莽中，羞與眾草偶」，寧願孤芳自賞、獨守貞操，絕不隨波逐流。但堅持道德品格，又必須虛與委蛇、和光同塵，以免誤觸機關，在〈弋鳥〉中就提醒自己小心謹慎以明哲保身：

〈弋鳥〉

　　南山張羅網，北山機關懸，黃雀食餌啄，失足遭絆纏。有鳥飛冥冥，

　　振翮直戾天，天空任翱翔，弋人何篡焉？〔註61〕

「南山張羅網，北山機關懸」書寫處境艱難，隨處可死。若稍一不慎，如黃雀短視近利、誤觸羅網，則淪為彀中之物，喪失生命與自由。文本以「振翮直戾天，天空任翱翔」的鵬鳥自勉，透露對振翮高飛、自由翱翔的嚮往，深恐誤觸機關、誤蹈羅網，淪為獵物喪失自由，充分展現時危勢亂、栖栖惶惶憂讒畏譏的不安。

　　諸如此類矛盾煎熬反覆不已，至1897年接受紳章表揚，〔註62〕仍然無法掌握安身立命之道：

〈小春有感〉

　　丁酉之春，臺灣縣知事村上義雄，疊遣通譯三谷到家延訪，（案：疊

　　遣當作迭遣）委以囑託之任，爰作七律四首以辭之。

　　之一

　　紆尊降貴盛容儀，賞識風塵欲縶維，延聘頻煩通譯使，挽推疊費役

　　場司。（案：疊費當作迭費）官資囑託優崇極，士賚紳章寵錫施，下

　　問葑菲能不恥，草茅葑菲采無遺。

〔註60〕吳德功《瑞桃齋詩稿》（南投：臺灣省文獻委員會，1992年），頁163。

〔註61〕吳德功《瑞桃齋詩稿》（南投：臺灣省文獻委員會，1992年），頁164。

〔註62〕詳臺灣總督府編《臺灣列紳傳》（臺北：台灣日日新報社，1916年），頁182。

之四

恭將姓氏付文壇，忍使梗頑自殺殘，攬轡非無民隱切，撫心欲副盛
名難。羨公大手除澆俗，公親行遍諭改除鴉片愧我何能挽倒瀾，他日涓
埃當報効，微軀奚敢便偷安。〔註63〕

小春時節在陰曆十月，丁酉之春約在 1897 年 4 月。自春至小春有四、五月之
久，其間臺灣縣知事村上義雄，屢次派人到家延訪。數月深思，還是婉辭。
雖然接受紳章表揚，無異於宣稱對日本的政治認同。但是再委以囑託之任，
固然感受到對方禮賢下士的誠意──「官資囑託優崇極」「下問蒭蕘能不恥」，
與為民興利的仁心──「草茅葑菲采無遺」「羨公大手除澆俗」；但仍然假借
理由如「愧我何能挽倒瀾」等婉拒。可見他處政治核心典範的解構與重構之
際，放下傳統知識階層思維，回歸庶民視域，就能坦然面對客觀歷史語境，
移轉對清廷的政治認同；但就傳統儒教安身立命的價值意識而言，許多葛藤
糾纏是無法斬絕了斷的。

四、結語──一場同文同種政治典範的想像

　　華夏文明傳統，聖王是政治與文化典範的複合理想，族群文化一脈相承
稱為道統。理想標幟文明發展的蘄向，在具體的歷史語境現場，個人受限於
種種主客觀因素，觀照的角度不同，價值思維亦隨之而異。而政治權力往往
是引導流行的關鍵因素。身為台灣傳統知識份子的吳德功，其儒教價值思維，
基本上源自於清廷政治典範的形塑。乙未台灣改隸引發的衝擊，無異是乾坤
之變，從堅持奉清正朔到淪為棄地棄民；標舉經世濟民，卻流離失所、身家
難保。在歷史煉獄現場，僥倖存活，多有得諸異族政權的庇護，清廷國而不
國、官而不仁的窘態，震垮了效忠清廷的政治意識形態，也撼動數十年基層
知識份子的文化價觀。經過堅持、猶疑矛盾與政治認同的面對。新時代的來
臨，安身立命之道、文化傳承的因革調適，仍待探索。基於捍衛太平生活的
期待，所建構的王道理想，投射在日本殖民政權上，不免又是一場政治典範
的想像，同文同種連結的族群想像，在乙未動盪之際，日本殖民初期安撫策
略下，提供他生命短暫安頓的憑藉。

〔註63〕吳德功《瑞桃齋詩稿》（南投：臺灣省文獻委員會，1992 年），頁 164～165。

第三章　乙未後儒教聖道觀的文化視野

十九世紀末至二十世紀初，臺灣傳統知識階層的生命課題，是世變中跨界的抉擇。改隸後，乾坤變局中，祖國政治典範傾頹，移民淪為遺民、棄民、殖民，中原文化典範堅韌、和諧的特質，敵不過西方現代文明的強權掠奪；知識階層在亂離動盪中，固有的價值認知亟須重整，回歸庶民視域重新出發，跨界之際，安身立命之道的核心課題，提升為新我族論述的建構；期待藉助於此一論述，建立臺灣文化的新願景，落實知識份子的社會實踐。而新我族論述的建構，包含對傳統儒教文化的再定位，如何對待西方文明？如何因應祖國政治典範的傾頹？如何改造臺灣社會等等議題。吳德功置身此一歷史語境中，面對當代知識階層的生命課題，同樣環繞文化願景，發展他的儒學思維與文化視野，展現對儒教聖道的再詮釋。

一、孔教包括萬類

他是臺灣傳統士紳，居於社會領導階層，漢學是與官宦往來的媒介，歷史語境中士人階層的社交互動，在在鞏固他對臺灣儒教的信仰。清領時期如此，與殖民政權官僚由敵對而熟絡的關係發展，也不例外。他政治典範的解構與建構之際，固然有歷史現場中，國族敗亡的傷痛，家族逃難的困頓，所激發的對維護生命存在基本需求的重視；但與殖民政權官僚互動之際，儒教以德為本的價值思維，尤為積極主導關鍵。

1895 年冬天，他與日本高橋憲兵大尉一段美好的互動，源於臺北之亂，彰化謠言四起，同胞陰謀相譖，為防範未然，眾紳士遂留在官署接受安全保護。他適染血疾，也幸得高橋大尉延醫醫治，始得漸為平復；還打趣是專意於吟詩致病。如此長官既賞識其才學，又眷顧病體，保護安全；政治論述雖

有殖民者與被殖民的不同，從民本關懷思考，豈有我族與他者之別？（另詳第二章一之三）何況他們還在漢文化詩文遊藝中相互賞識。1896 年丙申之亂後，總督府書記白井新太郎巡游探訪民情，與地方士紳酬唱，他曾三度作詩相和，[註1]將其視為普救蒼生、推行德政的仁者，同樣是以詩歌酬唱為媒介，諫言儒家仁政、王道價值思維的判斷。（另詳第二章三之一）其他詩歌文本如〈送矢野豬之八陞轉〉、〈恭贈橫堀三子〉、〈庚子中秋夜，辨務署長筧朴郎，邀同周君仰亭玩月飲酒賦詩即用其韻〉、〈本田弘篤大國手〉、〈送大津釚次郎院長有序〉等，[註2]皆如此類。

此外亦有純粹為漢學知交者，如與國語學校教授中村伯實的情誼，（案：中村伯實即中村櫻溪）他們意氣相投、神識相照，《瑞桃齋文稿》大部分文章皆經其評註，而吳德功曾三作《涉濤集》書感，[註3]〈讀中村櫻溪《涉濤集》書後〉敘述相識相知的因緣：

> 曩者余在臺中師範學校供職，適先生奉命巡學，校長設筵宴會。一投名刺，如舊相識；第音語不通，爰在筵中，作筆談，互相酬答，至筵撤猶依依。時余雖知先生為有心人，而亦未知先生之品節也。及觀斯集，先生疏食菜羹，（案：疏食當作蔬食）處之晏如有陶靖節風，其天君泰然，順時樂命，誠有令人不可及者，而文章之粹美，特其緒餘耳。[註4]

中村伯實於文末附註：「稱揚過實，雖不敢當，亦是知己之言」。[註5]而二人相識之初，音語不通猶須仰賴筆談。是知其兩相投緣，非關言語，乃肇因於漢學古文學養，[註6]而其文章之粹美，則又發自「天君泰然，順時樂命」的

〔註1〕詳吳德功《瑞桃齋詩稿》（南投：臺灣省文獻委員會，1992 年），〈步白子澄先生巡臺原韻〉，頁 150～151。〈步白子澄星使巡臺書感原韻〉，頁 151。〈敬次白子澄原韻〉，頁 152。

〔註2〕詳吳德功《瑞桃齋詩稿》（南投：臺灣省文獻委員會，1992 年），〈送矢野豬之八陞轉〉，頁 170。〈恭贈橫堀三子〉，頁 170。〈庚子中秋夜，辨務署長筧朴郎，邀同周君仰亭玩月飲酒賦詩即用其韻〉，頁 174。〈本田弘篤大國手〉，頁 177。〈送大津釚次郎院長有序〉，頁 182～183。

〔註3〕詳吳德功《瑞桃齋文稿》（南投：臺灣省文獻委員會，1992 年），〈讀中村櫻溪《涉濤集》書後〉，頁 113～115。〈再讀中村櫻溪《涉濤集》書後〉，頁 117～119。〈三跋中村櫻溪《涉濤三集》〉，頁 121～123。

〔註4〕吳德功《瑞桃齋文稿》（南投：臺灣省文獻委員會，1992 年），頁 114～115。

〔註5〕詳吳德功《瑞桃齋文稿》（南投：臺灣省文獻委員會，1992 年），頁 115。

〔註6〕〈三跋中村櫻溪《涉濤三集》〉載中村伯實專擅漢學：「學有根柢，為文氣魄

陶靖節風範。故吳德功所激賞於中村伯實者，學養、文章、人品，都是孔教
人物品評的正標價值，在日本學者身上的展現。日本政治典範建立之後，漢
學儒教價值判斷，超越於狹隘的族群之辨，與敗亡思想下汲汲發展的現代文
明，具有普世的價值意義。

　　1919 年撰寫〈孔教論〉，更讚嘆孔教至大、至善：

> 今夫世之論教者，大抵喜談新學，厭棄古墳；徒尚武功，不修文
> 德。以為教必使言論自由，男女平權，財用富足，國民自強，武備
> 宜修；以為泰西科學文明，悉本於此。遂疑孔教為平淡無奇，高深
> 莫測，公德希有。（案：希有當作稀有）豈知孔教包括萬類，何只數
> 端乎？試舉而論之：不見春秋筆則筆，削則削，匹夫操天子之權，
> 或褒之，或貶之；布衣于諸侯之政，許之；父藥不先嘗，譏其不子；
> 趙盾出奔不越境，書其弒君。秉其直道之公，昭示後世，非謂言論
> 自由乎……君子之道，造端乎夫婦，悉皆由禮而行，待以敵禮，非
> 言男女平權乎……論什一之征，國富宜藏於民，此皆得之有道，以
> 充國儲，非言財用富足乎……大哉！孔教！聖哉！孔教！德心克
> 廣，大道為公，豈五大洲之宗教，所可相提並論哉？〔註7〕

文本開宗明義批判過度迷信西方文明現象，誤以為「教必使言論自由，男女
平權，財用富足，國民自強，武備宜修」，乃科學發展之本；因此喪失對儒家
文化的根本自信。他則揭力推尊「孔教包括萬類」，「德心克廣，大道為公」，
非其他宗教可以相提並論。而他的論述思維，則是就他以為別人誤讀誤判處，
一一舉證批駁，以示孔教之宏富。如倡言論自由，則以史家之褒貶，乃「匹
夫操天子之權」，客觀直書即為言論自由；言男女平權，則以夫妻相敬，相待
以禮，即是男女平權；主張財用富足，則以什一之征、藏富於民等為證。此
一思考脈落貫穿全文，僅就文化由體達用展開的行為、制度現象橫向類比，
突出立人達人、成己成物、與時偕行、並行不悖的終極關懷，就普世價值處
論證孔教包羅萬有。至於漢文化譜系將人文化成的理想，訴諸德性主體的發
用，強調本末終始、知所先後、一以貫之的實踐；缺乏社會契約思維與具體
作為，則略而不談。也就是說，他肯定西方文明之功，但認為自由平等不出

　　蒼古，書味盎然，胚胎於韓柳，可為後學所矜式。」詳吳德功《瑞桃齋文稿》
　　（南投：臺灣省文獻委員會，1992 年），頁 122。
〔註7〕吳德功《瑞桃齋文稿》（南投：臺灣省文獻委員會，1992 年），頁 9～12。

孔教範圍。未能正視具現公平正義精神的法律規章，在確保基本人權的作用，與對落實愛人理想的效能。可見面對西方現代文明強勢的侵略性，儒教在他心目中文化價值典範的地位，仍然屹立不搖。

二、革故鼎新富有日新

孔子為聖之時者，其教包括萬類，儒教作為文化價值典範的關鍵，正展現其與時俱進的能動性。1896 年吳德功詩歌有「何不買舟駛重洋？遊歷各島廣聞見」，﹝註 8﹞即已透顯一位傳統知識份子對於吸收異國文化的認知；1897 年則更而付諸行動，積極主動學習：

〈贈蔡蓮舫姪女倩之東京回臺〉丁酉

閱君東遊記，奇聞編成牘。儀型覯伊傅，伊藤伯等輅鈴識頗牧；（案：鈴當作鈐）詞客尋大江，神仙問梅福；山川名勝概，一一皆寓目。

壯哉此遊乎！令人神往復，更携新詩本，風雅詞郁郁；帶回新聞詩集一部二函借回置蕭齋，薔薇浣手讀。﹝註 9﹞

其姪女婿蔡蓮舫遊東京回臺，將見聞編著《東遊記》，並帶回日人《新聞詩集》一部，他都視為瑰寶認真研讀，對於政治典範的異國文明，洋溢著好奇、取經的熱情。

稍後日人島內創辦臺中新報，其祝賀文更展現對現代性的吸納：

〈祝島內臺中新報開館〉

……文言道俗情，侃侃陳政事；儼似鉊鐸懸，直言罔迴避。褒貶憑輿論，規懲寓諷刺；風土與民情，纖細悉登記。奇聞聳人聽，日新月亦異；誘闢人聰明，喚醒世酣睡。雜以蝌斗文，（案：蝌斗當作蝌蚪）橫列螃蠏字；（螃蠏即螃蟹）奇書探瑯環，堪補齊諧誌；倉頡縱復生，想難通其意。報紙雲葉飛，郵筒遞方寄；六合五大洲，消息流通易；最便人取携，攸往無不利……風氣獨開先，猶作春秋志，立論切誅心，豈復多顧忌？救弊且補偏，贊助維新治。治化遍海隅，聲教東西暨；聊轟陳祝詞，暢飲聊揚觶。﹝註 10﹞

此時他已具備相當的現代性認知，深刻了解報紙在現代化社會的重要性。既

﹝註 8﹞ 詳吳德功《瑞桃齋文稿》（南投：臺灣省文獻委員會，1992 年），〈去年〉，頁 144。

﹝註 9﹞ 吳德功《瑞桃齋詩稿》（南投：臺灣省文獻委員會，1992 年），頁 167～168。

﹝註 10﹞ 吳德功《瑞桃齋詩稿》（南投：臺灣省文獻委員會，1992 年），頁 172～173。

有褒貶時政、輿論監督功能；又能反映風土民情、救弊補偏；既可流通資訊、
開拓視野；又能規懲諷刺、襄助維新之治。展現他對西方言論自由、思想文
化、啟迪民智的肯定；也認識到傳統文化的不足——倉頡縱復生，想難通其
意，因此報紙書寫文字雜以日文、外文，有助於增長見聞，拓展新知，肯定
報紙作為吸納西方文明媒介的意義。

　　這種現代性觀念的建立，也展現對職業的認知：

　　〈恭和廖煥章德國留學原韻〉

　　萬仞梯雲月窟攀，丁年冠劍離鄉關，求方須要探神秘，采卉無庸棄
　　蒯菅。欲漸歐風跨大海，冀傳丹訣仰高山，良醫作用同良相，何事
　　臨岐灑淚班。〔註11〕

傳統職業分類，士農工商，士者最為上品，且指涉意義狹窄，侷限為官宦書
香門第。文本言「良醫作用同良相」，傑出良醫與賢能宰相貢獻相等，打破傳
統職場價值觀，給予醫生極為崇高的地位。顯然受到殖民母國重視衛生、疾
疫管理，鼓勵臺籍子弟習醫政策的影響。其次對醫學內容認知，亦超越傳統
視域，非但推尊歧黃採藥之學，更主張「欲漸歐風跨大海，冀傳丹訣仰高山」，
要兼攝中西、貫通古今，肯定留學德國、取經西方是一種睿智的抉擇。

　　1898 年左右，他在〈讀觀光紀遊書後〉文本中，〔註12〕即秉持孔教包括
萬類，但必須因革損益的觀念：

　　……其論學也，言大學之誠正，即尊德性之謂，格致即道問學之謂；
　　且言歐米之新學，皆與六經相吻合。可見胸懷萬卷，能闡聖道而不
　　背聖道，（案：背當作悖。）以視學夫孔孟之學，而疵議排斥之者，
　　何啻霄壤哉？〔註13〕

此處對臺灣傳統文化的思維，突破固守傳統的格局，主張「胸懷萬卷，能闡
聖道而不背聖道」，「胸懷萬卷」即指涉對儒家典籍與歐美西方文明兼容並

〔註11〕吳德功《瑞桃齋詩稿》（南投：臺灣省文獻委員會，1992 年），頁 217～218。
〔註12〕所敘《觀光紀遊》一書，據文中所述，係元旦拜會當時彰化辦務署長肥田野，
　　　蒙其授贈。該書作者為鹿門岡氏。肥田野全稱為肥田野畏三郎，於 1897～1899
　　　年 2 月任職彰化辦務署長。詳周國屏等《彰化市誌》（彰化市：彰化市公所，
　　　1997 年），頁 806。推測吳氏文本約書寫於 1898 年左右。文中「胸懷萬卷，
　　　能闡聖道而不背聖道」之言，（案：背當作悖）乃其對作者學問成就的讚嘆之
　　　辭，然亦可略窺其儒教聖道觀之旨。詳吳德功《瑞桃齋文稿》（南投：臺灣省
　　　文獻委員會，1992 年），頁 126。
〔註13〕吳德功《瑞桃齋文稿》（南投：臺灣省文獻委員會，1992 年），頁 125～126。

蓄;「能闡聖道而不背聖道」,則強調匯通東西、創新臺灣文化,為當代闡揚聖道的唯一途轍。臺灣文化現代化的議題,在他看來就是儒學革故鼎新的課題。「歐米之新學,皆與六經相吻合」,置諸《大學》八德目架構,一為側重尊德性脈絡的誠意正心,一為偏重道問學脈絡的格物致知;此一思維殆如朱陸異同之辨,粗略的掌握到二個論述脈絡的基本特質。至於西方文化格物致知之學,所涉及的本體論、認識論、方法論等諸多議題,則未列入考慮範疇。

在〈讀《朱子小學》書後〉又言:

> 近觀禹域新編教科書,偏重西學,未免駁而不純之弊;反謂宋儒動行說理,多屬空言,涉於迂疎。庸詎知若論格致商工之學,西國卻較精;若論修身一科,捨朱子小學,別無全書。其前半部詳言庸德庸行,後半部多識嘉言善行,學者但於日用倫常中,反己而求之,其道得矣。〔註14〕

他認為中西文化各擅勝場——「論格致商工之學,西國卻較精;若論修身一科,捨朱子小學,別無全書」。西方文明長於科學經濟物理,漢學精采處在於道德修養之學;西學重算計操作,漢學則以反求諸己為貴。因此新式教育教科書設計,應該傳統文化教材與西方科學文明並重,否則即有「駁而不純之弊」。綜而言之,《大學》為成人之學,八德目的終極關懷是指向明明德、新民、止於至善,就儒家德性生命之學而言,為一縱時性、永恆的內聖外王、成己成物的辯證歷程,所致之知為德性生命的體悟,屬於內容真理;但涉及外王事業,內容真理必須貫注於事物現象,兼攝外延知識真理,方乃有所成就。就吳德功的論述脈絡,完整的新式教育,必須學習格致商工之學,與誠意正心修身之德。格致商工之智以為學,誠意正心之德以做人,相當於智育與德育並重的觀念。智與德並列是分析性思維,而其所致之知為宇宙萬事萬物之理,屬於外延真理;而修身之德若僅止於「詳言庸德庸行」,或「多識嘉言善行」,失卻「反己而求之」的踐履,仍落實說理、空言、迂疎之譏,淪為一場道德知識的學習。如此論述文化匯通,亦失《大學》格物、致知皆為內攝、反觀自省,再下貫為誠意正心之旨。可以收臺灣文化現代化之效,但長此以往終究不敵西學的現實功利,恐難以維護文化的固有特質。此番論述展現其對儒學發展因革損益的認知,但也呈顯出東西文化相遇激盪之際,傳輸、

〔註14〕吳德功《瑞桃齋文稿》(南投:臺灣省文獻委員會,1992 年),頁 134。

轉譯間存在著模糊、誤讀與創意。

他創新文化的思維，只是要拓展文化內容，融攝現代西方文明。1916 年河東田義一郎主持同志青年會，他肯定青年會社團是現代化同仁協力組織，是世界各國培育傑俊人士的搖籃。作序呼籲要促進與殖民母國同化，尤其須仿其青年會之設，入會即為「入道之門」，「觀古今興廢之蹟，讀泰西沿革之書」，以「革其舊染，務使盛德大業，富有日新」。〔註 15〕仍然延續此一籠統含糊的觀念，將臺灣文化的現代化，視同對現代化西方文明的融攝。此種思維較諸張之洞「中學為體、西學為用」的思維脈絡，更加突顯對儒家文化典範的捍衛情感。

三、素朴的文化我族觀

不過藉由孔教廣大弘通包括萬類的特質，融攝現代化西方文明的論述，固然是知識份子在國族敗亡思想下的奮勵自覺；但以為藉此「洗濯其心，日新之德，以同作新民」，〔註 16〕可以提升臺灣人平等地位，以同化於殖民母國，卻隱含對本土臺灣文化的堅貞自信。1896 年他清國政治典範動搖之際，對日本流露的想像——「徐福揚舫去，三百童男女，養育廣生聚，經載史冊中，曾否真也未」，〔註 17〕連結種族、文化因緣的思考，固然有部分歷史的事實，其實是漢文化母國自持的心態。他 1895 年之前〈香鄰山長大人蔡司馬七秩壽慶官章德芳〉曾讚美蔡香鄰「茲也年當杖國，祚祝懸弧；一線逢南至以加長」；1895 年改隸後〈哭族兄郁堂廣文〉有「豈為吾道窮，斯文脉靡留」語，皆是此一心態的流露。相對於臺灣為鄒魯文化嫡傳，〔註 18〕日本則是別子為宗，中日甲午戰爭標誌著明治維新吸收西學的成效。

因為這種道德關懷、國族敗亡與文化母國嫡系自居的複雜情感，1897 年

〔註 15〕詳吳德功《瑞桃齋文稿》（南投：臺灣省文獻委員會，1992 年），頁 151～154。

〔註 16〕詳吳德功《瑞桃齋文稿》（南投：臺灣省文獻委員會，1992 年），頁 141～142。

〔註 17〕詳吳德功《瑞桃齋詩稿》（南投：臺灣省文獻委員會，1992 年），〈送楊吉臣兄赴東京五古二十韻丙申〉，頁 148～149。

〔註 18〕詳吳德功《瑞桃齋文稿》（南投：臺灣省文獻委員會，1992 年），頁 199。吳德功《瑞桃齋詩稿》（南投：臺灣省文獻委員會，1992 年），頁 160。而此一以臺灣為鄒魯文化嫡傳的心態，亦為日治初期許多傳統文士共同的認知。如王松〈五十初度〉之四有「海濱鄒魯布衣尊，出處依然古道存」之語；詳王松《滄海遺民賸稿》（南投：台灣省文獻委員會，1994 年），頁 39。王則修〈遣愁懷〉言「易代衣冠異，趨時語學狂，可憐鄒魯地，文運亦滄桑」等。王則修《則修先生詩文集》上（台南：台南市立圖書館，2004 年），頁 15。

日本政治典範的建立，就得以超越狹隘的種族族群意識，以漢文化價值判斷的思維，持天命史觀，看待政權的移轉，並且承王道理想，重建政治典範，一種素朴的文化我族觀隱然形成。因此在帝國主義橫行霸道，全球履啟兵釁之際，他忘卻戰爭動盪之際，庶民顛沛流離之苦與對太平歲月的渴望。竟然將窮兵黷武的侵略行動，比諸中土春秋戰國亂局的整頓，祈願「自古人君稱有德，從來王道本無私，何年糾合盟中外？萬國衣冠會一時。」〔註19〕期待日本殖民政權，以王道糾合中外、安定天下。日本在他心目中，不僅是政治典範，更是儒學現代化轉型成功的典範。因此，1900 年臺灣總督兒玉舉辦揚文會，藉「以文會友，以友輔仁之義」以「敦世風、勵績學」，邀集全臺舉人、貢生、廩生等傳統功名之士一百五十人與會，〔註20〕參觀總督府安排的各種現代化設施後，他有五律敘揚文會之盛：

> 盛會揚文赴，歸來笑語溫。友朋欣共述，姻婭喜開罇。大道千鈞挽，
>
> 吾儒一線存。作人歌棫樸，士貴國彌尊。〔註21〕

表面上是肯定官方禮遇之誠，對臺灣現代化建設之功，〔註22〕堪為政治典範開創新猷，因以卸除敵我意識；深層意涵則在於「大道千鈞挽，吾儒一線存」，經過此番殖民政權文明建設的洗禮，傳統知識階層凝結新的共識，喜將臺灣儒學現代化的任務，託付於殖民政權，並且樂觀其成。1915 年民政長官內田嘉吉巡視臺中，他作詩相贈，即稱述其善政為：「欲為立子極，孝子褒獎榮；欲女守婦範，節婦門楣旌；親臨撫番式，鱗介冠裳迎；倡開中學校，海濱鄒魯賡」，〔註23〕稱讚其在新式教育中，延續儒教文化價值意義的貢獻。而殖民母國雖是種族上的他者，但是在漢文化流脈中，被界定為別子為宗、同源變異，因此成為文化上的我族。

這種素朴的文化我族觀，始於政治典範的解構與重構，至揚文會而於焉

〔註19〕詳吳德功《瑞桃齋詩稿》（南投：臺灣省文獻委員會，1992 年），〈統閱公報各國多啟兵端，有關地球全局有感而作〉，頁 152。

〔註20〕揚文會活動自 1900 年 3 月 15 日至 23 日計九日。（明治 33 年）詳吳德功《觀光日記》（南投：臺灣省文獻委員會，1992 年），頁 167。

〔註21〕吳德功《觀光日記》（南投：臺灣省文獻委員會，1992 年），頁 188。

〔註22〕此詩文本抽離解讀，並未有對臺灣現代化建設之功的歌頌。但整個揚文會活動，安排有現代化建設參觀。在此一背景下的文本書寫，整體愉悅讚嘆的氛圍，自然包括有對臺灣現代化建設之功的歌頌。

〔註23〕詳吳德功《瑞桃齋文稿》（南投：臺灣省文獻委員會，1992 年），〈贈內田長官巡視臺中〉，頁 222～223。

定型，民政局長後藤新平的演說，則有綜述定調之功：

> 帝國皇統一系，國祚興隆，與天壤無窮，迄今二千五百年，金甌無
> 缺，國運之振興，教育之進步，漢文自王仁齎入，釋教自印度流
> 來，泰西文學亦喜為採納，皆能與之融和而得其要領。（案：融和
> 當作融合）余非不知漢文之高雅優美而欲廢之也，惟先示以易知易
> 學之方，故首教以國語，繼公學校、師範學校，將來文運長進，更
> 設專門學校以期鞏固利用厚生之根柢，養成有用之才。此次之揚文
> 會即發揚大人之學，即大人之道。大學言明德新民，又曰格物致
> 知，湯言日日新，康誥言作新民，無非欲使人格考窮理，使德業富
> 有日新也。爾等皆博學之士，歸去當教迪後進，庶無負督憲表揚文
> 之意。〔註24〕

演說論述重點有三，其一、強調日本國祚興隆的關鍵，在於能兼容並蓄，兼攝漢文、釋教、泰西文學，以示其文化之博大深厚，優越於臺灣；並展現其對於臺灣漢文化的了解。其二、文化之博大深厚在於能富有日新，臺灣文化必須與時俱進，接納日本文明，才能現代化，加強厚用、利生等現代文明之學，養成有用之才，才能圖謀發展。其三、重申揚文會「以文會友，以友輔仁」之意，乃在發揚大人之學，如《大學》所言「明德新民」「格物致知」。至於子弟教育「先示以易知易學之方」，仍以日本國語為宗。

　　這種官方言論，蘊含統治者攏絡、教化、威嚇的意圖，但就臺灣傳統知識階層角度解讀，在國族敗亡與漢文化母國嫡系自居的情感下，不免將日本視作革新典範，興起「有為者亦若是」的仿效之情。其將《大學》「明德新民」與「格物致知」，平行並列為德育與智育兩個脈絡，以「格物致知」解讀為匯通西學。與吳德功〈讀《朱子小學》書後〉，格致商工之智以為學，誠意正心之德以做人，智育與德育並重的觀念相符。就吳氏解讀，尤其展現孔教包括萬類的尊榮，也為儒教的現代化建立根本自信。觀察吳德功關於當代儒學現代性議題的論述，與後藤新平演說的觀點對照，雖然思維的背景因素不同，但歷史語境中政治與文化間的共震效應可見一斑。

四、儒教聖道觀在歷史語境中的侷限與超越

　　文化是族群在歷史語境中長期積澱、發展的智慧，政治權力可以快速介

〔註24〕吳德功《觀光日記》（南投：臺灣省文獻委員會，1992年），頁172～173。

入空間、身體的論述,遂行政統意志;但對思想、文化的干擾,在傳譯、轉化與創造間,涉及人的主體意識,往往游移變異。或有政統支配道統,文化漸趨銷亡,徒留蛛絲馬跡,供後人探索;亦有政統反成為創造助力,異質文化截長補短,匯通融攝,創新格局,慧命因以綿延不絕。吳德功近似後者,但相對於反殖民主義論述,不免曝露文化論述與政治策略的糾纏曖昧。

（一）傳統儒學教養下的學思格局──學術與政教的融滲

文化論述是學術,是超然客觀的社會觀察;政教是國族教化,則不免涉及政權持有者主觀意識形態的傳輸。文化論述與政治策略糾纏含混的思維,在反殖民主義論述脈絡下,固然突顯對殖民政權的妥協,事實上,與他在傳統儒學教養下的學思格局格局息息相關。1916 年台灣總督府編纂《台灣列紳傳》,對他的載述是:

> 吳德功,清朝貢生也。資性淳樸,學殖深遠,名聲冠於地方。明治三十年登庸參事,(1897)襲職到于今。忠誠惻篤,急公好義。邑中大小事件,人無不就謀,謀而莫不通。家產約二萬五千圓,亦是彰化名族也。明治三十年五月授紳章,年今六十七。〔註25〕

文本雖然代表殖民者的言說,但綜觀其一生行誼,無論置諸清領時期,而或殖民地階段,皆一以貫之不出乎此一格局。

他的傳統儒學教養,的確學殖深遠,古遠者源自中原文化典範的複製,標舉儒家經世濟民的理想,與充實飽滿的人格典型;其縱深則有承自晚清乾嘉學風,兼攝義理、考證、詞章三者合一,展現務實、經世的趨勢;亦有延續福建朱子學一脈,注重篤行實踐與倫常切用;尤其浸潤著移民庶民次文化的靈祐信仰,突出儒學庸俗化的功利性。總之,環繞中原文化核心典範,他所開展的是邊陲基層文士的儒教文化格局,其中缺乏嚴謹的儒家學術系統,但蘊含儒家價值判斷;捨棄宋明義理學由體達用的系統論述,而順著時代風尚與原鄉文化,重視日常人倫實踐;擱置儒學挺立人格主體的自力救贖意義,而彰顯庶民信仰他力救贖的善惡果報。(另詳第一章)

吳德功以淳樸之資,地方士紳之流,致力於科舉之途近四十載,清領時期即熱心參與官方活動,或協助幕僚事宜,或相與遊藝酬唱,而或支援推動地方公益,展現實踐經世濟民理想的意圖;中原宦遊德望官僚,則是他儒家經世濟民理想人格的典範。(另詳第一章之一)歷史語境的潛移默化,價值判

〔註25〕臺灣總督府編《臺灣列紳傳》(臺北:台灣日日新報社,1916 年),頁 182。

斷中滲透著官方思維。日治時期，他仍以漢學為媒介，與日本宦遊人士往來互動，而儒教的人道情懷、人格典範、王道政治的價值思維等，仍然流露在詩歌酬唱中。（另詳第二章三之一）他情感性的標舉孔教包括萬類，復主張以《大學》格物、致知兼攝西方文明，固然寓有知識份子敗亡思想下，延續文化慧命的理想；但與後藤新平在揚文會中的演說如出一轍，亦可看出日本殖民政策，對於儒學論述的影響。

　　由此可知，在儒教文化歷史語境中，性格、名望、階層網絡錯綜連結，形塑他「忠誠悃篤，急公好義」的特質，這是儒教注重篤行實踐與倫常切用的展現；同時也是統治者介入文化價值論述，基於大我安定和諧需求，所標舉的國民典範。無論是清朝官方，或是日本殖民政權觀點，他都是皇權的附從者，擁有皇權延伸而來的紳權；他的文化格局，自然帶有濃厚的官方思維，儒學價值與儒教信仰相互融滲。這種儒教文化格局，儒學價值判斷，容易脫離生動活潑的存在語境，異質化為固著、孤懸的形式律則。尤其是當統治者介入文化價值論述，大我安定和諧的需求，無限凌駕於人格主體意義之上，價值判斷失去抉擇自主性，容易淪為政治附庸，甚而成為吃人禮教。他對日本遂行其帝國主義侵略行動，比諸中土春秋戰國亂局的王道整頓，未能覺察到戰爭侵略與人文關懷之旨的悖反，這種文化論述與政治策略糾纏含混的思維，居於關鍵因素。

（二）世變中儒學務實致用展現的特色──儒學向禮教的游移

　　儒學與禮教的游移，是活活潑潑的生命之學，向俗世教律的偏移。儒教文化格局，是儒學注重篤行實踐與倫常切用特質，在臺灣基層文士的實踐與移轉，可以說是為儒教之用的突顯。因此，他對佛教以地獄因果普施之說化民，代替禮樂詩書之教，視同「孔子之救中國」，持肯定的態度：

> 中國自三代而下，綱常名教相維繫，使人知善善惡惡，若仁義道德之微，身心性命之奧，非明智不足以知之，誠難以責諸愚夫婦也。去古逾遠，風俗人心日壞，傲狼頑淫，爭奪擄殺，中國之去蠻夷幾何矣。又濟之以巧詐深文、三綱五常之說，皆習聞厭聽之。于此有人焉，獨以其地獄因果之說進言，（案：地嶽當作地獄）使兇淫之人，皆回心而聽命，而於世道人心，亦無不裨益。〔註26〕

〔註26〕吳德功《瑞桃齋文稿》（南投：臺灣省文獻委員會，1992年），〈中元普度說〉，頁290～291。

他認為三代「綱常名教」之始,「使人知善善惡惡」具體易懂;較諸「仁義道德之微,身心性命之奧」,更能敦厚人心、化民成俗,收教化之效。但後世風俗人心日壞,綱常名教繁文縟節益甚,反淪為習聞厭聽的口頭禪,失去教化意義。不如以地獄因果之說,藉果報之苦威嚇喝止,使人回心向善。文本稱中土為「中國」,宜是書寫於日治時期,但仍然展現一貫的儒教文化格局。使人知「仁義道德之微,身心性命之奧」,是儒家生命之學品格教育的宗旨。藉由主體明覺思辨、知是知非,由此足以挺立道德主體,進退有節,臨事不苟,一生俯仰無愧。捨此代之以「綱常名教」「使人知善善惡惡」,突顯品格教育的規範性與他律性,雖偏離道德主體自覺自律的特質,但施之於文治初啟民智未開的時代,的確有庶民教化的便利性。但「綱常名教」失靈後,轉而意圖以更震撼的宗教因果之說,威嚇夾持以使人向善。是則思辨退位,代之以戒律禁令規範,彰揚政治教化的權威。凡此過度突顯教化秩序,忽略存在抉擇的自覺,捨本逐末,非國家培育人才之道;基本上是官方角度的政治思維,帶有士紳精英領導階層施行教化的優越意識。文化是一種精神素養與態度,必須永遠與時俱進,才見其源泉活水汩汩不絕。若失其盎然生機、僵滯不靈,失卻通變之方,則是文化學術的自我異化與偏離。

這種文化論述自我異化與偏離的思維,可以證諸對節孝的表揚。1886 年纂寫《彰化節孝冊》(光緒 12 年),為節婦立傳,後來臺灣府程起鶚、陳文騄、邑令李嘉棠,命建祠宇,又與蔡德芳倡捐募款;乙未之役原版名冊亡佚,1900 年重新纂輯,並請彰化廳長須田綱鑑旌表,春、秋地方官致祭,著為成例。〔註27〕其〈自序〉曰:

> 伏以潛德幽光,宜流傳於不朽;而時移世易,恐歷久以就湮。夫以婦人之守節,吃盡辛苦於生前,宜享盛名於身後。乃其間未經采訪、與草木同腐者,不知凡幾。即幸已蒙旌表,而姓氏未泐諸貞珉,滄桑一變,老成凋謝,勢必星散無存。此節孝名冊之刻,所由亟也。〔註28〕

此一「以婦人之守節,吃盡辛苦於生前,宜享盛名於身後」,故響應官府之議,捐資興建祠宇,並一再纂刻節孝名冊,以發潛德幽光的意圖,其實透顯他對節孝典範的重視。而當時對於節孝的界定,據〈節孝名稱及報請理由〉所述:

〔註27〕詳吳德功《彰化節孝冊》(南投:臺灣省文獻委員會,1992 年),頁 191〜192。
〔註28〕吳德功《彰化節孝冊》(南投:臺灣省文獻委員會,1992 年),頁 191。

　　婦人嫁後，夫死殉死者曰烈婦。未過門聞夫死而守節至六年者〔曰〕
　　節婦；身故始可報請旌表。若現存節孝婦，守至五十歲始可報請旌
　　表。但凡節婦或養公姑育子，使夫祀不絕，故謂之孝。報節孝者，
　　紳士舉報，內中造明節婦履歷書，居何所，何年嫁，夫何人，居何
　　所，夫何年死，節婦幾年死，必有左右鄰及族長出結保證果係守節
　　清白，不敢冒報。〔註29〕

節孝為儒家倫理價值，家庭倫理中的孝悌之道，在內聖外王的道德實踐架構
中，是行仁的基礎，仁是一切道德實踐的內在精神，蘊含有良知、良覺、抉
擇等主體意識。節是一種堅持與信守，人無信不立，誠信與否仍須衡諸內在
仁德之有無，而後出以良知的裁斷。文本所述「夫死殉死者曰烈婦」、「未過
門聞夫死而守節至六年者曰節婦」、「凡節婦或養公姑育子，使夫祀不絕，故
謂之孝」等，關於節孝的界定，彰顯的是婚約的約束性，與女性在婚姻生活
中的戒律。在婚約權威無限上綱下，人與人之間親切的交流感動，人飢己飢、
人溺己溺的人本關懷，皆淹沒在僵化的綱常名教之下。此一節孝教令的觀念，
固然有歷史發展的背景，但其中所透顯的是官方父權意識，藉德性之名對婦
女身體的形塑與控制。因此生命的基本特質愛與自由，皆未得到尊重；儒家
愛人的倫理價值，蕩然無存，唯有淪為吃人禮教而已。
　　這種游移於學與教之間的儒教價值思維，在政權輪替之際，政治的投
機趨附游移者，經常以「權變」之姿，為政策宣傳。吳德功非此類機會主
義者，但 1912 年作〈祭征番討伐隊殉難文有序〉，〔註30〕即透顯強烈的官方
思維：

　　……前清劉帥，奏請徂征，疊次攻擊，（案：疊當作迭）損厥威稜。
　　迨我爵帥，恩威並行，多方撫恤，冀通番情。導引觀光，賜給鼎烹，
　　教育番童，誘其聰明。奈彼野蠻，反惻無恒；旋撫旋叛，勢益縱橫。
　　爵帥赫怒，三路進兵……諸公冒險前進，甘作犧牲，捐軀報國，大
　　奮膚懲。存為國士，沒為神靈；（案：沒當作歿）顯彰和膽，永鎮山
　　營。遺骸歸葬，幢旛表旌，史乘垂芳，碑碣鐫銘……〔註31〕

〔註29〕吳德功《彰化節孝冊》（南投：臺灣省文獻委員會，1992 年），頁 193。
〔註30〕篇首序言：致祭日期為「明治四十五年，三月二十有一日」。（1912）詳吳德
　　　　功《瑞桃齋文稿》（南投：臺灣省文獻委員會，1992 年），頁 159。故知作於
　　　　1912 年。
〔註31〕吳德功《瑞桃齋文稿》（南投：臺灣省文獻委員會，1992 年），頁 159～160。

征伐、撫恤「番族」，自清領時期已然；但無論政權歸屬為誰，種族上總是異族，因此「反惻無恒，旋撫旋叛」的原因，可能相當複雜。而我族與他者的鑿枘難合，異文化的扞格不入，統治者與庶民百姓的階層疏離等；乃至由此所構成官方思維的侷限，導致決策過當，應該更為關鍵。文本顯示吳德功思維，自清領以迄日治的一貫性，以官方和諧安定的統治秩序訴求，詮釋征討「番族」的正當性；進而由此讚揚討伐隊殉難的壯舉，是「存為國士，沒為神靈」，足以留芳青史。仍是官方父權對國民身體意義的價值判斷。但這種思維與其說是對統治者的妥協，毋寧說是一種習焉不察的儒教文化格局，諸如儒學盡己之謂忠的思想，隨著中原儒學東傳，帶著移民社會的動盪危疑，島國文化的功利性格，忠的自律自主的權衡精神，異化為「犧牲小我、完成大我」的團隊教條。因此對待異文化的原住民族，以漢文化標準衡量——華夷之辨，視之為「反惻無恒，旋撫旋叛」的野蠻之「番」，應予征伐警懲；缺乏異文化衝擊中，以大事小的氣度與智慧。〔註 32〕而我族國士，則應同仇敵愾，「捐軀報國，大奮膺懲」；扭曲威武不屈的勇者形象，是價值觀的錯置。殆如思以果報之苦威嚇喝止，取代「仁義道德之微，身心性命之奧」，都是儒學融入移民社會海洋文化務實、功利特質，在臺灣基層文士的實踐與移轉。

（三）新民想像與在地變異——文化對話與詮釋創意

儒教務實致用性格的突顯，在文化論述的自我異化與悖離下，隱藏著為官方政策宣導的危機，因此在與殖民政權代表的現代新文化展開對話之際，自然容易受到新政治典範思維的干擾，造成文化論述與政治策略再度的糾纏、含混。就當時臺灣傳統知識階層而言，新政治典範的建構，並非純然為一政治命題，其中關涉著知識份子在世變中安身立命的智慧；唯有透過價值意義的再建構，連結清國與日本為一貫的臺灣歷史，與一脈相承的漢文化發展空

〔註32〕異文化衝擊中，難免有大國小國、強勢弱勢之實，孟子與齊宣王的一段問答，勘作為培養多元文化涵養的提醒。齊宣王問曰：「交鄰國有道乎？」孟子曰：「有。惟仁者為能以大事小，是故湯事葛；文王事昆夷。惟智者能以小事大，是故大王事獯鬻；句踐事吳。以大事小者，樂天者也。以小事大者，畏天者也。樂天者保天下，畏天者保其國。」詳《四書纂疏》（臺北：學海出版社，1977 年），〈孟子・梁惠王章句下〉，頁 369。仁者強調以軒昂氣度自然包融，智者強調守經達變適時而動。雖然形勢高低不同，或為樂天，或為畏天。但以天理為依歸，而不用其私心，是唯一的通則。觀諸〈祭征番討伐隊殉難文有序〉一文對儒教之用的突顯，正是文化之學向禮教意識形態的轉化。

間，才能避免生命價值意義之流的斷裂。因此，政治典範的解構與重建，往往也開展異文化對話的契機。

「新民」一詞，就吳德功而言，第一層意涵是改隸新政權。他嫻熟史鑑義例，滄桑世變，曾參與臺灣民主國抗日，日本領臺初期，參加籠絡傳統士紳的揚文會，以歷史現場觀察者自居，著《讓臺記》、《觀光日記》，大有司馬遷作《史記》：「略考其行事，總其終始，稽其成敗興廢之紀」的歷史意識。〔註33〕持天命史觀，跳脫主觀情緒慣性的依附意識，避開異族殖民的思考；從客觀文化、政治、社會共構體系匯聚的交互作用，以歷代政權遞嬗，看待清國政權的轉移。天命史觀固然是一種漢文化傳統，但也是政治存在語境中的思維。這種政治思維，萌芽於乙未讓臺以降的見聞感受，（另詳第二章之二）因此對殖民政權開始有善意的想像，藉徐福渡日連結同文同種的因緣；並且對有日裔血統的明朝遺臣鄭成功，重新予以解讀，肯定其一腔忠憤的抗清意識，與對臺灣漢文化的啟迪之功。〔註34〕巧妙的轉移清國認同，又復從漢文化的角度，將異族轉化為同文同種的我族，凡此皆可看出是因應殖民政權所激發的新文化觀點。但此一新思維如同老幹新枝的組合，仍固著在傳統儒教價值意義的基礎上。

以政治典範的重建而言，雖然仍是基於現實殖民政權歷史語境的考量，儒家王道理想仍是核心價值。1896 年乙未、丙申事變前後，在對太平歲月的期待下，他對總督府書記白井新太郎的期望是「薰蕕分異類，苗莠判當前」、「聖王無別政，樂利更親賢」。王道的意涵，在於親近賢者，廣納諫言，保護良民。〔註35〕帝國主義興盛，全球征戰不斷，他則期盼「自古人君稱有德，

〔註33〕詳司馬遷〈報仁少卿書〉，收入昭明太子《文選》（臺北：藝文，1979 年九版），卷 41，頁 592。

〔註34〕詳吳德功《瑞桃齋文稿》（南投：臺灣省文獻委員會，1992 年），〈鄭成功論〉，頁 54。同時新竹詩人王松亦持此論，稱鄭成功為「開臺第一偉人」；其收錄吳德功師蔡醒甫〈謁延平王廟〉七律四首，與沈葆楨重修王廟楹帖所署：「開萬古得未曾有之奇，洪荒留此山川，作遺民世界；極一生無可如何之遇，缺憾還諸天地，是刱格完人」，詳王松《臺陽詩話》（南投：臺灣省文獻會，1994年），上卷，頁 1。皆同此觀點。可知晚清對於鄭成功評價，已跳脫敵對思維，肯定其對臺文明開發之功。事實上，鄭成功治台翌年，即英年早逝；真正文明的開啟，始自其子鄭經。但此一觀點，迄乎日治時期，更為受到認同，與特殊歷史現實語境有關。

〔註35〕詳吳德功《瑞桃齋詩稿》（南投：臺灣省文獻委員會，1992 年），〈敬次白子澄星使贈開東原韻〉，頁 152。

從來王道本無私，何年糾合盟中外？萬國衣冠會一時。」〔註36〕實施王道的
範圍，從我族擴及全球，展現現代性意涵的國際視野。因此1904年、1907年
日俄戰爭，臺灣總督兒玉源太郎、乃木希典擊敗俄軍之事，〔註37〕皆視之為
王師出征，無視於日本作為帝國霸權，在亞洲侵略者的角色。1900年參加揚
文會之後，王道實踐的現代性內涵更加豐富，例如：建制科層體制行政組織，
設立新式教育學校，建立師資培育系統，興修現代化民生建設，興建產業機
構，破除不良慣習，成立民間協力社團組織等。〔註38〕（另詳本章之三）可
見儒教文化的王道理想，雖在政治干擾下，與日式西方文明碰觸，但是的確
藉此契機以因革損益，在聖道德性系統下，拓展了儒教文化現代性的格局。
事實上，1895至1919年止二十四年，為殖民政權初期武官總督時代，抗日騷
動、鎮壓報復不斷；皇民化政策推動，尤其造成文化空間的裂變。吳德功文
本呈顯者，則多為正大光明，符合儒教政治典範的面向。其中固然有存在語
境中，言說方式權變必要性的考量，文化對話受到政治現實的干擾，並且隱
含有本土在地的侷限與變異，不言可喻。但也為改隸新政權，建立價值意義，
提供合理化的詮釋。

　　「新民」的第二層意涵，是接受現代化文明的洗禮。吳德功最早提出「新
民」一詞，見於1902年〈日新俱樂部序〉一文：

　　……本島自歸　帝國版圖以來，沐文明之治理，而群黎百姓氣象為
　　之一新，被文教之化育，而後生小子，耳目為之一新，故首冠之以
　　日新也……亦冀諸同人於安樂之中，不忘憂患，而洗濯其心，日新
　　之德，以同作新民云爾。〔註39〕

〔註36〕詳吳德功《瑞桃齋詩稿》（南投：臺灣省文獻委員會，1992年），〈統閱公報各
　　　　國多啟兵端，有關地球全局有感而作〉，頁152。此詩仍然透顯出強烈的文化
　　　　論述的自我異化與偏離。
〔註37〕詳吳德功《瑞桃齋詩稿》（南投：臺灣省文獻委員會，1992年），頁214～215、
　　　　198、216。
〔註38〕《瑞桃齋詩稿》《瑞桃齋文稿》所述外，《觀光日記》關於日人現代化建設記
　　　　載最為完整詳細。據林淑慧整理《觀光日記》參觀行程一覽表，將日人安排
　　　　參觀的現代化建設，分為軍事、警備、產業、醫學、通訊、教育、測量、法
　　　　律等，計八類二十二處。詳林淑慧〈世變下的書寫──吳德功散文之文化論
　　　　述‧附錄〉（國家臺灣文學館籌備處《臺灣文學研究學報》第4期，2007年4
　　　　月），頁34～35。
〔註39〕吳德功《瑞桃齋文稿》（南投：臺灣省文獻委員會，1992年），〈日新俱樂部序〉，
　　　　頁141～142。

改隸新政權七年後，臺灣民眾因「沐文明之治理」「被文教之化育」，而一新氣象，可見殖民母國現代化教育的成效。但他仍鼓勵俱樂部同仁，要「洗濯其心，日新之德，以同作新民」。他認為新民的培養，一者加強現代化教育訓練，二者要提升道德涵養。仍是在傳統儒教德性系統下，以格物致知融攝西方現代文明的格局。但落實到文化歷史語境中，這種新民想像的論述，不免展現文化與政治複雜曖昧的糾葛。

　　「沐文明之治理」而「一新氣象」，是在政治典範中突顯文化議題；「被文教之化育」以「一新耳目」，則在文化議題中潛藏國家政策。就殖民政權而言，新民即是新殖民，既是非我族類，抑且落後低俗，必須經過文明治理，改造新品格，建立新氣象；青少年則需接受文明教育，學習新知識，成為可用之才。國家殖民政策決定文化發展，去清國化以塑造次等新皇民，是教育、文化發展的理想目標。吳德功「同作新民」的想像，則是他對臺灣文化現代化議題的實踐；雖然標舉政治典範的學習，但「沐文明之治理」「被文教之化育」是作為環境資源，真正的目的在於「一新氣象」「一新耳目」，藉國家政策促進臺灣文化發展。其中有漢文化精神的堅持，有西方現代性文明的取經，更有政治上強國強種的期盼。因此，1913 年林獻堂，請求臺灣總督府創設私立臺中中學，他鼎力協助；1914 年響應日人坂垣退助成立同化會，皆試圖藉以謀在臺日人與臺人和睦相處，並提升臺人平等地位。在〈中秋彰化公園觀月序〉中，〔註40〕即將臺日官民齊聚同樂，稱為「同化懇親會」，在新民想像中，進一步認同「同化」的觀念，1916年書寫〈同志青年會序〉，〔註41〕仍然延續此一思維，呼籲與殖民母國同化，強國強種的意圖更為突顯。〔註42〕

五、結語——期待胸懷萬卷能闡聖道的文化格局

　　乙未改隸後吳德功對儒教聖道的再詮釋，疏解了政治認同與儒教價值的

〔註40〕詳吳德功《瑞桃齋文稿》（南投：臺灣省文獻委員會，1992 年），頁 155～156。

〔註41〕詳吳德功《瑞桃齋詩稿》（南投：臺灣省文獻委員會，1992 年），〈時丙辰秋七月望日，青年會長河東田義一郎及同仁同遊日月潭，爰作七律以咏其事，並步前輩四律原韻列于後〉，頁 229～231。

〔註42〕1920 年，林獻堂與臺灣在東京的留學生蔡惠如、林呈祿、蔡式穀、蔡培火等成立「新民會」，以推展臺灣政治改革，及啟發島民思想為目標。並提議創辦雜誌，宣傳理念，擴大影響。雜誌幾經沿革，1930 年 3 月定名為《臺灣新民報》。可見「新民」一詞，就日本殖民政權而言，是教化新附之民，使能歸順為人力資源。就臺民而言，則有複雜辯證的認同思維。

矛盾。雖然其中有文化論述與政治策略的相互融滲，亦有文化論述的自我異化與悖離，但也隱藏著對特殊殖民語境的回應。1900 年揚文會中後藤新平的論述，以《大學》「明德新民」與「格物致知」，發揚大人之學，匯通西學的儒教文化格局，對他應該具有相當的鼓舞，從 1902 年新民說的想像可見一斑。此一論述固然有改隸後歷史現場的觀察體會，但吳德功從後藤新平論述中，解讀到孔教包括萬類的尊榮，建立儒教現代化的根本自信；並且疏解殖民政權取代清國成為新政治典範的不安。在政治夾縫中，以被殖民者素朴的文化願景，將殖民政權轉化成為協力文化改革的我族。吳德功竭力主張同化於殖民母國，以同作新民；在政治認同外，寄寓有延續文化慧命的苦心孤詣。此種海洋文化性格多元開放的詮釋創意，寄寓著知識份子在國族敗亡思想下，轉而藉由臺灣文化的現代化，提升臺灣人平等地位的期待，偏離日本殖民政策的企圖。但同時也隱藏政策掛帥，導致皇民化的危機，這是世變中傳統知識份子的侷限與超越。

第四章　《瑞桃齋詩話》文化詩話學的表現特質

　　文類是一種文體基調的區分，形式上可以從字法句法、章法結構、遣辭用韻等辨識，內容上可以就題材範疇、命題主軸等觀察，深層的內容風格往往也蘊含共同的韻致。因此，從文類的形成與發展觀察，文類作為表現媒介，既具有文學屬性，同時也與時代文化聲息相通。吳德功《瑞桃齋詩話》文本書寫，縱貫乙未變局前後，〔註1〕政治典範從清國移轉至日本，文化典範則延續儒教價值，融入臺灣文化現代性的思維。詩話文本只是個人詩歌理論的論述？而或抑且反映特殊歷史語境？若此，其書寫表現如何？在此一文類書寫下，隱藏何種觀照理念？

一、近代傳統詩話的跨域傾向與文化詩話學觀念

　　清代以前傳統漢語詩話文類，形式上以「詩＋文」的體例呈現，內容方

〔註1〕《瑞桃齋詩話》文本書寫時間無法查考，見存最早版本，是吳德功大正十年（1921）寄贈臺灣總督府圖書館，可知文本成書應在此年以前。其〈序〉有：「當日曾揖詩法一編，（案：揖當作輯）集名人緒言，備錄古近體歌行諸法，並采禹域各省名人諸作以示生徒，是目為第一卷。」之言，首卷「詩法」大抵為詩歌教學教材，最初當為教授詩歌創作而編；除日本愛知縣淺野哲夫「論古詩音韻書」，（按：書當作詩）大部分應該完成於乙未割臺之前。其後五卷載錄內容，因涉及各卷主題，無法以文本事件判斷書寫時間。卷六「詩錄」載錄日治時期詩作，可考者最晚為「臺南開元寺」條結城蓄堂〈次僧寶山韻〉，刊於 1898 年 10 月 13 日台灣日日新報，但就卷五「詩史」錄有庚子義和團事件。（1900）詳吳德功《瑞桃齋詩話》（南投：臺灣省文獻委員會，1992 年），〈序〉頁一。「論古詩音韻書」條，頁 51。「臺南開元寺」條，頁 247。「光緒庚子」條，頁 272。知日治初期庚子年間，（1900）仍在持續書寫。

面或探討詩法、鑑賞名篇佳句，或敘本事、指陳得失，以指點、引導的方式，啟發讀者喚醒自身的美感想像，被視作漢語詩學理論。主要的面向是文學，文化是文學的潛在血脈。

近代傳統漢語詩話，〔註2〕形式上仍然維持「詩＋文」的體例，但內容上則展現一種跨域的特質。道光年間福建侯官人林昌彝，著《射鷹樓詩話》，蔡鎮楚《中國詩話史》譽為新派詩話代表作，是「鴉片戰爭的史詩」，〔註3〕細究其故也是如此。如文本載錄英國傾銷鴉片之事：

> 中國以大黃茶葉救夷人之命，夷人反以鴉片流毒之物賺去中國財產，此天怒人怨，為天理所不容，人情所共憤！余嘗有詩云：但望蒼天生有眼，終教白鬼死無皮。家太傅少穆先生見之，為之贊賞累日。〔註4〕

蔡氏指出新派詩話相對於擬古、復古的舊派詩話而言，具有鮮明的時代特色——強烈的愛國精神、銳利的批判鋒芒、提倡新詩鼓吹革命，〔註5〕證諸此段文字的確可以看到作者強烈的愛國精神與銳利的批判鋒芒。但據此可以進一步觀察，針對詩話文類而言，詩話不必然話詩的跨域特質，才是新派詩話的「新」意。觀此載錄「文」的背景敘述居多，「詩」則只「但望蒼天生有眼，終教白鬼死無皮」二句，文本的主題在於「文」，「詩」不過作為收攝佐證而已。所謂「鴉片戰爭的史詩」，「文」的敘述主題，以闡述英國傾銷鴉片之不仁，從敘事結構而言宜是「史＋詩」。

除了敘事結構之外，另一跨域特質展現在「詩」的取材，作為漢語詩學理論的詩話，詩作取材縱使非文學史上的大家，至少亦為耳熟能詳的名家。林氏詩作亦為一時之選，但在文學史長河中，絕非大家或名家之流。而此處載錄跳脫此一文學史思維，採錄個人所作，其他作者「詩」的取材也就可見一斑。〔註6〕此類思維特質加以歸納分類，於是有名媛閨秀詩話、區域性詩話

〔註2〕此處所謂「近代」，係「晚清」泛稱，大約是1840年鴉片戰爭以後。

〔註3〕林昌彝，（1803～1876）字惠常，號鄉溪，道光進士，為林則徐族人，與魏源交善。除《射鷹樓詩話》，尚著有《小石渠閣文集》《海天琴思錄》等。《射鷹樓詩話》二十四卷，清咸豐元年家刻本，（1851）為林氏積十餘年搜輯所得。大量篇幅記述鴉片戰爭史實，表彰抗英愛國志士事跡，抨擊清政府的腐敗無能。詳蔡鎮楚《中國詩話史》（湖南：文藝出版社，1988年），頁326～327。

〔註4〕詳蔡鎮楚《中國詩話史》（湖南：文藝出版社，1988年），頁328。

〔註5〕詳蔡鎮楚《中國詩話史》（湖南：文藝出版社，1988年），頁322～326。

〔註6〕此處所謂「詩」的取材，係針對詩的作者而言，不涉及詩歌體制之新舊。

的書寫，而這也是近代傳統漢語詩話的新格局。此一新格局的轉向，亦影響臺灣早期詩話的書寫，日治初期新竹詩人王松所著《臺陽詩話》，相對於傳統詩話主流文學史的書寫，即展現區域性詩話的特色，偏離文學主題與取材文學史大家的面向，以個人活動為線索，從新竹擴展觀照臺灣區域，運用傳統詩論比與諷寓的觀點，以詩話為史，書寫臺灣漢文化記憶。〔註7〕

　　如此作為漢語詩學理論的詩話，已然產生質變，歷史文化面向提升擠壓到文學範疇，成為詩話文類書寫的又一視域。傳統詩話學是論詩之學，詩家、論者與讀者往往三位一體，同仁社群在文化意識上，縱然有其時代、社會階層、區域人文而或個人性情偏好的特殊性，相對於庶民大眾的文化型態，則呈顯出歷史主流文化的共識。因而論詩是就詩論詩，人格即風格，文化共識自然隱藏在文學氣脈中，讀者在指點、引導下，容易喚醒自身的美感想像，毋須再訴諸文化論說。近代詩話跨域的特質，突出文體、題材、書寫主題的特殊性，作為這種近代詩話書寫理念的詩話學，形式上仍以「詩＋文」的體例呈現，但「文」往往躍居敘述主題，書寫內容則更加繽紛多彩，文學論述外，時代、社會階層、區域地理人文乃至歷史文化因素、個人性情等，皆成為表意實踐中重要參數。因此詩話學視域更加恢闊，除純文學與文學論述的領域，抑且兼攝詩、文化與論述，發展出文化詩話學理念。就詩家而言，詩作選入詩話，可作詩讀，可作文化符碼解。可能釐清創作本意，也可能節外生枝歧出為他事效勞。至於個人文學地位，也毋須過度措意。就詩話作者而言，固然具備相當的詩歌鑑賞能力，但觀照的層面，更突顯個人社會文化的關懷，寄寓個人的思想意圖。對文類體式的運用，才能展現創造性。基於上述諸多可能，作為詩話的讀者，必須在歷史語境中，知人論世，以意逆志，跳脫純文學藝術鑑賞的思維，避免落到語言糟粕的陷阱，才能披砂揀金，探驪得珠，洞見詩話文本的深層義蘊。

二、跨域書寫的形式表現

　　吳德功《瑞桃齋詩話》文本書寫，約與王松《臺陽詩話》同一時期，二者皆為臺灣傳統士人，經歷乙未歷史變局，遭遇移民／遺民／棄民／被殖民的身分轉換，我族與他者的認同探索，是他們共同的生命課題。但後者以詩

〔註7〕詳林美秀《王松詩話與詩的現代詮釋》（高雄：春暉出版社，2007年），頁27～40。

人狂狷不羈角色著稱；吳德功則突顯為彬彬儒士的形象，以學識淵博、嫻熟史鑑義例、熱心公益望重一方。因此同一歷史、文化語境下的詩話書寫，一者展現共時性跨域書寫的特質，再者透顯個別主體發言位置的特殊性。吳德功以其個別主體的特殊性，對詩話跨域書寫的實踐，可以就題材、文體、文化類群三個層面觀察。

（一）題材

《瑞桃齋詩話》文本計分為六卷，他在〈序〉中自道文本取材範疇：

……當日曾揖詩法一編，（案：揖當作輯）集名人緒言，備錄古近體歌行諸法，並采禹域各省名人諸作以示生徒，是目為第一卷。清康熙乾隆右文，常與諸臣唱和，不遜於虞廷賡歌，二次開博學宏緒科，（案：宏緒當作宏詞）拔取寒畯江南三布衣，一時應制文字多出其手，立致通顯盛矣哉，故為第二卷。本島流寓名流，及其有關本島勝跡，其詩亦錄為第三卷。詩鐘之作，湖北易順鼎等及福州文人所作佳句；光緒庚寅臺中設府治，（1890）各縣老師皆駐彰化，僕與諸友唱和，及蔡醒甫先生荔譜吟社，及唐撫臺與名流吟詠佳聯皆錄入，為第四卷。甲申法國寇臺，（1884）及戊戌清廷政變，（1898）其詩以記時事是謂詩史，錄入為第五卷。台灣初入帝國版圖，明治三十年，（1897）內地諸名宿來遊台北，每日報紙刊詩數十首，僕諳之大為激賞，（案：嘗當作賞）錄之為第六卷。〔註8〕

此段敘述與文中各卷安排次第略有出入，〔註9〕但不影響內容特質。就〈序〉所言各卷題材主題不同，卷一〈詩法〉為教學講義，題材主要有「集名人緒

〔註8〕 吳德功《瑞桃齋詩話》（南投：臺灣省文獻委員會，1992 年），〈序〉，頁 2～3。

〔註9〕 第五卷〈詩史〉下附註：「清國有關於國事者及日本」，第六卷〈詩錄〉下附註：「內地詩章及新聞摘錄」。但觀卷內所錄詩作性質，卷五、卷六卷內載錄文本內容性質，前後順序倒換。詳吳德功《瑞桃齋詩話》（南投：臺灣省文獻委員會，1992 年），頁 209～275。原置卷五各條，宜調整至卷六；卷六除末三條「伊藤博文次三洲詩」條、「新詩綜撫松水詩」條、「李攀龍萬里銀河詩」條等，留置原卷外；其餘應移換至卷五，以符卷下附註及〈序〉中自道之旨。「李攀龍萬里銀河詩」條置於卷六末，亦與該卷主題不合，原因不得其詳。臺灣省文獻委員會版《瑞桃齋詩話》，係依據吳氏 1919 年寄贈手抄稿本影印，出版過程卷一部分錯簡。另詳江寶釵《瑞桃齋詩話校註》（高雄：麗文文化事業有限公司，2009 年），頁 65～126。卷五、卷六卷內載錄文本內容誤置，致失〈序〉言及卷下附註之旨，因卷下附註與卷首錄詩同置一頁，非影印出版錯簡之故，論者以為係抄寫者誤植。

言，備錄古近體歌行諸法」，與「采禹域各省名人諸作」二個部分，包括古詩、樂府、絕句、律詩等詩學理論，以及二十三則清代著名詩人簡介，頗能呈現清代文學梗概；〔註 10〕是典型的詩話取材，但捨棄通史式的大家取例思維，突顯近代傳承的斷代觀照。

卷二〈佳話〉為清朝康熙、雍正、乾隆、嘉慶時期，君臣應制唱和掌故，如：

> 錢塘梁文莊公詩正，受憲廟高廟兩朝知遇，出入館閣，入直樞垣，恩榮備至，父年八十，乞假歸養，上賜詩云：身依東壁圖書府，家在西湖山水間。又御書「湖山養福」四字賜之，可謂極文人之榮矣。〔註 11〕

前段「受憲廟高廟兩朝知遇」敘其所受榮寵，後段載錄賜詩「身依東壁圖書府，家在西湖山水間」、賜書「湖山養福」之事，而以「可謂極文人之榮」評語作結。此類題材固然蘊含文學領域品評、鑑賞的功能，但「詩」的重要性削減，退出主題位置，提供知識社群閒談、增廣見聞的趣味性，取代文學領域的意義。

卷三〈詩遺〉收錄「本島流寓名流，及其有關本島勝跡」之作，〔註 12〕題材規範在特定身分人物「本島流寓名流」的產製，與臺灣區域景點的書寫，並且將時間劃定在日治以前，無論詩家、地域、時代等，皆跳脫中原典範的文學史思維，展現對區域性詩話書寫的重視。卷四〈詩鐘〉記載中國湖北、福州，及臺灣詩鐘活動與佳作，並列舉各種體格。「詩鐘」活動有體格與創作時間的限制，突顯創作者文思的敏捷與機巧，雖然屬於詩歌文學論述範疇，可以增加詩歌習作的趣味性，提供文藝社群的交遊消遣，但文學藝術性相對受到貶抑。

〔註 10〕 卷一〈詩法〉末錄有「論古詩音韻書」一則，為日人淺野哲夫之作。詳吳德功《瑞桃齋詩話》（南投：臺灣省文獻委員會，1992 年），頁 51。應是改隸後增補，非為清領時期教學教材。

〔註 11〕 吳德功《瑞桃齋詩話》（南投：臺灣省文獻委員會，1992 年），頁 61～62。

〔註 12〕 其中「愛知縣淺野哲夫」條，淺野哲夫為日人，此則下有「大正元年登東京風雅報」之語，大正元年為 1912 年，但前此已與吳德功有詩文相質之舉，詳吳德功《瑞桃齋詩話》（南投：臺灣省文獻委員會，1992 年），頁 154。卷三收錄日治以前文本，此則歸置於此，推測是謄抄之誤。又「百菊齋齡」條，記載百菊齋齡年逾六旬得子，蒙上褒答賞賜掌故。詳吳德功《瑞桃齋詩話》（南投：臺灣省文獻委員會，1992 年），頁 155。性質與卷二〈佳話〉相同，宜移歸卷二。超越卷三收錄範疇，亦推測是謄抄之誤。

　　卷五〈詩史〉載錄「清國有關於國事者及日本」，〔註13〕以清朝近代史的重大事件為主題，收錄詩家相關詩作，其中包括鴉片戰爭、中法戰爭、甲午戰爭、馬關議和、臺灣民主國抗日、戊戌政變、義和團之變等書寫。雖然詩歌是表意實踐的媒介，但複雜的歷史事件，凝縮在簡約的語言結構中，與一般咏史之作不能相提並論。所謂「其詩以記時事是謂詩史」，不但詩歌的知性敘事成分過度強化，意氣激昂又復促成散文化的傾向，詩、文的分際模糊，詩歌美感藝術的特質，難免遭受質疑，突出的是對於史實本身記憶的建構。卷六〈詩錄〉載錄「內地詩章及新聞摘錄」，〔註14〕與卷三〈詩遺〉取材的角度類似，皆著眼於臺灣漢語詩歌相關活動，時間上劃定在日本殖民時期，因此詩家包括中國、日本、臺灣三地，取材管道除了交游見聞，尚有《新文詩》雜誌與《臺灣新報》，展現詩歌傳播的現代化，以及臺灣特殊的歷史文化語境。無論是詩家、地域、時代與關照視域等，相對於傳統詩話思維，具有強烈的越界特質。

（二）文體

　　雖然各卷題材各有主題，但在文體結構上卻相當一致。卷一〈詩法〉就題旨而言應為詩話取材的典型，最具有詩學特質，觀察文本泛論各體詩起源體制與創作方法論者三十五則，純為詩學論述。但另有清代詩人簡介二十四則，〔註15〕已有偏離詩學論述的傾向，如：

> 吳梅村祭酒，名偉業，博學高才，有西崑體名世。子璟官給事中，能世其家。嘗選婁東十子，〔註16〕以太倉黃與堅名廷表為冠。公由舉詞科，有〈金陵雜感〉稱傳於時。次周子儌名肇，著有《東圖集》。〔註17〕顧伊人鳴湄，〔註18〕著《水鄉集》……〔註19〕

〔註13〕詳吳德功《瑞桃齋詩話》（南投：臺灣省文獻委員會，1992年），頁209。
〔註14〕詳吳德功《瑞桃齋詩話》（南投：臺灣省文獻委員會，1992年），頁249。
〔註15〕卷一計收錄六十一則，除此尚有「巫山雲雨」條、「泉州洛陽橋」條二則為文學掌故。詳吳德功《瑞桃齋詩話》（南投：臺灣省文獻委員會，1992年），頁59～60。
〔註16〕婁東十子即太倉地區十位詩人。此處所指為吳梅村編選之《太倉十子詩》，錄有周肇、王揆、許旭、黃與堅、王撰、王昊、王抃、王曜昇、顧湄、王攄等人詩作。詳《四庫全書總目提要》卷一百九十四，集部四十七，總集類存目四《太倉十子詩選》十卷提要。讀取自 http://ctext.org/wiki.pl?if=gb&chapter=795225#p。
〔註17〕子儌當作子儌。《東圖集》當作《東岡集》。《清詩紀事》：「周肇，字子儌，江南太倉人。順治十四年丁酉舉人，官新淦知縣。有《東岡文稿》一卷，《東岡集》一卷。」錢仲聯《清詩紀事》（江蘇：江蘇古籍出版社，1989年），頁1975。

　　大興翁覃溪學士方綱，重宴瓊林，與千叟宴，賜尚方珍物十三種，
年八十二。工於金石書畫，其為詩辨香在少陵、東坡。（辨香當作瓣
香）論王漁洋拈「神韻」二字固為超妙，然其弊端流為空調。故特
拈「肌理」二字，蓋欲以實救虛也。〔註20〕

吳梅村以詩歌創作著稱，〔註21〕頗能反映社會現實，〔註22〕感時傷逝，蒼涼
激楚；尤擅歌行一體，文詞清麗，既委婉含蓄，又沉著痛快，《四庫全書總目
提要》稱其：「格律本乎四傑，而情韻為深；敘述類乎香山，而風華為勝」。
〔註23〕但「吳梅村」條論其詩歌風格，僅言「有西崑體名世」「嘗選婁東十
子」，其餘為婁東十子簡介，殆如詩壇紀事而已。翁方綱以學為詩，尤致力於
詩學，以考據方法探析詩歌藝術，著《石洲詩話》，繼承沈德潛「格調說」與
王漁洋「神韻說」，充實闡發為「肌理說」，與袁枚「性靈說」相抗衡。「翁方
綱」條溯其詩歌宗祧，並述其詩論旨趣，雖不免失之偏狹，堪稱切合「詩話」
文體。但猶有「重宴瓊林，與千叟宴，賜尚方珍物十三種」等，標榜官方榮
寵非關文學之語。

　　其餘各卷與詩法最為相關者為卷四「詩鐘」，介紹「詩鐘」一體的常格與
變格，常格有分詠與闔詩二種基本體類，〔註24〕變格則摘錄湖北易順鼎等

〔註18〕鳴湄當作名湄，顧湄即顧伊人之名。《清詩紀事》：「顧湄，字伊人，江南太倉
　　　　人。諸生。有《水鄉集》。」錢仲聯《清詩紀事》（江蘇：江蘇古籍出版社，
　　　　1989 年），頁 2313。
〔註19〕吳德功《瑞桃齋詩話》（南投：臺灣省文獻委員會，1992 年），頁 37。
〔註20〕吳德功《瑞桃齋詩話》（南投：臺灣省文獻委員會，1992 年），頁 40。
〔註21〕著《梅村詩話》，多寫交遊故事，雖可略窺論詩旨趣，但失之泛泛，影響不
　　　　大。收於王夫之等《清詩話》上冊（臺北：西南印書局，1979 年），頁 58～
　　　　68。
〔註22〕以律詩書寫時事，作有〈讀史〉五律十首，〈雜感〉七律六首，及以〈揚州〉
　　　　為題的七律四首等，激盪沉鬱。詳《四庫全書》，集部七別集類，《梅村集》，
　　　　卷八，葉七 b～九 b。卷十一，葉十六 a～十七 b。卷十二，葉十一 b～十二 a。
　　　　讀取自 http://ctext.org/library.pl?if=gb&res=5279。
〔註23〕詳《四庫全書總目提要》，卷一百七十三，集部二十六，《梅村集》四十卷提
　　　　要。讀取自 http://ctext.org/wiki.pl?if=gb&chapter=494244#。
〔註24〕分詠格例證摘錄自《健除體分句》，另有吳德功參與之分詠活動。詳吳德功《瑞
　　　　桃齋詩話》（南投：臺灣省文獻委員會，1992 年），頁 180～183、165～167。
　　　　「建除體」另詳註25。闔詩活動，載錄荔譜吟社事，及吳德功參與之詩友活
　　　　動。詳吳德功《瑞桃齋詩話》（南投：臺灣省文獻委員會，1992 年），頁 159
　　　　～164、167～174。針對闔詩一體說明體制者，詳吳德功《瑞桃齋詩話》（南
　　　　投：臺灣省文獻委員會，1992 年），頁 186～187。

《健除體分句》,〔註25〕及唐薇卿《詩畸》合詠格與籠絡格。〔註26〕但文本書寫結構基調如此:

> 臺灣開闢二百餘年,文風日盛,有海濱鄒魯之風。然於詩律雜作,未大振興。故蔡醒甫先生來彰,開荔譜吟社。每名投卷交錢廿文,合計若干,按名分賞,一時盛行……記張君第三唱春色二字,首二名皆張君作,一名云:鬥草色黏羅襪翠,踏青春趁繡鞋紅。二名云:唱雉色靈猴骨子,養蠶春祀馬頭娘……〔註27〕

大都以活動紀要為主題,針對各類體式析解者僅二處,〔註28〕突顯的是文獻史料意義。

卷三〈詩遺〉與卷六〈詩錄〉,載錄題材年代階段不同,但依其自述主題皆在詩作,觀察其文體則大抵是:

> 臺島人多吸芙蓉膏,亦有因病而吸者,然改之終難斷。施澐舫有〈戒煙〉詩云:「不為吟詩亦聳肩,頓思懺悔口頭禪,那堪面目全非舊,爭認脂膏久自煎。藥縱有靈情未決,囊真如洗念方堅;明朝忘卻今朝戒,到底無人脫孽緣。」讀此知是過來人語。〔註29〕

> 東京各處多櫻花,每值花開,騷人逸士遊玩題詠。《新文詩》所錄櫻花詩甚少,惟星舍處士（末松房泰,豐前人）七律云:「春風一夜上嬌枝,節近清明雨歇時。竹外香雲凝不散,松頭暖雪重難支。九重曾

〔註25〕「健除體」於《瑞桃齋詩話》文本中出現三次,寫法皆異,分別是「健除體」、「健徐體」、「建徐體」。詳吳德功《瑞桃齋詩話》（南投:臺灣省文獻委員會,1992年）,頁174、180、183。據李知灝《瑞桃齋詩話校注本》所述:建除體為一種體裁,源自梁宣帝等人所作「建除詩」,其體將建、除、滿、平、定、執、破、危、成、收、開、閉等字依序嵌入奇數句句首。後黃庭堅作〈碾建溪第一奉邀徐天隱奉議并效建除體〉詩,亦效其體。因此認為「鉤詩之作,濫觴於八代」之言,即指建除體。後人或將以特定字嵌入特定位置的體裁為「建除體」。詳李知灝《瑞桃齋詩話研究》（中正大學中國文學研究所碩士論文,2003年）,頁384。建除體堪稱鉤詩濫觴,但易順鼎等《健除體分句》中又有「分詠」一格,「分詠」對句,其規範為綜攝其意而不漏題字。詳吳德功《瑞桃齋詩話》（南投:臺灣省文獻委員會,1992年）,頁180。可知「建除體」其義續有擴展。

〔註26〕詳吳德功《瑞桃齋詩話》（南投:臺灣省文獻委員會,1992年）,頁183～185。

〔註27〕吳德功《瑞桃齋詩話》（南投:臺灣省文獻委員會,1992年）,頁159～160。

〔註28〕詳吳德功《瑞桃齋詩話》（南投:臺灣省文獻委員會,1992年）,頁183、186～187。

〔註29〕吳德功《瑞桃齋詩話》（南投:臺灣省文獻委員會,1992年）,頁147～148。

達佳人句，千載長留壯士詞。呼做花王何敢讓，牡丹無箇好威儀。」

一六評云：「花神讀此詩，必喜為千秋知己。中國《群芳譜》稱牡丹為花王，不知有櫻花駕乎其上焉。」可知天下花卉傑出，難以方隅限也。〔註30〕

此二則皆以介紹詩歌為主，敘述結構為：書寫背景＋詩歌＋評語，堪稱符合「詩話」體類的書寫，但書寫背景「臺島人多吸芙蓉膏，亦有因病而吸者，然改之終難斷」「東京各處多櫻花，每值花開，騷人逸士遊玩題咏」；評語如「讀此知是過來人語」「可知天下花卉傑出，難以方隅限也」之類，整體而言，紀事文獻的意義超越詩歌美學鑑賞。

　　卷二〈佳話〉為清朝君臣應制唱和掌故，卷五〈詩史〉載錄清朝近代史重大事件的相關詩作，結構上皆以呈顯歷史事件為主題，詩歌僅供敘事，突出的是對於史實本身記憶的建構，紀事文獻的意義更為強烈。尤有甚者只有散文敘事而無詩語，如：

　　　　長洲何義門先生焯，宇屺瞻，積學士也。初遊於翁祭酒叔元門。及翁參劾湯潛庵、姜西溟，移文辱之。先生請削去門生名，海內稱快，自是落拓十餘年。適上問李榕村舉遺逸，遂薦先生。賜舉人，會試下第。賜進士，選庶常，侍讀皇子。每讀書，輒思為天下用。故所批書精審絕倫，近刻文選多采其說。〔註31〕

文本以簡介何焯一生清操正直，並蒙康熙殊遇之事為主題，結構上為純紀事，且全然與詩無關。綜而言之，《瑞桃齋詩話》文本書寫，在文體結構上相當一致，除卷一〈詩法〉最具有詩學特質，其餘各卷大抵偏離詩學論述的傾向，紀事文獻的意義超越詩歌美學鑑賞，跨越傳統詩話的文類特質。

（三）文化類群

　　傳統漢語詩話，詩學理論的辨析，或詩歌美學鑑賞，是書寫主題，文化是文學的氣蘊潛脈，即便是藉文學而彰顯的文化，大抵不脫環繞中國政治典範核心的漢文化。《瑞桃齋詩話》文本的文體結構，強烈的紀事傾向，融入歷史文化語境的書寫，遂令潛伏在文學幽微底層的文化，堂而皇之躍昇至文學表層；非但如此，其觀照視域相當廣闊。就社會階層而言，有記官場文化者，如：

〔註30〕吳德功《瑞桃齋詩話》（南投：臺灣省文獻委員會，1992年），頁215。

〔註31〕吳德功《瑞桃齋詩話》（南投：臺灣省文獻委員會，1992年），頁96。

寒士不由科目，而猝列清班者，惟錢塘高澹人士奇。以國學生不第，
在京賣春聯，偶為聖祖所見，召對旬日，三試皆第一。命供奉內廷，
尋賜翰林侍講學士。朝士以公不由科目，皆反目之。紀恩詩云……
又〈紀賜忠孝二字〉詩云……〈蒙賜狐裘紫貂珍物〉詩云……公以
布衣出身，官至侍郎，忌者亦多。自咏云：「身經繢弋惟甘退，聖念
沉淪特改銜。」又云：「風雲千載難重遇，如此遭逢有幾人。」其得
聖眷如此，真異數也。〔註32〕

高士奇本落拓監生，蒙康熙拔擢供奉內廷，卻遭朝廷同僚鄙視，正反映當日
官場文化，科舉是入仕管道的常態，具有相對客觀的公信力，自然形成科目
晉身者的優越感；破格拔擢者能力再殊勝，不免有野狐外道、僥倖投機之嫌。
再者也反映君主專制體制下，君臣上下尊卑關係森然，受命為官對君王眷顧
視若恩寵，永矢弗諼；在「其得聖眷如此，真異數也」的讚歎中，也暴露基
層文士晉身政治核心的渴望。

臺灣官紳文化書寫，則延續中原官場上層社會文化的觀察，如：

朱樹梧，名幹隆，湖南人。性強項，上官不能屈。甲戌知彰化縣事，
（案：甲戌當作甲戌）添設白沙書院膏伙，建義渡，設義倉。庚辰
重來，倡捐育嬰堂，以余董其事。迄自辛巳迄乙未，共活女孩五千
餘口，公之盛德大矣。然公尤工於詩，記其〈留別〉四首云……一
時邑中蘇君汝文，和者甚眾。余和原韻四首……〔註33〕

民政局長水野大路，於丁酉之春巡臺，問俗采風，民賴以安。車
馬徵逐之秋，猶不廢吟咏。其〈臺南弔五妃墓〉詩云……蔡玉屏和
云……王藍石和云……羅蔚村云……總督府秘書監白井新太郎
云……〔註34〕

鹿溪郭氏子，名阿奴，少定聘於洪家，娘年二十，適聞其夫卒。女
聞知，父母百計解勸不聽，晝夜啼泣，絕粒而死。一時紳者迎送棺
柩，聯名力請旌表。遠近文人吟咏其事，以表貞烈。予亦詠五古五
十韻，刻在《洪烈女詩集》中……〔註35〕晉江副貢宋應祥〈擬洪烈

〔註32〕吳德功《瑞桃齋詩話》（南投：臺灣省文獻委員會，1992年），頁69。
〔註33〕吳德功《瑞桃齋詩話》（南投：臺灣省文獻委員會，1992年），頁109～110。
〔註34〕吳德功《瑞桃齋詩話》（南投：臺灣省文獻委員會，1992年），頁236。
〔註35〕五十韻當作四十韻。其詩稿的確錄有〈洪烈婦〉五言古四十韻詠其事。詳吳
德功《瑞桃齋詩稿》（南投：臺灣省文獻委員會，1992年），頁4～6。眾人吟

女自詠〉……晉江舉人洪里仁七律云……。臺鹿山川間氣鐘，偏教
貞烈出吾宗……〔註36〕

「朱樹梧」條反映臺灣官紳間的交游互動，為官者處理的公務，抑且包括教
育、社會救濟慈善工作，而此類工作往往採取官紳合作模式進行，既精簡管
理人事，復收籌措財源之效。清領時期如此，日治時期官紳互動亦然，民政
局長水野大路巡臺，問俗采風，地方士紳則成為諮詢獻議的合作對象，紳權
延伸皇權，成為地方領導階層。再者士與紳往往身分重疊，因而官紳、士紳
彼此能以文會友，進而借事吟詠唱和，如「鹿溪郭氏子」條表彰節孝，凝聚
共同價值意識，形成風雅彬彬的知識階層文化。

　　除此，《瑞桃齋詩話》文本也展現對臺灣庶民文化的關注：

江右楊淑仁大令遊臺陽，裏慕綏靖軍營，破石穿雲。歷後山一帶，
由卑南逶迤，再折而北，與蘇澳之腹地通。凡生番風俗，內山物產，
作〈懷葛新詠〉百首。沈文肅公葆楨為之作〈序〉。其詩為數甚多，
而其題目編成駢偶，爰全錄其目次曰：耕種觀星，刺桐紀歲。夫無
征戍，婦慣織縫。敬社長，悅男女。沿古葬，棄孿生。女番目，夫
漢郎。女承嗣，男出嫁……無袖衣，橫肩輿。山足漁，海可樵。供
大士，敬關帝……結繩，文身。貫耳，鑿齒。豹服，羽冠……手弩，
鼻簫……番椒，番烟。番歌，番話。漢番，番漢。豚酒，苞茅。解
刀，脫帽。守簡易，尚祈禳。昧連結，順消長。」共壹百題。披閱
一過，盤古之風如在目前，足為臥遊者之祕本矣。集中詩最可頌者，
如〈咏棄孿生〉云……琪菜有雙生者，生番以為不祥，每歲殘害不少，亦造
物之大憾也……〈詠供大士〉云……漢番家每繪大士關帝合像，懸之廳壁……
〈詠鑿齒〉云……完萬番有三種，地居南北之交，性素狡悍，其男婦皆鑿二齒
云……說男女成婚，先各鑿二齒，易而藏之，以明許終身也。〔註37〕

咏所集為《洪烈女詩集》，晉江副貢作〈擬洪烈女自詠〉晉江舉人洪里仁有七
律之「臺鹿山川間氣鐘，偏教貞烈出吾宗」。另其〈貞烈婦郭洪氏傳〉：「貞烈
婦郭洪氏名嬌，光緒丁丑年許字於故明經郭經圖之子郭榮水為妻。越明年庚
寅，而榮水病故，父母憂之，秘不以告。有家人洩其事，烈女聞之，大慟而
絕……三日絕無飲食，家人與以餅餌亦不食，未幾而氣絕矣。（鹿紳采訪）」
詳吳德功《彰化節孝冊》（南投：臺灣省文獻委員會，1992 年），頁 198。兩
則故事雷同，可知「鹿溪郭氏子」當作「鹿溪洪氏子」；「聘於洪家」當作「聘
於郭家」。

〔註36〕吳德功《瑞桃齋詩話》（南投：臺灣省文獻委員會，1992 年），頁 127～130。
〔註37〕吳德功《瑞桃齋詩話》（南投：臺灣省文獻委員會，1992 年），頁 134～137。

臺中產檳榔，人多嗜之。然考《南史》以金枰盛檳榔宴妻兄弟，則
此品六朝已有矣。此種粵中亦盛。邱瓊山〈贈五羊太守〉詩云：「階
下腥臊堆蜆子，口中膿血吐檳榔。」而猶未若吾邑楊大令蓉初詩：
「紅潮上頰醉檳榔」之句為雅馴也。〔註38〕

楊淑仁〈懷葛新詠〉百首，係書寫其遊歷東臺灣所見。文本詳錄題目，並摘
錄詩作數首，台灣東部風俗物產亦稍稍可見。「耕種觀星，刺桐紀歲」「山足
漁，海可樵」「豹服，羽冠」，可知當地住民未使用文字記事，大體從事農耕、
漁獵生活；「女承嗣，男出嫁」的習俗，是母姓社會的特徵；「女番目，夫漢
郎」「供大士，敬關帝」，則是婚姻、信仰上漢化的跡象；「貫耳，鑿齒。豹
服，羽冠」「手弩，鼻簫」「番椒，番烟。番歌，番話」等，則又展現獨特的
禮俗、服飾、武器、樂器、物產、語言、歌謠，晚清原住民文化狀況可見一
斑。「臺中產檳榔」條，對臺灣檳榔文化淵源有自的歷史書寫，以及對楊蓉初
詩「紅潮上頰醉檳榔」的評賞，可以看出他對臺灣檳榔文化的接納與肯定。
此外「郁永河裨海紀遊」條載錄淡水硫礦溫泉奇景，〔註39〕艋津竹枝詞呈現
歌樓酒榭的兒女情態，〔註40〕也都展現對臺灣風土人情的關注。

　　就地域觀察，更突顯出有別於傳統詩話中原文化的書寫範疇，前述例證
中有屬於中原文化者，或有關乎臺灣文化者，已然跨越舊制藩籬，即便是日
本漢文化發展，也可略窺一二，如：

明治五年，（1872）倡興西學。蟹文橫行，鳥跡漸少。東京人森魯直，
〔註41〕號春濤聾史，獨守舊業。徵近著於諸友，集成《新文詩》二十
餘集，每人皆四字別號。其詩每月刊行，與新聞紙爭勝。〔註42〕

帝國自唐通中國，各家詩集皆搜入。其詩音律酷肖唐人，鳴鶴仙
史……一六評云：真逼長吉。小淞鈞徒……春濤評云：自陸務觀脫
化來，風致自佳。五桐居士……即山評曰王新城後身……〔註43〕

〔註38〕吳德功《瑞桃齋詩話》（南投：臺灣省文獻委員會，1992年），頁143～144。
〔註39〕詳吳德功《瑞桃齋詩話》（南投：臺灣省文獻委員會，1992年），頁139～141。
〔註40〕詳吳德功《瑞桃齋詩話》（南投：臺灣省文獻委員會，1992年），頁231～232。
〔註41〕森魯直1863年移居名古屋後，（文久三年）棄醫從文，奠定漢詩詩壇地位。
　　　　1874年11月，（明治七年）遷往東京，持續創作。創辦漢詩文雜誌《新文詩》
　　　　《新文詩別集》《新新詩》等。兼有編輯、出版、創作、轉介等活動。更提
　　　　供其子槐南文壇展露頭角的機會。
〔註42〕吳德功《瑞桃齋詩話》（南投：臺灣省文獻委員會，1992年），頁209。
〔註43〕吳德功《瑞桃齋詩話》（南投：臺灣省文獻委員會，1992年），頁216～217。

帝國文運大盛，學中亦有課女子。閨閣中不獨多識文字，且諳吟
咏……〔註44〕

駐臺通譯官案上有漢文講義，所摘者《論語》、《孟子》、《春秋》、《古
文》，子集如《孫子》、《莊子》，以及《漢書》、《史記》皆摘章。每
三頁即易一卷。每卷末付《樂有餘堂詩集》，（案：付當作附）但不
知其姓氏。〔註45〕所摘七言絕句，分二十餘體。首以風、雅、頌冠，
次或古體、聯句體，名目甚多，每作一體，即引清國之名家為證，
如杜甫、蘇子瞻，及船山、袁倉山等諸先輩……世傳秦始皇方士徐
福，請三百童男女，泛舟求仙不回。今閱集中有〈咏徐福墓〉詩云……
統觀詩集中所用故事、詩律、筆法，不出唐詩範圍……足見日東文
教振興，講究音律。所以此翻來臺兵士多能吟咏，（案：此翻當作此
番）知其平居揚扢於詩教也深矣。〔註46〕

前三則皆出自《新文詩》，反映日本漢詩的起源與發展。「帝國自唐通中國」
點出日本漢詩淵源自中國，漢詩人對中國漢詩名家的作品取法嫻熟，推廣不
遺餘力，在父權高張的時代，對女子詩學教育的重視，足堪為證。明治維新
後，新學興起，面對西方文明衝擊，漢詩人猶堅守舊學。透過創作、編輯、
出版等活動，交遊達官顯宦，擴大漢詩社群規模與影響力。文學之外，朱子
哲學、史學，亦為漢學在日本的發展。駐臺人員皆具備《論語》、《孟子》、《春
秋》等漢學涵養，並多能吟詠，可知漢學在日本文化中所佔的分量。

　　綜而言之，《瑞桃齋詩話》在表現形式上有強烈的越界特質，文本捨棄通
史式文學典範的大家取例思維，「詩」退出主題書寫位置，取材上提供閒談、
增廣見聞的趣味性，以及史料文獻的考量，超越文學藝術領域的意義。因此
文類體式結構，呈現鮮明的紀事特質。紀事思維遂使詩話書寫，在文學領域
外，融入大量文化資訊。文本觀照視域，雖不脫知識階層的立場，以官紳、
士紳的階層文化為主，但也稍稍涉及庶民大眾文化。在地域方面，雖然仍有
中原文化的思維，但對先祖移住地臺灣特殊歷史文化語境，以及日本漢文化
發展的關注，透顯出東亞漢語文化圈的宏觀視域。

〔註44〕吳德功《瑞桃齋詩話》（南投：臺灣省文獻委員會，1992年），頁219。
〔註45〕張伯偉〈論日本詩話的特色〉錄新寫目日本詩話三十七種，列有石橋雲來著
　　　　《有餘樂堂詩法摘要》。收入張伯偉《東亞漢籍研究論集》（臺北：臺大出版
　　　　中心，2007年）不知是否即《樂有餘堂詩集》。
〔註46〕吳德功《瑞桃齋詩話》（南投：臺灣省文獻委員會，1992年），頁220～223。

三、文化詩話學的觀照思維

　　文類體制意義的實踐，是表現形式與內容的相互制約與成全，其中任一方面的改變，都可能影響既有的文類意義。因此《瑞桃齋詩話》表現形式上的越界，其實展現對詩歌、詩學、詩話學文類的再詮釋；而詩話書寫突顯紀事思維，超越詩歌美學，融入大量文化論說，就透顯出作者文化詩話學的觀照思維。〔註47〕

（一）觀照角度──當代歷史文化語境的關注

　　詩話而重視文化書寫，基本上是認為文學詮解與文化認知息息相關。文化是族群生活的方式，其中有歷史貫時性的傳承，更有對特殊歷史文化語境的因應。對歷史貫時性的觀照，突出國族集體精緻藝術文化的共相，在文學上則展現傳統通史敘述者的思維方向，注重一整個時代中，出類拔萃精英者的成就典範。至於核心典範之外，不同範疇的區域、族群、階層等特定歷史文化語境中的殊相，則在核心典範價值判斷的對照下，受到忽略、貶抑。

　　吳德功〈序〉中自道：「禹域詩話甚多，內地嵩山堂所刊螢窗詩話數十種，〔註48〕可以無庸再作矣。」（案：無當作毋）〔註49〕禹域詩話與日本嵩山堂所刊螢雪軒叢書係採自中國詩話，就他的思維解讀，可能代表「禹域」漢語詩話的核心典範，〔註50〕若為近代詩話，也可能代表中國地區的觀照角度。所謂「可以毋庸再作」，已然昭告自己發聲角度，有別於此一敘述傳統。文本六卷，表面觀之，卷一、卷二取材自中國，其餘各卷則中國、日本、臺灣三地混雜，所謂與中國詩話的差別，擴大地理區域的跨國觀照，的確為一特色，但僅此尚不足以窺其奧蘊。《瑞桃齋詩話》的主要特色，是捨棄大傳統、大家、名家或中國主流的思維，轉而關注當代歷史文化語境。

〔註47〕 本節部分改寫自舊作《瑞桃齋詩話》文本的媒介特質。詳林美秀，〈盈虛理細推不寐難報曉──《瑞桃齋詩話》文本的媒介特質與我族建構〉《高雄應用科技大學學報》第 35 期，2006 年 3 月，頁 15～32。

〔註48〕 據江寶釵〈瑞桃齋詩話序〉校註：《螢窗詩話》應為《螢雪軒叢書》。詳江寶釵《瑞桃齋詩話校註》（高雄：麗文文化事業有限公司，2009 年），頁 61。

〔註49〕 詳吳德功《瑞桃齋詩話》（南投：臺灣省文獻委員會，1992 年），頁一。

〔註50〕 邱怡瑄在〈「詩法」東傳──樂善堂本《詩法纂論》及《詩法纂論續編》考述〉中指出「和刻漢籍」作為一種特殊的出版模式，其中蘊藏著的「脈絡轉換」問題，展現日本漢詩界一定的主體性。詳邱怡瑄〈「詩法」東傳──樂善堂本《詩法纂論》及《詩法纂論續編》考述〉，東亞漢學研究學會第三屆國際學術會議《東亞漢學研究》（臺北：淡江大學，2012 年），頁 380～381。

　　就他而言，當代歷史文化語境，可粗分為兩個時期，前期為清領階段，後期為日治階段。卷一〈詩法〉、卷二〈佳話〉、卷三〈詩遺〉、卷四〈詩鐘〉大抵代表前期，〔註 51〕卷五〈詩史〉銜接兩個階段，卷六〈詩錄〉代表後期「當代」。清領時期他關心當代詩學教育，卷一〈詩法〉部分取材自清人朱飲山《千金譜》，〔註 52〕與梁紹壬《兩般秋雨盦隨筆》，〔註 53〕延續清代中葉詩學總結趨勢，揚棄宗唐、祧宋之爭，〔註 54〕性靈、格調之辯，介紹傳統詩歌理論，與清代詩歌知名作者，以教授生徒。卷二〈佳話〉載錄清朝帝王與臣下唱和相得之樂，無法判定書寫時間。但就其傳統基層文士的身分，與其安身立命的價值理想觀察，此卷文獻蒐集，當在清領時期，他汲汲仕進之際。初衷大抵是對聖君賢臣濟濟一堂、相互提攜的渴望，透顯當時他對功名、仕宦的願景。卷三〈詩遺〉載錄清領時期中原游宦人士與臺灣文士的詩作，延續君主臣僚唱和相得之樂，記錄臺灣官紳、士紳上層社會文化活動，這些對身處存在歷史文化語境的關注，是他做為臺灣士紳的觀察角度。身為清朝子民，政治文化典範在中國，文化淵源自清朝中葉，所以論詩宗唐、祧宋兼攝；論文義理、考證、詞章一貫；師友交遊非臺籍，即清朝人物；標

〔註 51〕卷一論古詩音韻書則，為日人愛知縣淺野哲夫所論，詳吳德功《瑞桃齋詩話》（南投：臺灣省文獻委員會，1992 年），頁 51。餘作者皆源自中土或為為清朝人物。

〔註 52〕取材自朱飲山《千金譜》者，計十五則：則 1、2、3、4、5、6、17、18、19、20、21、22、23、24、25。詳江寶釵《瑞桃齋詩話校註》（高雄：麗文文化事業有限公司，2009 年），頁 65～91。朱飲山，生平不詳。著有《千金譜》二十九卷，已佚。蔣寅於《清詩話考》中，指出此書為詩法初學法門，乾隆三十三年（1768）已撰成付梓，乾隆五十五年曾與《三韻易知》合刊出版。內容豐富，理精法正。清余紗山纂輯《詩法纂論》十卷，成書於道光九年，（1829）又名《千金譜錄要》，即據以為本。原刻版不見，見存者為日本樂善堂刊行。詳邱怡瑄〈「詩法」東傳──樂善堂本《詩法纂論》及《詩法纂論續編》考述〉，東亞漢學研究學會第三屆國際學術會議《東亞漢學研究》（臺北：淡江大學，2012 年），頁 374～375。

〔註 53〕取材自梁紹壬《兩般秋雨盦隨筆》者，計九則：則 50、51、52、53、54、55、56、57、58。詳江寶釵《瑞桃齋詩話校註》（高雄：麗文文化事業有限公司，2009 年），頁 115～120。

〔註 54〕「詩宗唐音」條言：「詩宗唐音，固也。然使自唐至今，千載一律，有何意味？且宋之為宋，元之為元，各具體制，方見文途變化入妙。」詳吳德功《瑞桃齋詩話》（南投：臺灣省文獻委員會，1992 年），頁 46。此則雖出自梁紹壬《兩般秋雨盦隨筆》「詩宗唐音」條，詳梁紹壬《兩般秋雨盦隨筆》（上海：上海古籍出版社，1982 年），頁 221。但據文本以述代作的筆法，可知其並無囿於唐宋之見。

舉康雍乾的虞廷賡歌，宦遊官僚的酬唱；凡此皆為他個人視域下的歷史文化語境。

此一觀照角度迄乎日治時期並無二致，隨著臺灣改隸，大量日籍人士湧入，成為游宦人士主流；殖民政權加速現代文明的開展，報章、雜誌成為文化傳播的新銳，因此卷六〈詩錄〉，載錄臺日文士的詩文交流、互動，一如清領時期官紳、士紳上層社會的文化交流，可見其亦關注日本漢文化及其在台發展。日本漢文化與華夏族群的關係，不但詩學上成果輝煌，思想上也淵源一脈影響深遠，見諸駐臺官僚對諸子、史學、詩歌典籍的學養，足堪為證。近代西方文明衝擊下，日本漢文化發展受到的威脅，有心人士如東京人森魯直等獨守舊業力圖爭勝的現象，也可略窺一二。而當臺籍士紳對日本稱呼變成「帝國」「內地」，中原文化經日本傳譯，再以懷柔、親善或相互取暖之姿，在台發展，同時也反映臺灣近代文化的變遷，及報章雜誌作為資訊媒介的影響力。卷五〈詩史〉所謂「其詩以記時事」，載錄敘述清朝近代史重大事件的相關詩作，仍然展現歷史文化語境的關注，具有所謂「新派詩話」鮮明的時代特色。

（二）書寫動機──移住地的認同

詩話而關注當代歷史文化語境，文本書寫或成書時間與取材範疇，具有一定程度的關聯。《瑞桃齋詩話》題材蒐集自清領以迄日治時期，〈序〉中有言：

> ──僕前書館一名味閒齋（一曰修竹齋），後因齋中有瑞桃花開，醒甫師賀以詩，故名為瑞桃齋。詩話蓋與詩文諸集相同，故集內有味閒齋皆改之。〔註55〕

可知書館名為「味閒齋」時期，文本書寫已然開始，以致成書時尚需校改為「瑞桃齋」，以瑞桃名齋確切時間不可查考，但改名原由肇端於蔡德輝〈咏修竹齋瑞桃〉五古，此詩作於1890年二度來臺之後，若以蔡德輝事為據，則書寫時間必在1891年之前。吳德功自述當時已「舌耕十餘年」，〔註56〕最晚於

〔註55〕吳德功《瑞桃齋詩話》（南投：臺灣省文獻委員會，1992年），頁2～3。

〔註56〕《瑞桃齋詩話》載錄蔡德輝〈咏修竹齋瑞桃〉五古並序，言詩作於上元日，其1890年再度寓居彰化，據此時間推測，詩作當書寫於1891年。又此條首有「予前書館名修竹軒，舌耕十餘年」之語。詳吳德功《瑞桃齋詩話》（南投：臺灣省文獻委員會，1992年），頁123～124。知其最晚於1880年已開始教授生徒。

1880 年已開始教授生徒，卷一〈詩法〉之作，可能也同時展開。

　　1873 年左右蔡德輝首度來臺，寓彰設帳，吳德功師事門下，因此撰寫詩話的初始動機，可能受其《龍江詩話》的啟發。但〈詩法〉一卷撰述，既以朱飲山《千金譜》與梁紹壬《兩般秋雨盦隨筆》為據，其所接觸詩話之類文本，自然不侷限於蔡德輝《龍江詩話》。觀諸同時期臺灣基層文士，除王松《臺陽詩話》外，見存者尚有洪棄生《寄鶴齋詩話》、許天奎《鐵峰山房詩話》等，〔註 57〕可見對於詩話文類體制的界定因人而異，但詩話蒐集、撰述猶如詩文著作，是當時基層文士的文化活動，以此閒談增廣見聞、教學遊藝品評詩文，而或以述為作，撫今追昔寄託理想。《瑞桃齋詩話》清領時期題材的蒐集撰寫動機，應該是此一臺灣集體知識階層價值意識的展現，所以反映他當時生活關注的重心，在於科舉功名與教學啟蒙。

　　《瑞桃齋詩話‧序》中所謂「禹域詩話甚多，內地嵩山堂所刊螢雪軒叢書詩話數十種，可以毋庸再作矣。」〔註 58〕從這個角度解讀，他所昭告有別於詩話敘述傳統的發聲立場，才可以得到初步的掌握。而日治時期卷六〈詩錄〉的書寫，載錄臺、日文士的詩文交流、互動，也可以視為另一個時期臺灣文士的文化活動。總之，無論撰述時期為何，可以看出他展現一種主觀的意圖，就是從臺灣文士的角度出發，展現對移住地的觀察。在地取材觀察紀錄，是一種認同的樣態。不過這種認同情感，隨著身分轉換遂有不同的內涵，作為清領時期的移民土著，他的文化政治典範皆在中原彼岸，科舉功名的想像，教學啟蒙的師法，遊藝品評的風雅趣味，都以清朝風尚為依歸。但是淪為棄地棄民轉為日本殖民之後，則別是一種心境，至其成書之時，撰述動機就值得慎重推敲了。

　　王松作《臺陽詩話》，文本中自述：

> 詩話之作，古人評論已詳，吾儕小人，何敢妄生訾議。甲午以來，
> 瘡痍滿目，塊壘填胸，無聊時學步邯鄲，以遣憂愁，庶免虛度光陰

〔註57〕王松《臺陽詩話》初稿完成於 1898 年，1905 年付梓刊行。後又有《臺陽詩話續編》刊於《臺灣詩報》第 5 至 12 號。計載錄詩話類著作八種，除為《龍江詩話》《臺陽詩話》外，尚有馬耿甫《養源詩話》、林鈞《樵隱詩話》、李沂《秋星閣詩話》、邱煒萲《揮麈拾遺》、邱煒萲《五百石洞天揮麈》、趙翼《甌北詩話》。詳林美秀《傳統詩文的殖民地變奏──王松詩話與詩的現代詮釋》（高雄：春暉出版社，2007 年），附錄三，頁 291～292。

〔註58〕詳吳德功《瑞桃齋詩話》（南投：臺灣省文獻委員會，1992 年），頁 1。

之誚，亦古人所謂「書有一卷傳，可抵公卿貴」之意。且抄錄友朋
詩句，又為水繪同人、漁洋感舊所不廢也。〔註59〕

同樣宣稱發聲立場有別於詩話的敘述傳統，書寫動機不過基於文人習氣，抄
錄友朋詩句。既遣憂愁，消磨時日；復以懷故感舊；有幸者能傳世垂名。林
輅存〈跋〉為其作註：

……蓋集中序列姓氏，強半為余摯交；所載山川風物，亦強半為余
親歷。嗚呼！地割矣，斯文墜矣。大陸已沉，群黎無告，而吾子更
能出入槍林彈雨中自葆其道，又得以所葆之道而遺諸余，余何幸而
與於此……吾子為兩間一大界線，文運所關，間不容髮，其珍重為
之……〔註60〕

遭遇乙未共同歷史傷痛記憶的讀者，一語道破他的書寫動機，在於因應乾坤
之變「出入槍林彈雨中自葆其道」。自葆其道所運用的題材，無非是詩人的友
朋詩句；故人是摯交，山川風物則是日常生活所親歷；也就是關於移住地臺
灣的人事物。換句話說，是基於身處之地的認同。吳德功對於臺灣人文地理
特殊性的肯認，落實到乙未臺灣改隸的歷史情境理解，應該也是同一旨趣。
1895 年讓臺議定，經歷臺灣民主國抗日的洗禮，乙未、丙申之亂二度流離困
頓，以及社會動盪之際，諸多現象偏離固有價值思維的震撼，終於逼使他面
對歷史現實，於 1897 年接受紳章表揚。（另詳第二章）但處政治核心典範的
解構與重構之際，要避免自陷於價值錯亂、進退失據的窘況，政治認同、族
群傳統文化與文化傳統等，關涉傳統知識份子安身立命的價值論述，都需要
建立新的詮釋思維。《讓臺記》以史家筆法呈現政治認同的議題；《瑞桃齋詩
話》則從文化詩話學的角度，結合詩、詩學、史學、文化，展現他對臺灣族
群傳統文化與文化傳統探索的動機。殆如王松《臺陽詩話》自道：「余所以有
詩話之輯也，若云翕張風雅，軒輊人才，則吾未之有得。」〔註61〕他自稱滄
海遺民，其認同思維與吳德功不盡相同。但編寫詩話的動機，皆不侷限在傳
統文學的範疇

（三）書寫意圖——族群記憶的建構

吳德功在自序中道：

〔註59〕王松《臺陽詩話》（南投：台灣省文獻委員會，1994 年），頁 8。
〔註60〕王松《臺陽詩話》（南投：台灣省文獻委員會，1994 年），頁 91～92。
〔註61〕詳王松《臺陽詩話》（南投：台灣省文獻委員會，1994 年），頁 45。

　　詩之一道雖曰雕蟲小技，然古人所云：吟成一箇字，燃斷數枝鬚。
　　（案：燃當作撚；枝當作莖）況佳句非可易得，縱文章本天成，亦
　　須妙手偶得之，此編雖所采無多，吉光片羽足以流傳不朽，諒亦詩
　　人所首肯也。僕三案紀略名之曰稿，此編名之曰輯，蓋集前人之佳
　　作名論，非敢掠美也。〔註62〕

如同王松《臺陽詩話・自序》所述，其書寫意圖不過是「詎結習之難忘，實
敦交之竊取」。〔註63〕表面看來，《瑞桃齋詩話》書寫的意圖也不外是採輯吉
光片羽流傳不朽，藉詩歌文獻以展現文化探索的動機，與傳統詩話文本的媒
介特質近似，係屬於文學範疇，文化意義只是潛藏在文學底層的血脈。但如
此解讀與上文跨域論述，則有牴牾扞格。再者，也脫離對書寫時間的影響思
考。就序言將《瑞桃齋詩話》與三案紀略相提並論，結合跨域特質考量，文
本對移住地臺灣的認同，仍然只是第一層意義，史事、文化特質，才是更值
得探究的命題。

　　觀察卷五〈詩史〉載錄「清國有關於國事者及日本」，其中關於敘述
1884 年甲申中法越南戰役，至 1900 年庚子事件的詩篇十五則，而直稱為「詩
史」，其中與日本稍有關涉者僅第 6、7、8 則，而此三則實際上反映臺灣改隸
的史事：

　　御史安維峻忠直敢言，馬關議和上書痛哭，語過激昂，謫令戍邊，
　　（案：戌邊當作戍邊）未幾，侍讀文廷式、御史鐘德祥相繼休謫，
　　杜德興作五律以哀安維峻，詩云：泄沓天方蹶，京官謫戍邊，審知
　　汲黯直，竟學史魚賢。朋黨聲援厚，君恩忠孝全，窮途誰灑淚，先
　　後共愴然。某京官亦有句云：枉直過梅福，慈仁宥杜根，累朝不殺
　　士，百爾定驚魂。諫草焚清夜，朝衫裹淚痕，相思關塞隔，天際暮
　　雲昏。〔註64〕

　　唐景崧前滋兵備道，其自撰楹聯有云：山窮水盡，悲來無奈倚欄干。
　　後乙未臺稱民主國，上伯里璽天德之號，甫七日而叛將李魁放火焚
　　撫署，遂由滬尾逃廈。杜德興有句云：盜國供私飽，焚臺啟夜行，
　　可憐後庭女，七日學宮粧。〔註65〕

〔註62〕吳德功《瑞桃齋詩話》（南投：臺灣省文獻委員會，1992 年），頁 2。
〔註63〕王松《臺陽詩話》（南投：臺灣省文獻會，1994 年），頁一。
〔註64〕吳德功《瑞桃齋詩話》（南投：臺灣省文獻委員會，1992 年），頁 264～265。
〔註65〕吳德功《瑞桃齋詩話》（南投：臺灣省文獻委員會，1992 年），頁 265。

安南劉淵亭永福，奉旨守臺。旋唐逃廈，而劉死拒臺南，糧餉支絀，後亦逃廈，而時人多抑唐而譽劉。女史邱伯魯詩云：林成敗類猶貪賄，唐儉庸才枉請纓。此詆唐也，結句：憐他越石揮戈起，空說英雄振振聲。此不甚貶亦不大褒也。巴縣夏錫疇五絕云：越石奇男子，南關尚請纓，可憐天意缺，媧石補難成。又云：六軍齊解甲，何怪豫州逃，一死原難事，旍常名自高。此專譽劉也。宜黃天祐七言云：孤城無援計終窮，拔隊歸來氣亦雄，猶領殘兵三百騎，勝他夜半走江東。此譽劉而貶唐也；然考當日情景，唐餉甚足，各統領多取三箇月之糧，而大敵突來檄召不至，是諸統領之誤唐也。劉守臺南而糧餉不足，外援亦少，卒力窮而退，故時人毀譽參半；兩存其說以俟後人論定焉。〔註66〕

第 6 則記御史安維峻等因痛批馬關議和相繼貶謫事，感慨朝政敗壞、耿介之士欲振乏力的悲哀；第 7、8 則記唐景崧、劉永福乙未守臺之毀譽，透顯臺灣民主國抗日失敗的宿命；三則從清朝戰敗決策與臺灣官紳因應之道，呈現臺灣改隸的過程。其餘第 1 至 5 則，記 1884 年以下清朝中法越南戰役、中英鴉片戰爭、中日朝鮮之役、遼東之役，記載近代影響清朝國勢的重大戰役。〔註67〕第 9 至 14 則記 1898 年戊戌政變，慈禧廢帝攝政，六君子敗亡之事；〔註68〕第 15 則記 1900 年庚子義和團事變，皇室西逃、駐蹕長安之事。〔註69〕然而為何乙未割臺事所錄最多？抑且，1900 年清朝已讓臺五年，卷中猶錄其事？

在臺籍人士心目中，乙未割臺無異於乾坤之變，而 1884 年甲申中法戰役是臺灣危機之始，僑寓新加坡的邱菽園在為王松《臺陽詩話》作序，曾讚美他有先見之明：

……迨前清光緒甲申（十年）歲，法、越事起，法艦駸擾臺灣，襲取澎湖踞之；草草議款，幸得退還。時乃告其鄉人曰：「吾輩無以目前之苟安而嬉也！臺灣孤懸海中，材木、礦山久聞於外；譬之積薪可以召火、慢藏可以誨盜。乃觀今之君子，多昧曲突徙薪之義；其小人，尚為梁燕堂雀之嬉；隱憂所伏，正未易弭。十年之後，人其

〔註66〕吳德功《瑞桃齋詩話》（南投：臺灣省文獻委員會，1992 年），頁 265～267。
〔註67〕詳吳德功《瑞桃齋詩話》（南投：臺灣省文獻委員會，1992 年），頁 249～264。
〔註68〕詳吳德功《瑞桃齋詩話》（南投：臺灣省文獻委員會，1992 年），頁 267～272。
〔註69〕詳吳德功《瑞桃齋詩話》（南投：臺灣省文獻委員會，1992 年），頁 272～274。

念哉」！及甲午（光緒二十年）中東之戰，「馬關和約」果以要割全
臺，爭之不勝；眾咸服其先見。〔註70〕

在吳德功心目中應該也是如此，而從中法戰役後，詩史中所錄清朝諸事，皆
呈顯國勢每下愈況的危機，因此乙未割臺也是大勢所趨，鋪陳清朝近代衰敗
史，正好作為第 6、7、8 則臺灣改隸的遠因。雖然他的清朝政治典範，理性
上在 1897 年隨著佩受紳章已然顛覆，但由於文化血脈淵源流長，多數臺灣傳
統士人，潛意識情感上仍然不免心存一線希望。但載錄終止於庚子事件，其
實隱含多數臺灣傳統士人對清朝期望的幻滅——戊戌事變失敗，清朝轉危為
安的契機已失，庚子事件影響，更確定清朝一蹶不振的命運。清朝的衰頹對
照日本的崛起，激發文化改革的憂患意識，乙未以後，他從漢文化傳統的脈
絡思考，探索文化出路的關鍵，如何連結歷史接續傳統？以維護族群精神的
主體性；而或面對脫亞入歐的日本現代文明，如何給予理性客觀的定位？進
而如何匯通融合找到文化發展的途轍？是他在世變中無可迴避的時代命題。
（另詳第三章）至此臺灣文化的發展，必須與清朝分道揚鑣，轉而向日本取
經。也就是說，〈詩史〉所錄其實是一段清朝割讓台灣歷史發展的軌跡，換個
角度說就是一段清國淪亡史。詩歌在此一「歷史」包袱下，不過是「議論時
事」的韻語，〔註71〕主題在時事，不在文學。

　　當政權鼎易，傳統知識份子能做什麼？武裝對抗失敗，主帥潛逃離臺，
死守斯土者，徒留滿腔悲憤，能延續理想者著書立說罷了，這就是他寫《讓
臺記》的原因吧！所以序中將《瑞桃齋詩話》與三傳紀略相提並論，暗喻
同樣是寄託著濃厚歷史情感的媒介，這份情感凝聚在卷五〈詩史〉則成為
臺灣改隸史，而呈現在全書篇卷的編輯安排，則是臺灣歷史淵源與演變。因
此，文本除了具有區域性外，更與近代傳統漢語詩話評論時事的特質潛氣
相通，展現文學、史事、文化的跨域特質，而其中必然具有作者強烈的自
覺意識。

　　這份強烈的自覺，付諸創作就是成書時的撰述意圖，卷中蒐集或書寫於
於乙未之前的文本，原始纂輯的動機，因應生命各階段歷史語境、教學需求、
敘述願景或以資遊藝。固然出自文士共同的價值意識，受到乙未滄桑之變的
震撼，自覺書寫意識興起，撰述動機也隨之改易。乙未之前，卷一〈詩法〉

〔註70〕邱菽園〈序〉，收入王松《臺陽詩話》（南投：臺灣省文獻會，1994 年），頁 4。
〔註71〕詳吳德功《瑞桃齋詩話》（南投：臺灣省文獻委員會，1992 年），頁 249。

是純詩學教本；滄桑之變後，則由文學教本跨域結合文學、史事、文化，成為傳統漢文化載體的表現原則，象徵漢文化的總淵源。依此淵源其餘各卷無論書寫時間如何？表現主軸都應該延續跨域思維解讀。卷二〈佳話〉，原是個人科舉功名的想望，在此思維脈絡下，具有象徵明廷諧和的聖王文化典範。（另詳第四章）卷三〈詩遺〉，卷四〈詩鐘〉，則由臺灣知識階層師友交遊文化活動紀錄，透顯臺灣文治化社會的形成與中土淵源一脈，其發展則別具特色。卷六〈詩錄〉，則是成為日本殖民地後，臺灣與殖民母國漢文化發展的概況，亦有流派雖別而淵源一脈之意。

　　如此可以觀察清以迄日本殖民時期，臺灣漢文化的演變，而詩話文本透顯的就是記錄、傳承臺灣漢文化任務，也就是說臺灣文化史的建構，才是作者真正的撰述意圖。總之作者挽結六卷旨意，六卷在時間縱軸上安排為——歷代、清、清臺、清臺、清日臺、日臺。從歷史角度來看，是一段政權輪替史；從文化角度觀察，是臺灣漢文化演變史；就一個臺灣傳統文士的角度而言，是一段族群文化記憶，也是文化慧命中不可斬絕的資產。

四、文化詩話學的建構觀念

　　《瑞桃齋詩話》的觀照態度，基本上是對當代歷史文化語境的重視。每一個「當代」的座標，既是共時多元，又是古往來今貫時相通。其中有對大時代的反思，更有對地域族群的關懷，展現近代漢語詩話的特色，但追本溯源，其中透顯的文化詩話學觀念，卻與中原漢文化傳統淵源一脈。

（一）詩是族群美學形式的最佳實踐

　　著書立說，或傳誦於當世，而或藏諸名山傳諸其人，書寫者對於與知音讀者的邂逅，總是滿懷信心的。所以孔子面對當代人的批判，會發出「知我者其惟《春秋》乎，罪我者其惟《春秋》乎」的感嘆，〔註72〕相信必有善解《春秋》微言大義者，可以體會他的苦心孤詣；王松作《臺陽詩話》，央請林輅存作〈跋〉，讀者所發抒的感動，堪為作者信心的註腳。吳德功書寫《瑞桃齋詩話》，用心亦然，他預設必有潛在知音讀者，通過文本與他相知相惜。這種將作者意圖與讀者詮解合一的感通思維，其實是基於孟子「以意逆志」「知人論世」的主張，志而可逆，論世可以知人，則是對族群記憶與價值傳統的理解。族群記憶與價值傳統，代表族群思維的模式，而詩是族群思維美

〔註72〕詳清趙順孫《四書纂疏‧孟子》（臺北：學海出版社，1977年），頁434。

學形式的實踐；因此以詩為媒介書寫文化，是對文學藝術與族群美學關係的肯認。

漢文化傳統中，《詩經》是第一部詩歌總集，文本透顯出詩與社會文化的關係，如：〈小雅・節南山〉：「家父作誦，以究王訩。式訛爾心，以畜萬邦」、〈小雅・巷伯〉：「寺人孟子，作為此詩。凡百君子，敬而聽之」、〈大雅・民勞〉：「王欲玉女，是用大諫」等，〔註73〕可見詩是書寫者面對存在情境，感物興懷的美學呈現，在知識貴族化的歷史文化語境中，書寫者往往具有士人身分，社稷民生是他們關注的命題，感物興懷的內容，自然與社會政治文化密切相關。即便是經過採詩官蒐集編寫的民間歌謠──國風，也是通過知識貴族價值判斷的揀擇，才得以保存流傳。

因此詩在文化脈絡中具有二個意義，就作者而言，詩以言志，故應有美刺；就讀者而言，詩可以觀志，故可以觀風。《禮記・樂記》說：「凡音者生人心者也。情動於中，故形於聲；聲成文，謂之音。是故治世之音安以樂，其政和；亂世之音怨以怒，其政乖；亡國之音哀以思，其民困。」〔註74〕就是此一思維脈絡的論述，可見詩在漢文明初起之際，就被賦予社會、政治、文化改革的任務。為因應此一特殊任務，並且盡可能達到諷諫、警惕之效，於是在美學形式上，又發展出對應的書寫策略──比興手法的運用。〈毛詩序〉對國風體制的界定：「上以風化下，下以風刺上；主文而譎諫，言之者無罪，聞知者足以戒，故曰風。」〔註75〕就是要作者以比興之筆，比物聯類，藉此興彼，巧為譬說；以待讀者披文入情，喚醒自身美感體驗，而知所警惕。並且藉以避免因言之訐露不文，而喪失諷諫契機，甚而傷及言論者安危。

漢文化思維下的詩歌美學形式，因而最能展現族群特色，型態上整齊平穩，結構上如數幅定格圖像，意在言外而託寓無窮。讀者唯有憑藉共同的族群記憶與價值傳統，知人論世、以意逆志，含英咀華、沉吟往覆，方能搖盪情靈，默會於心。和諧安樂的盛世之音，是抒情敘事的美感分享；時危世

〔註73〕詳珍本十六經《六經集註・詩經》（臺北：龍泉出版社，1978 年），頁 76、84、120。

〔註74〕詳郭紹虞《中國歷代文論選》上冊（臺北：木鐸出版社，1981 年再版），頁51。

〔註75〕詳郭紹虞《中國歷代文論選》上冊（臺北：木鐸出版社，1981 年再版），頁44。

亂，而或是人際關係緊繃、言說艱難的衰世之音——變風變雅，則是宣洩情感、明哲保身最佳的美學形式實踐。由詩而詩話，宋代以後傳統詩話的興起，標誌著華夏人文情趣的普及，故歐陽修作《六一詩話》，自述：這種論詩方式是「以資閒談」，〔註76〕寓教於風雅感興的活動。清代中葉以後，中國近代文明轉變，詩話發展雖仍延續文人風雅感興模式，但是東西文化相遇激盪之際，興起知識階層對存在歷史、文化語境的關注，因此近代詩話的書寫，作者因關懷時局而論詩、言詩，往往藉助於共同的族群美學，深刻點出時代命題，以澆灑胸中塊壘。然而這種述而不作的書寫策略，同樣是比興筆法的運用。

處在日本殖民的政治文化社會，同樣以建構臺灣文化記憶為意圖，王松《臺陽詩話》，概分為上下二卷，二卷並無明確主題，因此〈自序〉雖謙稱書寫動機是「詎結習之難忘，實敦交之竊取」，〔註77〕不免於文本中提醒讀者，冒險書寫的用意在於：「目擊時艱，胸中所欲言，又不得不言者，悉於詩焉發之」，〔註78〕並且主張「詩選遇佳詩必錄」，詩話是「苟其詩有與吾話相發明者即錄之，不必定是佳篇」，故「詩選可供同好讀，詩話只可供同好觀」，〔註79〕慎重釐清詩話與詩選的分際，以提醒讀者切勿受限於詩選與詩話傳統文類，狹隘的從詩歌鑑賞的角度品評高下。在詩文化比興美學譜系下，詩的符碼遍在生活，詩的思維意在言外；論世以知人，己意可以逆志，何事畫蛇

〔註76〕詩話體類創自歐陽修《六一詩話》，係其整理舊稿《雜書》而成；書前自述：「居士退居汝陰，而集以資閒談也」。詳清何文煥《歷代詩話·六一詩話》冊一（臺北：木鐸出版社，1982年），頁264。以閒談方式論詩既展現華夏詩歌美學的比興特色；復透顯人文情趣的普及，與休閒品質的精緻化。

〔註77〕詳王松《臺陽詩話》（南投：台灣省文獻委員會，1994年），頁1。

〔註78〕詳王松《臺陽詩話》（南投：台灣省文獻委員會，1994年），頁48。

〔註79〕此段文字係藉邱菽園之言釐清詩話與詩選的分別：「菽園先生所著之《揮塵拾遺》云：『詩話與詩選，皆輯他人詩，其道同而體例則異。詩選遇佳詩必錄，且不妨多篇；首或敘略，評贊與否，均從其便。詩話涉及一人必敘及一人之出處，錄及一詩必評及一詩之優劣，苟其詩有與吾話相發明者即錄之，不必定是佳篇；又其詩之過於長者，每為節省篇幅計，割愛不錄。故詩選可供同好讀，詩話只可供同好觀也。撰詩話者能知其意，則其例較寬。』余愛其言先得我心，故特錄之。」王松《滄海遺民賸稿·臺陽詩話》（南投：臺灣省文獻會，1994年），頁72。強調詩話錄詩的關鍵，在於詩話書寫者的意圖，因此詩歌遂從建構文學美感的文本，轉而成為詩話書寫者論述的佐證。另詳林美秀《傳統詩文的殖民地變奏——王松詩話與詩的現代詮釋》（高雄：春暉出版社，2007年），頁98～101。

添足？吳德功編撰《瑞桃齋詩話》，更為隱晦含蓄。除表示「禹域詩話甚多」「可以無庸再作」，[註80] 文本中並未針對書寫動機、選詩標準、或對詩話文類規範等相關命題，略作提點。僅在自序中說明各卷旨趣，且與三案紀略相提並論，其餘則留待讀者自悟。這種對潛在知音讀者的預設，是知識階層對文化美學的自信；回歸書寫本身的命題，應該關心的則是：文本是否呈現共同族群記憶與價值傳統？是否掌握族群文化思維？

觀察各卷文本，無論題旨如何？各則所敘何事？基於對移住地認同，凡所取材皆環繞臺灣知識階層仕紳、師友交遊、閱讀等文化活動而載錄下來，透顯清領以前臺灣文治化社會的形成，肇端於明鄭，發展於清國，展現中原文化核心典範的特色。1895 年讓臺改隸以後，從對報章雜誌的閱讀、響應徵詩活動，海外西學取經，日本漢學的關注，透顯臺灣海洋文明意識抬頭，願意跨越重洋，向外拓展視野，接受異文化的挑戰。來自海上的殖民母國，繼劉銘傳之後，大量引進西方近代文明，開啟臺灣漢文化演變的新格局。詩話文類的跨域書寫，正好回應這股傳統與現代性融會的趨勢。詩的饗宴足以提升到文化格局，將詩視為族群文化的最佳美學實踐，是基本前提。吳德功並未就此有所論述，但漢文化思維下的詩歌美學，〈毛詩序〉所謂：「主文而譎諫，言之者無罪，聞知者足以戒」的美刺傳統，[註81] 對於殖民地新國民身分的傳統文士而言，是熟悉而唯一的策略。而此固然與文本取材有關，但如何藉由詩文化活動紀事，勾勒出知識階層共享的文化圖譜，則更為關鍵。他述而不作的書寫策略，已是比興筆法的運用；六卷章法的安排，在時間上為歷代、清、清臺、清臺、清日臺、日臺，既呈現為政權輪替史，復可略窺臺灣漢文化演變史。這種綜合提攝的編排思維，是掌握漢文化比興思維模式，透過各卷章法組織，建構一提供讀者自悟的脈絡，實現「主文而譎諫」的美學訴求。

此一章法安排的比興模式，亦可證諸他〈騶虞解〉對《詩經》周南、召南二國篇章安排的解讀：

> 周南始關雎，而終麟趾，見化之人入深。（案：人入當作入人。）召
> 南始鵲巢，而終騶虞，見澤之及物廣。麟趾言公子之仁厚，而詩特

[註80] 詳吳德功《瑞桃齋詩話・序》（南投：臺灣省文獻委員會，1992 年），頁 1。
[註81] 詳郭紹虞《中國歷代文論選》上冊（臺北：木鐸出版社，1981 年再版），頁 44。

　　美之曰：「吁嗟麟兮！」騶虞言國君之仁恩，而詩特美之曰：「吁嗟
　　乎騶虞！」故騶虞之序以為鵲巢之應，而見王道之成也。〔註82〕

文本承〈毛傳〉論點，將國風中的周南與召南，視為前後一脈相承的安排，
周南示教化影響之深，為王道之始；召南見德澤及物之廣，言王道之成。綜
而言之透顯聖王人文化成之效，是王道實踐進程的展現。作為《詩經》的讀
者，他詮解章法組織，也是藉由漢文化比興思維模式，綜合提攝以掌握編排
思維。

（二）詩與文化道通為一

　　詩與文化，就語言的第一義而言，是二種不同範疇。詩是文學結構型態
的藝術；文化則範疇廣闊，自具體型態的器物，而典章文物制度，乃至精神
層面的價值意義，凡能表現族群存在方式與生活智慧者皆屬之。由此觀之，
詩似乎不過是觀看文化的一道窗口。但是傳統詩歌的美學形式，由於短小精
練，又提供一開放自由的感悟空間，在族群價值意義思維之下，因應個人特
殊的性情、學養、際遇，往往發展出不同的詮解，唐人李商隱〈無題〉詩箋
注，引發的諸多爭論，足堪為證。因此詩無達詁，跨域多元應用的空間更大，
類別屬性遂顯得豐富多采。可以題畫綴飾、撰字作聯，成為視覺藝術；而或
師友交遊、外交應對，作為言說藝術；更可譜曲吟唱、祭祀賀節，成為聽覺
藝術。以詩作史，稱為詩史；國家有史，個人生平也是史。詩作為一種美學，
可以是文學，也可以是生活，更是文化。

　　孔子對於詩歌內容與社會文化的關係，就有清楚的認識。他說：「詩可以
興，可以觀，可以群，可以怨。邇之事父，遠之事君，多識於鳥獸草木之名」
〔註83〕這是讀者反應論述，但也指出詩歌在文化上的三個命題：其一、詩與
自然關係——鳥獸草木象徵生態環境，自然環境是形塑文化的外在條件，是
族群生命延續必須面對的自然課題。特殊的區域地理節氣、生態，孕育不同
的動植、物產，提供不同的生存資源，同時也隱藏難以抗拒的凶險。人如何
對待自然？如何克服天災磨難以求生存？或是如何因應自然進而利用厚生？
諸如此類人與自然的關係，引發的的天人思考，在漢文化思維系統裡，發展
出天人合一的價值觀。自然環境中的天地山川、動植物產，因而都成為感
悟興懷、比物聯類、就近取譬的符碼，這些符碼凝結為族群共識，成為「能

〔註82〕吳德功《瑞桃齋文稿》（南投：臺灣省文獻委員會，1992年），頁1。
〔註83〕詳清趙順孫《四書纂疏‧論語》（臺北：學海出版社，1977年），頁327。

指」，就具有呈現「所指」生活美感或智慧的作用。詩歌就是藉助能指的精神符碼，與族群美學形式，融入情感智慧的藝術實踐，因此自然、詩與文化，在漢文明的高度上三位一體。

其二、詩與人倫關係——事父、事君象徵家庭、社會倫理智慧，倫理智慧是維持人間社會的貞定力量，是文化的核心價值。詩歌肩負啟發倫理智慧的任務，〈毛詩序〉總結《詩經》的作用，即言在於：「經夫婦，成孝敬，厚人倫，美教化，移風俗」，〔註84〕可見詩的價值思維，就是文化精神意義的思維。由此進而推擴至整體生命智慧，就有其三、詩與教化的關係——詩與教化，一為文學，一為道德，屬性有別，其義相通。漢文化的價值思維，生命的二個意涵是自由與愛。儒家從素樸健康的生命狀態思考，強調充實而有光輝的愛；道家著重生命受傷負累、元氣耗損下的考量，強調生命的自由虛靈；〔註85〕孔子標舉人生道德修養的進程是：「志於道，據於德，依於仁，游於藝。」〔註86〕修養的最高境界是道，道兼攝仁德與藝術而言，仁德展現推愛充實之美，藝術則突顯優游虛靈之美；儒道二家各有側重，但充實與虛靈有無相生，相濟為用，始通於道。易而言之，詩歌與教化，如藝之與德，是族群文化價值的一體兩面。詩可以興，道德亦可以興；藉詩以興者為美育，因德而興者為身教。詩可以觀人之情志，察風俗之厚薄，考政治之得失。可以合群，以文會友、以友輔仁，馳騁外交，相與為善。可以抒怨，遣懷發憤，陳義諷諫。凡此種種，若非基於詩中蘊涵有共同文化記憶與價值判斷，作者與讀者如何縱貫百代，跨越四海，相與默契於心？

綜而言之，就語言的第一義而言，詩、自然、文化傳統，三者各有範疇，各有特色。就人文化成的文明高度觀察，以我觀物，物中有我，對自然的詮釋，仍是文化體系下的思維。文化的產生，又是人因應自然環境與生存需求，所凝結的智慧；詩是族群智慧呈現的方式，其中有自然亦有文化，故詩、自然、文化三者，道通為一。所以說，詩是族群美學形式的最佳實踐，是詩可以書寫文化記憶的基礎；而詩、自然、文化三者，道通為一，則是詩可以實踐點發、喚醒族群記憶的保證。

〔註84〕詳郭紹虞《中國歷代文論選》上冊（臺北：木鐸出版社，1980 年），頁 44。
〔註85〕佛家順生命負累的角度，往下探觸生命極苦難堪之際，主張慈悲喜捨，無限接納與包容，以更徹底的無為，獲取愛與自由。概括而言，亦與儒家思維互為兩端，故不另作討論。
〔註86〕詳清趙順孫《四書纂疏·論語》（臺北：學海，1977 年），頁 216。

他〈騶虞解〉對《詩經》的解讀,即此一文化詩學的論述:

……自來說騶虞者,皆以獸名言,〈毛傳〉謂:「騶虞,義獸。白虎,黑文,不食生物。有至信之德,則應。」《集傳》從之,而以此詩為美南國諸侯之事。嘆其仁心自然,是即所謂騶虞也。〔註87〕

文本解讀理路,雖是清代中葉以後,結合義理、考據、詞章為一的書寫風氣,但對騶虞的考證——「義獸。白虎,黑文,不食生物」,即是對自然生態的認知。「不食生物」說明這種動物草食的自然特性,草食而不欺凌弱小稱為「義獸」,則夾雜文化的價值判斷。透過人文觀照,則成為象徵「有至信之德」的「能指」符碼;凡與此相應者,就展現所指的意涵——「仁心自然」。其中有自然界動物之名,有詩歌比興美學,復有文化價值判斷,展現文化詩學的觀念。

但是純就詩歌組織呈現文化傳統,想像的空間彈性過大,主題難免過度隱晦不彰,而或迂闊渺茫、無所聚焦,因此文化詩話學的建構,在形式上運用詩與散文跨域結合,以散文指點提攝,詩文交相發覆,文化書寫脈絡更能清晰浮顯。《瑞桃齋詩話》以臺灣基層士人的閱歷,記錄當代知識階層的詩歌活動,呈現臺灣族群記憶。就體制形式而言,卷次編排有話,敘述話中有詩佐證;就內容而言,敘述話中有話,詩中亦有話。或直敘之以賦,或寄寓以比興,是文化詩話學觀念的具體實踐。而其觀念建構則肇始於文化詩學的涵養。

五、結語——比興傳統在臺灣族群文化建構的運用

近代漢語詩話的跨域書寫,拓展詩話體類的新視域,除文學品鑑外,時代關懷、區域認同、文化論述、女性書寫等,皆可成為書寫的核心範疇。因此詩話的建構,形式上仍是有詩有話,但詩從論述主題,轉換為話文佐證。內容則在詩、詩學基礎上,結合文化構面,發展出文化詩話學理念,而文化可以透過詩+話的思維與結構方式呈現。吳德功《瑞桃齋詩話》堪稱此一理念的具體實踐。

他因政治認同困擾,引發族群敗亡意識,與漢文化發展的憂慮。因此整理舊有文獻,搜集當代見聞,編寫詩話。取材範疇捨棄中原文化傳統文學史視域,文體敘事結構突出文獻紀事意義,呈現臺灣知識階層、庶民社會、多

〔註87〕吳德功《瑞桃齋文稿》(南投:臺灣省文獻委員會,1992年),頁1。

元族群的文化狀態，藉以建構特殊歷史文化語境下，臺灣族群文化記憶，展現清領以迄日治初期傳統文士對臺灣文化淵源、流變的紀錄。

　　文本多元族群的文化視域，是海洋文化醒覺開創新變的特色。而文化詩話學的美學理念，卻與中土內陸文明篤實和諧的詩文化思維淵源一脈。比興傳統是華夏詩文化美學策略，或言志以寓美刺，或觀志、觀風以知政治得失，言說者與閱聽者皆在興發感悟中，自得於心，實現「主文而譎諫」的美學訴求。《瑞桃齋詩話》述而不作的紀事導向，六卷章法的安排巧思，無非是比興手法的運用，以建構提供自悟的開放脈絡。而這種對潛在知音讀者的預期，是建立在共同文化記憶與價值判斷的基礎上。雖然文本凸顯臺灣在地思維，但華夏文化道通天地、天人合一的哲學觀，隨著臺灣社會的文治化與移民土著化，已內化為臺灣文化傳統的核心價值。因而比興美學策略與族群文化傳統交相發覆，成為他建構《瑞桃齋詩話》文化詩話學的美學思維。

第五章　文化詩話學的敘述實踐

　　文化詩話學的具體實踐，必須在詩、詩學與詩話學基礎上，挽合文化構面，突顯敘述主題。文化構面變動不居，詩心不同，詩歌文本各異其趣；詩學與詩話學亦不免有一番因革損益。《瑞桃齋詩話》述而不作的紀事導向，各卷章法的安排巧思，其中自有傳統詩歌美學比興手法的運用。但其捨棄傳統文學史視域，特殊的文獻處理手法，〔註1〕以及因應特殊歷史文化語境，建構臺灣族群文化記憶的意圖，交相發覆，建立臺灣詩話跨域書寫的類型。本章討論其敘述實踐，〔註2〕擬自取材範疇與角度、敘事結構與主題意涵等，觀察文本如何立足於臺灣，在共同文化記憶與價值判斷的基礎上，調合清國、日本二個異族，實現我族建構，展現清領以迄日治初期傳統文士對臺灣文化淵源流變的記錄。

一、清國敘述中的我族建構

　　就吳德功的儒學教養與文化視野而言，臺灣共同文化記憶與價值判斷，孔教聖道是最高宗旨。《瑞桃齋詩話》透顯的是傳承臺灣漢文化任務，書寫宗旨也據此為核心。（詳第三章）卷一〈詩法〉自詩歌美學面向呈現漢文化的淵

〔註1〕傳統詩話中，傳統文學史視域與文獻掌故處理，已兼而有之。但若如在詩話文本取材、編輯上，秉持詩史觀念，運用比興傳統，預設記錄時代文化記憶的意圖。是近代詩話跨域書寫的特色，對文獻資料處理，也自有特殊的思維。
〔註2〕此章係據舊作修改納入。詳林美秀，〈吳德功《瑞桃齋詩話‧佳話》的聖王建構〉‧《高雄應用科技大學人文社會學報》第 1 期，頁 1～12，2004 年 7 月。林美秀，〈盈虛理細推　不寐難報曉──《瑞桃齋詩話》文本的媒介特質與我族建構〉《高雄應用科技大學學報》第 35 期，2006 年 3 月，頁 15～32。前一篇出刊時曾將文書助理紀偉文列為第二作者共同掛名。

源及近代典範,(詳第四章之三)孤立單章解讀,就是詩學教本,文化詩話學的理念相對隱微不彰。卷二〈佳話〉原本為科考之士,對仕途的願景,無我族與他族認同的議題。政權移轉,〈佳話〉依然可以透過意義的轉變,象徵傳統知識份子的認同想像,關鍵在於面對我族與他者的對立歧異,如何超越形式上對壘,建立系統性判斷準則與敘述策略。文化詩話學的思維即是在孔教聖道的最高宗旨下,自詩歌美學面向切入,以實現我族建構。清朝以異族入主中國,在編輯書寫歷程中,因政權改隸,遂由我族而移轉成為他者,他如何自我解構與再建構,重新詮建構我族文化傳統呢?

(一)我族建構的策略

〈佳話〉首則有一段聖王圖像的敘述:

> 詩學之盛,莫盛於唐,而其君臣唱和者寥寥,獨至康熙、乾隆、嘉慶賢聖之君六七作,禮遇文士湛恩汪穢,(案:穢當作濊)輒賜御詩,其光寵甚於珠玉錦繡,雍雍大雅,可謂禮樂之君矣。[註3]

在他的觀照下,清國詩學上承盛唐,康熙、乾隆、嘉慶都是賢聖之君──聖王,這段聖王圖像的建構,弔詭的夾纏著真實與想像的糾葛。在詩話採編之初,固然是台灣基層知識份子,在制式儒學教養,與世俗儒教薰陶下,對科舉功名的想望,以及內聖外王事業的期盼。但歷經乙未變革,擴展規模後的文本,則成為作者溯源文化血脈的依據。此一文化血脈就是孔教聖道的禮樂道統,而康熙、乾隆等結合政統與道統的聖王──禮樂之君,便是我族。詩學之盛,君臣唱和相得之樂,詩是媒介,是禮樂文化的象徵。在此一判準下,雍雍大雅的君臣唱和佳話,便成實踐建構我族文化傳統的策略。此一敘述實踐可就二個角度觀察:

1.敘事結構模式

就〈佳話〉而言,卷下自題註明是收錄:「清國君臣唱和及各詩家」,[註4]文本取材的確以此為範疇,總計五十七則,所列清國君王,有順治、康熙、雍正、乾隆、嘉慶、道光六君,其中聖祖康熙朝二十則,高宗乾隆朝十五則,占其中大半;[註5]所錄詩家九十人中,唯朱竹垞、沈德潛、宋犖、陳

〔註3〕吳德功《瑞桃齋詩話》(南投:臺灣省文獻委員會,1992年),頁61。
〔註4〕詳吳德功《瑞桃齋詩話》(南投:臺灣省文獻委員會,1992年),頁61。
〔註5〕卷二計五十七則,依編排先後次第為序,確切為聖祖時期二十則,(則1、8、12、13、26、27、28、29、30、31、32、34、35、36、39、47、48、49、50、

維崧、查慎行等寥寥少數堪稱名家，與自序所述採輯吉光片羽以流傳不朽的
意圖，不盡相符。

　　觀察文本的敘事型態，可以發現一些端倪，通卷中敘事結構約有四種基
本類型：

（1）「記事主生平事」加「所受恩賜」或加「評語」

　　錢塘梁文莊公詩正，受憲廟高廟兩朝知遇，出入館閣，入直樞垣，
　　恩榮備至，父年八十，乞假歸養，上賜詩云：「身依東壁圖書府。家
　　在西湖山水間」，又御書「湖山養福」四字賜之，可謂極文人之榮
　　矣。〔註6〕

前段「受憲廟高廟兩朝知遇」敘其所受世宗、高宗前後二代榮寵，後段載錄
賜詩「身依東壁圖書府。家在西湖山水間」、賜書「湖山養福」之事，而以
「可謂極文人之榮」評語作結。

（2）「記事主生平事」加「所受恩賜」加「事主詩」或加「評語」

　　朱尚書之錫，初為學士，世祖幸館中，賜筆札，賦詩有有（案：有
　　一為衍字）「禁內盤盂皆敬勝，猶懷筆諫效前賢」之句，上喜之，
　　賜坐。後為河督十年，竭力修築，卒為河神，每著靈應，建祠祀
　　焉。〔註7〕

「為學士，世祖幸館中」、「後為河督十年，竭力修築，卒為河神」等記生平
事；「賜筆札」、「上喜之，賜坐」、「建祠祀焉」等為所受恩賜；「禁內盤盂皆
敬勝，猶懷筆諫效前賢」之句為作者詩。

52）高宗時期者十五則，（則3、4、16、17、18、19、20、25、33、44、45、
46、53、55、56）。其餘二十二則，順治至聖祖一則，（則10）順治至世宗一
則，（則41）聖祖至世宗三則，（則15、51、54）聖祖至高宗三則，（則21、
42、43）世宗雍正五則，（則22、24、37、38、40）世宗至高宗四則，（則2、
11、14、22）高宗至仁宗三則，（則5、6、7）高宗至宣宗一則，（則57）仁
宗一則。（則9）詳吳德功《瑞桃齋詩話》（南投：臺灣省文獻委員會，1992
年），頁61～108。茲列表如下：

朝代 君主	聖祖	高宗	世宗	仁宗	順治至 聖祖	順治至 世宗	聖祖至 世宗	聖祖至 高宗	世宗至 高宗	高宗至 仁宗	高宗至 宣宗
則數	20	15	5	1	1	1	3	3	4	3	1

〔註6〕吳德功《瑞桃齋詩話》（南投：臺灣省文獻委員會，1992年），頁61～62。
〔註7〕吳德功《瑞桃齋詩話》（南投：臺灣省文獻委員會，1992年），頁98。

（3）純記賜宴賦和或加「評語」

> 高宗駕幸翰林院，賜宴與諸臣聯句，和韻煙、仙二字，多佳句，張
> 文端公和云：「傳家自有金泥籍，滿袖濃攜寶篆煙，更愧攝官居秘
> 省，日趨香案領群仙。」浙江錢文端公云：「不到五雲清秘地，那知
> 人世有神仙。」勵宗萬侍郎直隸人：「瀛洲珥筆人何幸，一食金丹骨
> 便仙。」又云：「史館親臨從未有，玉堂佳話一番新。」汪文敏公云：
> 「繽紛更拜承筐賜，馥郁同攜滿袖煙。」劉文正公云：「宮商協韻朱
> 絃奏，鼎鼐香凝玉篆煙，甘露親從天上得，縱教凡骨也登仙。」可
> 知金馬玉堂，真富貴神仙也。〔註8〕

此則所錄皆賜宴與諸臣聯句，僅於末尾加「評語」──「可知金馬玉堂，真
富貴神仙也」。

（4）記事主生平

> 康熙癸未，連得會元、狀元者，則王樓村式丹。年近六十，始登鄉
> 薦，生平積學嗜古。宋牧仲選江右十五子詩，樓村其最也。〔註9〕

〈佳話〉收錄總計五十七則，四種基本敘事型態中，第三類有二則，第四類
三則，第一、二類最為典型，而所謂的典型，就是明確的將詩家生平與帝王
行事挽結合併敘述，第三、四類在型式結構上雖然略為不同，思考上仍然延
續這樣的模式。由此可見，在作者書寫意圖下，記詩家可以不必是名家，也
可以不必錄「事主詩」。就是所錄「事主詩」也是如「禁內盤盂皆敬勝，猶懷
筆諫效前賢」之類，以紀恩、廟堂酬和為主，而非詩家文學藝術上受到肯定
的作品，明顯脫離了文學主軸。

2. 敘事主題意涵

在敘事結構模式的基調上，文本內容已暗藏豐富的訊息。他對康熙的敘
述側重在二個層面：一為拔擢人才，如：

> 清聖祖嘗謂侍臣曰：爾聞江南三布衣尚未仕耶？蓋指秀水朱彝尊、
> 吳錫嚴繩孫、慈谿姜宸英。康熙丁丑，（三十六年，1697）年七十，
> 試禮部。上曰：「宸英積學能文，至老不倦，可置一甲，為天下讀書
> 人勸。」遂及第。朱嚴二公皆舉博學鴻詞科，授編修。上賜衣帽……

〔註8〕吳德功《瑞桃齋詩話》（南投：臺灣省文獻委員會，1992年），頁81～82。
〔註9〕吳德功《瑞桃齋詩話》（南投：臺灣省文獻委員會，1992年），頁93～94。

> 上賜宴，又以肴果賜家人……〔註10〕

> 江蘇葉文敏公方藹，父重華，明太常寺少卿。公能世其家學，順治
> 以探花及第……聖祖召入內廷歌昇平，尋授侍郎。〔註11〕

開博學鴻詞科，提拔江南三布衣朱竹垞、嚴繩孫、姜西溟等；〔註12〕啟用先代遺老後裔——葉方藹。另有不由科目出身者，如宋犖襲父蔭，任侍衛，洊升封疆大臣。以其詩文為當代推重，常召對嘉勉。〔註13〕二為禮遇大臣，如禮遇陳元龍，賜其乘馬入紫禁城，退休乞歸，令六部滿漢臣僚餞送。范鎬鼎進士養母不仕，舉鴻詞不出，御書「山林雲鶴」賜之。〔註14〕大抵而言，對聖祖敘述的主題，在於不論出身唯才是用，野無遺賢。雖為明代遺臣後裔，亦所任用。陳元龍致仕，世宗和詩，藉著賞賜御書詩聯，展現對臣僚的眷顧。

對於乾隆的敘述，則更著重在君臣唱和層面：

> 高宗學問淵博，值昇平，一時聖主賢臣賡歌賦和，御製〈貢院詩〉
> 四首有：「志聖賢志應須慎，言孔孟言大是難。」和者佳句可誦，如
> 德齡云：「石多似玉分須急，金必披沙揀最難。」又結韻云：「聖朝
> 樂育同天地，何況琴材爨未殘。」……讀此足見明良一德，千古莫
> 與京矣。〔註15〕

> 沈德潛號歸愚，江蘇人也，年六十六，始舉於卿，（案：卿當作鄉）
> 乾隆丙辰舉博學鴻詞科，（1 年，1736）不遇。己未成進士，（4 年，
> 1739）尋授編修。高宗嘗於《南邦黎獻集》中，見公詩，賞之，曰：
> 「沈德潛係老名士。」命和〈消夏十詠〉，稱旨；以後疊蒙賡和；（案：
> 疊當作迭）丙寅授內閣學士。（11 年，1746）請假葬父，上賜詩寵
> 行，有云：「我愛德潛德，醇風抱古初。」錢侍郎陳群和云：「帝愛
> 德潛德，我羨歸愚歸。」上嘉賞焉。丁卯還朝，（12 年，1747）又

〔註10〕吳德功《瑞桃齋詩話》（南投：臺灣省文獻委員會，1992 年），頁 87～88。

〔註11〕吳德功《瑞桃齋詩話》（南投：臺灣省文獻委員會，1992 年），頁 72。

〔註12〕江南三布衣另有一說，為潘耒耕、（耦耕當作次耕，為潘耒字）姜西溟、朱竹垞。詳吳德功《瑞桃齋詩話》（南投：臺灣省文獻委員會，1992 年），頁 61。另詳本章註20。

〔註13〕詳吳德功《瑞桃齋詩話》（南投：臺灣省文獻會，1992 年），頁 73。

〔註14〕詳吳德功《瑞桃齋詩話》（南投：臺灣省文獻委員會，1992 年），頁 92、97。

〔註15〕吳德功《瑞桃齋詩話》（南投：臺灣省文獻委員會，1992 年），頁 79。

賜詩曰:「朋友重然諾,況在君臣間;兒輩粗知書,相期道孔顏。」尋以年老請歸,上許之,且曰:「朕於德潛,可謂以詩始,以詩終矣。」又賜詩云:「清時舊寒士,吳下老詩翁。」又云:「近稿經商榷,(案:榷當作權)相知見始終。」陛辭,又賜詩四律,首章云:「高尚特教還故里,清標終惜去朝班。」三章云:「笑予結習多難遣,嘉爾臨文不忘箴。」皆異數也。上欲南巡,先賜公詩云:「為語餘年須愛惜,來春吳會共論文。」明年迎駕江浦,溫諭詢吳民疾苦,命在籍食一品俸;又賜人蔧緞帛,並詩云:「玉皇案吏今煙客,天子門生更故人;別後《詩裁》經細檢,當前民瘼聽頻陳。」公生平有詩集,求上賜序,上〈序〉云:「德潛之詩,遠陶鑄乎李杜,而近伯仲乎高王。」公選國朝詩,中列錢謙益、錢名世諸作。上賜〈序〉責其失當,而待公如初。丁丑上又南巡,(22 年,1757)又稱公為「蓬瀛人瑞」,賜詩云:「星垣帝友豈無友,吳下詩人尚有人。」其得聖眷有如此者,年九十七而卒,乾隆三十四年也。(1769)贈太子太師,入祠賢良,賜祭葬,謚文愨。御製詩悼之,云:「壽縱未能臻百歲,詩當不朽照千秋。」可謂恩禮始終矣。公著作多難於盡錄,記恭和御製自金山放船至焦山,用東坡韻,詩云……〔註16〕

大學士傅忠勇公恒,乾隆間平大金川,欲進除餘黨,上召還,諭曰:「大學士輔弼元臣,豈與閫帥爭一日之績耶?」示以詩三章,有句云:「功成萬骨枯何益?壯志何須效貳師?」又云:「上將有心期利執,大君無□不包蒙。」(案:無字下當缺「事」字)又云:「晉國勤勞予廑念,速歸黃閣贊元功。」大哉王言!所由聲教遠訖,罔不率從也……〔註17〕

上嘗宣召張南華,時已歸寓。上以詩責之,曰:「傳宣學士為吟詩,勤政臨軒未退時,試問羔羊三首內,可曾此際許委蛇?」南華依韻和進,有「溫語更欣天一笑,翻教賜汝得便宜」之句,又以所畫「日長山靜」便面進呈,上題云:「彷彿前生是葛三,畫禪瀟灑擅江南,大癡更擅坡仙筆,勁敵江山兩不慙。」蓋以東坡相比也。南華詩才敏捷,每日宣和至再至三,詞館盛稱奇遇,蓋古來君臣唱和,

〔註16〕吳德功《瑞桃齋詩話》(南投:臺灣省文獻委員會,1992 年),頁 63～66。
〔註17〕吳德功《瑞桃齋詩話》(南投:臺灣省文獻委員會,1992 年),頁 101～102。

如虞廷賡歌、周室卷阿尚已！三代下漢武帝、唐太宗、宋仁宗亦有

唱和之辭，然皆君唱臣和，未有臣作詩而君和韻者，真千載一時

也。〔註18〕

在這些文本中，乾隆一朝儼如堯天舜日，高宗是「學問淵博」的聖主，文士是昇平盛世的賢臣。在君臣互動中，不論是召對取樂，拔擢人才，而或政事活動，詩文唱和都可以成為活動媒介的主軸。而高宗的圖像是多元的，他是獎掖詩文風氣的倡導者，再現虞廷賡歌的風雅。他也是作手，與臣下唱和，賜詩獎賞，藉詩示諭。更是優秀的品評者，非但熟悉詩歌美學，深知孔顏樂處，更能禮賢下士，展現雍容大度的王者風範。「大學士傅忠勇公恆」條，以詩表達對勘亂戰爭的裁示，堪稱典範。他深知戰爭的傷害，對戰爭的拿捏，別有人道的關懷，儼然是無敵的仁者。「上嘗宣召張南華」條，關於他與張南華互動的記載，更透顯出對詩的躭溺，與純真無邪的詩心。當他詩興勃發，為找到唱和對手，還不惜緊迫盯人，下通知到家裡拿人，而被通緝的張南華，竟也無畏於蹺班的事實，不知開了皇帝什麼玩笑，而高宗也不以為意，竟還和詩開玩笑回罵他是「得之便宜又賣乖」，見進呈「日長山靜」便面，更揮筆題字，譽為媲美東坡。在吳德功看來，高宗能紆尊降貴，放下身段與臣下和詩，千載以來別開生面，其風雅處不下於虞廷賡歌。

綜合以上論述，〈佳話〉各則文本敘述主題，都從恩遇的角度思考，以「沈德潛」條為例，大都書寫他在人生重大階段，受到高宗眷顧的事實，而且大量收錄御製詩，〔註19〕至於他本人詩作，僅摘錄一首附於末尾。沈德潛為清初重要詩家，但主題不在於詩人，而是以詩人作為高宗襯托，突顯高宗的聖德、才情，高宗不但是詩人的伯樂，詩作更儼然與詩人並駕齊驅，一則詩家紀事，書寫主題卻轉移到君王身上，自然不必大力推介詩人創作，康

〔註18〕吳德功《瑞桃齋詩話》（南投：臺灣省文獻委員會，1992 年），頁 107。

〔註19〕就沈德潛號歸愚條觀察，收錄乾隆御製詩語，有「我愛德潛德，醇風抱古初」、「朋友重然諾，況在君臣間，兒輩粗知書，相期道孔顏」、「清時舊寒士，吳下老詩翁」、「近稿經商確，(案：確當作榷) 相知見始終」、「高尚特教還故里，清標終惜去朝班」、「笑予結習多難遣，嘉爾臨文不忘箴」、「為語餘年須愛惜，來春吳會共論文」、「玉皇案吏今煙客，天子門生更故人，別後《詩裁》經細檢，當前民瘼聽頻陳」、「星垣帝友豈無友，吳下詩人尚有人」、「壽縱未能臻百歲，詩當不朽照千秋」等十處。而僅錄德潛〈記恭和　御製自金山放船至焦山，用東坡韻〉詩一首。詳吳德功《瑞桃齋詩話》（南投：臺灣省文獻委員會，1992 年），頁 63～66。

熙、乾隆君臣唱和的聖王圖像也就突顯而出。此卷名曰「佳話」,即已點出敘
述主題:

(二)聖王建構與我族認同

〈佳話〉首則對於聖王圖像的補註,頗有序言的意味:

> 詩學之盛,莫盛於唐,而其君臣唱和者寥寥,獨至康熙、乾隆、嘉
> 慶賢聖之君六七作,禮遇文士湛恩汪穢,(案:穢當作濊)輒賜御
> 詩,其光寵甚於珠玉錦繡、雍雍大雅、可謂禮樂之君矣,且疊舉鴻
> 詞科,(案:疊當作迭)江南三布衣潘耦耕,[註20]姜西溟、朱竹垞
> 皆與館選。野無遺賢,所以舉世蕩平也。[註21]

「野無遺賢」「舉世蕩平」是政治敘述;「詩學之盛」「君臣唱和」是文化活動。
他將漢文化的政治典範與美學特質挽結起來,論斷文明發展的進程,「詩學之
盛,莫盛於唐」──認為唐朝是一個文化的高峰期;但就政治典範中的代表
人物觀察,君臣唱和者寥寥,猶有不足。至康熙、乾隆之世,賜詩臣僚,歷
代堪稱獨步。吳德功將這樣的君臣相得之樂,媲美於虞廷賡歌,而康熙、乾
隆就是雍雍大雅的「禮樂之君」,是堯舜禹湯一脈相承聖王的繼承者。這段序
言開宗明義的宣示:清朝是又一個漢文化的高峰期。換句話說,儒家的禮樂
道統與文化美學,是我族建構的核心判準。

在他心目中,「賜御詩,其光寵甚於珠玉錦繡」,「詩」作為禮物,指涉的
是精神性靈的相契,舜的虞廷賡歌,美在於韶樂,康熙、乾隆君臣相得的信
物則是漢語詩歌。清初君臣唱和風氣的深層意涵,依照吳德功的解讀,是象
徵著文化心靈的共鳴。文本採編之初,禮樂之君,象徵天下有道,野無遺
賢。對於數載寒窗苦讀的莘莘學子,是一種大展鴻圖的保障,是理想實踐的
希望。易代之後,康熙、乾隆相對於漢民族為異族,身為異族帝王,而沉醉
於漢文化的詩樂之美,這種對禮義之邦文化認同的喜悅,才是君臣唱和相得
之樂的精義;從這個角度理解賜御詩的光寵,才能體會到異族臣僚刻骨銘心

[註20] 「江南三布衣」事另見於他處:清聖祖嘗謂侍臣曰:「爾聞江南三布衣尚未仕
　　　耶?」蓋指秀水朱彝尊、無錫嚴繩孫、慈谿姜宸英。詳吳德功《瑞桃齋詩話》
　　　(南投:臺灣省文獻委員會,1992 年),頁 87。潘耦耕為誤植;耦耕當作次
　　　耕,係潘耒字。潘耒(1646~1708)江南吳江縣人。康熙 18 年己未舉博學鴻
　　　儒,(1679)官翰林院檢討。著《遂初堂詩集》、《文集》《別集》。詳錢仲聯《清
　　　詩紀事》(江蘇:江蘇古籍出版社,1989 年),頁 2799。
[註21] 吳德功《瑞桃齋詩話》(南投:臺灣省文獻委員會,1992 年),頁 61。

的感動。

　　透過文本對康熙乾隆的敘述，正好呈顯出他們同化為禮義之君的傳承。康熙時期為認同初期，君臣唱和以臣僚應製作詩為主。所賜御詩大抵為題賜「贊語」如賜「忠孝」二字之類；〔註22〕臣僚或應製作詩，或因「蒙賜狐裘、紫貂珍物」等而為紀恩之作。文本鮮少載錄康熙詩作，〔註23〕而著重於他對漢族知識份子拔擢、禮遇的書寫，就在於藉著突顯他對禮義價值的實踐，以象徵對漢文化的認同。到了乾隆，君臣唱和的景象有了改變，虞廷賡歌不但是以漢語詩歌為主力媒介，而且君臣都是作手，滿族君王與漢族臣僚相得於漢語詩歌酬唱，甚且「臣作詩而君和韻」相樂於詩而忘其尊卑，乾隆對漢文化的認同與熱情，可以說是在康熙對禮義價值的實踐基礎上，向前推進了一步，所以吳德功給他的評價極高，認為是三代以下「千載一時」，漢文化道統的繼承者。因此〈佳話〉直接置於卷一〈詩法〉之後，在漢文化美學基礎上，融入儒學價值意義，突出文化詩話學的敘述思維。

　　卷三〈詩遺〉「摘錄流寓及本島諸作」，〔註24〕則從個人儒學價值意義形成的角度，透過詩話敘述，呈現清朝漢文化傳統，如何透過儒學教育與仕宦流寓人士的往來酬酢，輸入臺灣社會，成為臺灣漢文化的脈絡。卷首載錄朱樹梧知彰化縣事，附記二人師生情誼，及和韻詩作；其中有儒學價值典範的薰陶，亦有詩歌美學的遊藝，殆如地方版的虞廷賡歌。（詳第一章之一、二）環繞唐景崧所開展的相關文本，也具此文化類薪傳的意涵：

> 臺撫唐薇帥景崧，前蒞臺灣道。公餘之暇，署中集紳士僚屬幕友，刻燭限鐘，嵌字聯吟，積成卷帙，名曰《詩畸》。集中刊選甚富，無美不備；足以倡持海外風雅。前已錄十數對，爰摘數聯，以紀其盛。〔註25〕

〔註22〕康熙時，高士奇曾有詩〈紀賜忠孝二字〉及〈恭紀賜御書竹窗二字〉；陳元龍曾獲賜「御書」、「鳳池良彥」額、「南郊日永」額；李光地乞歸，賜匾「謨明弼諧」。詳吳德功《瑞桃齋詩話》（南投：臺灣省文獻委員會，1992 年），頁 69～70、92～93、94。題賜「贊語」大抵諸如此類。

〔註23〕詩話載錄康熙賜詩語事僅二處，曾賜聯宋犖，一為五言聯「官箴三分懍，家學一經傳」；一為七言聯「地聯江海屏藩重，賦甲東南節鉞雄」；乞休之日，賜詩曰：「久任封疆事，蘇臺靜點塵」。另王頊齡乞歸，（案：頊齡：文本誤作項齡）亦有賜詩曰：「跡與松喬合，心緣起沃留」。詳吳德功《瑞桃齋詩話》（南投：臺灣省文獻委員會，1992 年），頁 73、98。

〔註24〕詳吳德功《瑞桃齋詩話》（南投：臺灣省文獻委員會，1992 年），頁 109。

〔註25〕吳德功《瑞桃齋詩話》（南投：臺灣省文獻委員會，1992 年），頁 196。

> 唐撫帥於邱山根中會榜後，（案：山根當作仙根）到道署時，贈以
> 詩。云：「數年不見邱才子，今日登門喜欲狂；滄海魚龍須變化，秀
> 才文字益商量。聽濤亭上燈重整，觀海臺中酒再香；自此詩人應破
> 例，勳名特署水曹郎。」師弟相得，罕逾其匹。每留署分韻拈詩，
> 一時傳為佳話。〔註26〕

唐景崧象徵臺灣文化發展的分水嶺，於乙未改隸之際，與臺灣關係密切。1885
年任臺灣兵備道，（光緒11年）1891年任布政使，（光緒17年）1894年擔任
臺灣巡撫，（光緒20年）1895年臺灣割讓，士紳推舉為民主國總統，事敗逃
亡廈門。擔任兵備道時並兼攝學政，前後治臺十年，如清朝皇權的在臺延伸。
政事之餘，他「署中集紳士僚屬幕友」，或嵌字聯吟，或分韻拈詩，倡持海外
風雅，影響臺灣政治文化的發展，《詩畸》之集，以證其盛況。他對學生邱逢
甲的稱賞，直呼其為「邱才子」、「水曹郎」；盛讚其才學精進，如「滄海魚龍
須變化」。所謂「師弟相得，罕逾其匹」，就當時歷史語境中政治官場倫理而
言，提高規格殆如康熙、乾隆禮樂之君的角色。

　　順此以觀，卷三〈詩遺〉可堪視作臺灣版的〈佳話〉，縱然別具特殊的地
域文化景觀，但儒家價值意義與內聖外王理想的堅持，在詩話敘述中流露無
遺。而卷四〈詩鐘〉兼收臺灣與中國福州湖北各地吟社或文人雅集的遊藝吟
詠，則標幟臺灣傳統漢文化詩歌美學品味，如同中國各地，具有相當的普遍
性，且聯吟、分咏、拈字圖詩、鉤詩等活動型態不一而足。故卷首即指出清
領晚期：「臺灣開闢二百餘年，文風日盛，有海濱鄒魯之風」。〔註27〕總之，
透過聖王建構清朝被賦予「我族」意涵，代表臺灣漢文化傳統的根源，承自
清領時期的治理，上與堯舜禹湯文武周公孔子文化道統血脈相連。而自聖王
虞廷賡歌，延伸至臺灣師弟相得、師友酬唱，清朝敘述中的我族建構於焉完
成；吳德功也不著痕跡的達成文化詩話學的敘述實踐。

二、日本敘述中的我族建構

　　易代之後，成了日本殖民，面對異族統治，與現代文明的衝擊，他如何
自我調適，以重構我族的文化視野？有關日本漢語傳統詩歌的載錄，透露出
他的思維。日本漢語傳統詩歌的載錄，主要集中在卷六〈詩錄〉，而卷五〈詩

〔註26〕吳德功《瑞桃齋詩話》（南投：臺灣省文獻委員會，1992年），頁115。
〔註27〕詳吳德功《瑞桃齋詩話》（南投：臺灣省文獻委員會，1992年），頁159。

史〉象徵臺灣改隸史，作者在次第上安排，透顯出對此一階段的認同，視之為臺灣歷史發展的新里程，究竟他如何看待這個階段的演變？而認同的意涵為何？以下就取材範疇與角度及敘事結構與主題意涵觀察：

（一）取材範疇與角度

〈詩錄〉所載部分是交游見聞，部分則摘錄自新聞資料，其取材範疇如下：

1. 敘述日東文教

大抵從漢文化的角度，敘述日人的文教成就，如第 1、2、7、11、14 則等，以第 11 則為例：

> 駐臺通譯官，案上有漢文講義，所摘者《論語》《孟子》《春秋》古文，子集如《孫子》《莊子》以及《漢書》《史記》皆摘章，每三頁即易一卷，每卷末付《樂有餘堂詩集》，但不知其姓氏，所摘皆七言絕句，分二十餘體，首以風雅頌冠，次或古體、聯句體，名目甚多，每作一體，即引清國之名家為證，如杜甫、蘇子瞻及船山、袁倉山等諸先輩……世傳秦始皇方士徐福，請三百童男女，泛舟求仙不回，今閱集中有〈咏徐福墓〉，詩云……統觀詩集中所用故事、詩律、筆法，不出唐詩範圍，觀集中〈偶成〉云：「書篇擬學王還衛，詩又貪看唐及清。」其嗜好可知，足見日東文教振興，講究音律，所以此翻來臺兵士多能吟咏，（案：此翻當作此番）知其平居揚扢於詩教也深矣。〔註28〕

此段係就一位駐臺通譯官案頭書所作觀察，敘述日東文教的盛況，觀察點有二，一為閱讀摘錄自《論語》《孟子》《春秋》《孫子》《莊子》《漢書》《史記》等典籍的漢文講義，二為詩集中所用故事、詩律、筆法不出唐詩範圍。精確的說美學典範是取諸唐、清名家。撇開外交人員對派駐地文化基本素養的需求不談，僅就案頭書與漢文化譜系的關聯性興發感觸，援引集中所錄「書篇擬學王還衛，詩又貪看唐及清」句，證其美學嗜好與臺灣殊無二致。可知其觀察的角度，係就我族與他者的對立態勢，被殖民者對殖民政權的仰望，無視於政治外交場域，爾虞我詐的攏絡、懷柔策略。就辦公案頭現場布局表象取材，透露日人對漢文化美學與價值思維認同的氛圍。如此載錄而讚嘆其文

〔註28〕吳德功《瑞桃齋詩話》（南投：臺灣省文獻委員會，1992 年），頁 220～223。

教之盛，透過文化的尋根溯源，別有挽結我族與他者的效用。

2. 流寓書懷

載錄旅臺仕宦、文人的異鄉情懷，如第 12、13、14、15、16、17、18、20、22、23、26、31 則等是，以第 26 則為例：

> 十五國風詩，多係勞人思婦，而臺灣歸東以來，官僚士人吟咏，亦多感慨之作。岩佐眉山〈丙申書懷〉云：「梗泛多年少定踪，飄蕭書劍度三冬，風塵久閱崢嶸險，渤海猶餘磊落胸。遠戍邊關憂萬里，青山故國夢千重，高歌半夜驛樓酒，雪滿江城何處鐘。」本田種竹評曰：「感慨自中生，頗見清壯之概。」（案：概當作慨）……富田鉄耕五古云：「問余何所有，心與片雲悠，笑見鏡中影，無愁亦白頭。」青田山人評云：「古調古者大有李青蓮之風。」（案：古者當作古音）……武陽荒北〈丁酉新年〉云：「荼艱嘗盡志終空，驥足徒羞櫪櫪中，伯樂不逢年又老，敝衣蓬髮入春風。」〔註29〕

此類文本載錄日本官僚士人遠戍臺灣，或思念故鄉或懷材不遇的種種情懷，當中亦間有詩人同儕的評論。文學藝術的產生，是基於作者與讀者面對類似的存在語境，會有共同的興發感動，因此作者藉以書寫情志，讀者得以披文入情，超越時空共感共鳴。吳德功將此類流寓書懷詩作，比諸十五國風勞人思婦的感慨，其客觀因素，在基於離鄉背井的遠遊，人在異鄉感觸良多。如：岩佐眉山因遠戍邊關而傷漂泊。富田鉄耕雖消遙異鄉，然「無愁亦白頭」，感慨歲月不饒人。武陽荒北他鄉謀發展，但「荼艱嘗盡志終空」「伯樂不逢年又老」，有不盡落拓之悲。就詩歌形式美學而言，他們都是傳統漢語詩歌的認同者，願意以漢詩書寫情懷。就生命情調而言，詩人與論者同儕或儒或道，或務充實或尚虛靈，或因時事而發清壯之慨，或超凡絕俗抒悠悠之情，殆與華夏儒道美學內涵，同一旨趣。但就人性普遍情感的高度詮解，此類官僚、流寓，或感漂泊，或傷歲月，或述懷才不遇之悲，也可說是人之常情而已，不必然與流寓臺灣的特殊處境相關。吳德功的類比，更近乎漢文化同理心的體現。但載錄此類傳統漢語詩歌的創作與品評者，可觀察日治時期臺灣漢詩的新作者、新評論者，及其表現內容與文學、文化上的意義。

3. 寫文人雅集

載錄臺日詩人酬唱之樂，如第 6、29 則等，亦有文化上惺惺相惜之意。

〔註29〕吳德功《瑞桃齋詩話》（南投：臺灣省文獻委員會，1992 年），頁 237～238。

以第 29 則為例：

> 台灣歸東二年，地方頗見安謐，臺北開玉山吟社，逐月擬題，刊在
> 《新報》，限日投繳，兵燹之後，見此嫻雅之舉，亦文人之樂事也。
> 而報館主筆田川吉太郎學問淵博，[註30] 將吟社詩摘刊新報，皆有
> 可觀。〈丁酉正月課題〉：（1897）「松影映水鹿，溪倚南窗詩。」僕
> 云：「重重鱗綠又髻蒼，倒影池塘帶夕陽。夜月未曾開一面，陰濃欲
> 暗白鷗鄉。……頑幹誰來留色相，灘頭朗朗浴銀蟾。」七律臺北人
> 陳淑程^{名洛}云……李石樵^{秉鈞}云：「長松不畏雪霜侵，影落寒潭百尺深，
> 風雨一江驚鷗夢，波濤萬派壯龍吟。丈夫夙具廻瀾志，此老應無逐
> 浪心，安得棟樑成偉器，等閒莫任斧斤尋。」玉山吟社又以〈丁酉
> 新年〉作題，士居香國七律云：（案：士居香國當作土居香國）「蓬
> 瀛淑氣盎然通，喜看朝陽紅麗東，鳳闕雲霞千里蔚，日章旌旆萬
> 家雄。堡庄南北拜正朔，文武衣冠非舊風，何幸舉杯新版籍，歡呼
> 聖壽頌無疆。」李石樵云……鐵研橫堀云……陳淑程云……原田吉
> 郎云……皆堂皇冠冕，開國元音。[註31]

日臺詩人酬唱交流，可以三兩好友聚會為之，但此處係以詩會結社型態進
行。1896 年臺北成立玉山吟社，由加藤重任、（雪窗）水野遵、（大路）土居
通豫、（香國）伊藤天民、白井如海等日人及章炳麟等二十多人創立。社員以
日人為主，臺灣士紳如李茂清、李秉鈞亦參與其中。欲藉文字因緣，聯絡臺
日聲氣。逐月擬題徵詩，並摘錄刊於報紙——《臺灣新報》，以收流傳推廣
之效，因此能吸引散居南北各地的同好參加。在遭逢滄桑變局、淪為異國殖
民的知識份子看來，當中值得喜悅的事有二，其一，漢語詩歌受到殖民政權
的重視，不但結社活動，還運用現代文明的傳播媒體推波助瀾。讓傳統知識
階層在武功盡廢、前途無望的魔咒中，驚覺猶有一線生機。李石樵「安得棟
樑成偉器，等閒莫任斧斤尋」語，帶著亂世被殖民者的憂懼，猶能公然刊登
報端。當時情境的確是「兵燹之後，見此嫻雅之舉，亦文人之樂事也」，個中
充滿著我族與他者相遇的驚嘆與欣喜。其二，尤有甚者，日本來臺人士土居
香國、鐵研橫堀、原田吉郎等皆嫻於傳統漢語詩歌的創作，以〈丁酉新年〉

[註30] 此則記丁酉年事，（1897，明治 30 年）《臺灣新報》當時報館主編為田川大吉
　　　郎，非「田川吉太郎」。
[註31] 吳德功《瑞桃齋詩話》（南投：臺灣省文獻委員會，1992 年），頁 242～245。

作題書寫，與其他臺籍傳統知識階層一般，皆展現「堂皇冠冕，開國元音」的盛大氣象。吳德功載錄玉山吟社活動，殆視其如清領時期臺灣巡撫唐景崧的牡丹吟社，透過漢詩媒介，自上而下翕揚風雅。然此活動紀實，脫離存在語境的艱難體驗，容易為反殖民者視之以諂媚逢迎、腐朽失節。然他取材的角度，既本諸臺灣改隸的政治現實，及臺灣傳統文化發展的脈絡，別有革舊鼎新文明發展的思維寄寓其中。

4. 問俗采風

此類為另一種型態的文人雅集，大抵是殖民政府官僚因公巡視，邀集當地文士聚會唱和，卷中第 13、25 則最為典型，以第 25 則為例：

> 民政局長水野大路，於丁酉之春巡臺，問俗采風，民賴以安。車馬徵逐之秋，猶不廢吟咏，其臺南〈弔五妃墓〉詩云：「小尖嶺外欲黃昏，桃李花飛春有痕，邈矣安平當日事，青山如夢護香魂。」蔡玉屏和云……王藍石和云……羅蔚村云……總督府秘書監白井新太郎云：「下馬尋墳日已昏，杜鵑花發血多痕，昔日芳烈今空說，憑弔誰人不斷魂。」〔註32〕

民政局長水野大路訪視臺南，因與蔡玉屏等人吟詠南明寧靖王五妃墓，此則雖為文人雅集，但創作背景肇因於「問俗采風、民賴以安」。頗有〈毛詩序〉所謂「上以風化下，下以風刺上」之旨。〔註33〕且因係參觀當地著名史蹟而作，錄詩固然可視為一般性的問俗采風。重點則在「車馬徵逐之秋，猶不廢吟咏」。觀察角度仍基於文化認同，透過傳統詩歌的酬唱，展現關懷民瘼之忱，並兼稱頌節烈美德的價值，實踐文化我族的建構。第 13 則「丙申六月」條，載錄丙申六月，雲林、沙連、埔里社一帶之變，（1896）日人白子澄巡察之際，與彰邑諸生唱和活動。其中與吳開東唱和「問花狂雨後，扶樹暴風前」，和云「能誰車鑒後，我愧箸籌前」；又〈咏儒術〉：「心隨天海闊，道與古今長」，和云「戰功雖我後，治世究誰長」等。有巡察聞見感慨、有庶民亂餘書懷，亦有讚詠儒術者；雖載錄官民不同角度的亂世思維，但仍以官方為主。〔註34〕突顯白子澄的文雅能詩、關懷生民的智慧與胸襟，一如彬彬儒

〔註32〕吳德功《瑞桃齋詩話》（南投：臺灣省文獻委員會，1992 年），頁 236～237。

〔註33〕收於郭紹虞《中國歷代文論選》上冊（臺北：木鐸出版社，1981 年再版），頁 44。

〔註34〕詳吳德功《瑞桃齋詩話》（南投：臺灣省文獻委員會，1992 年），頁 225～226。

者。此類敘述大抵迂闊不切肯綮，皆非貼切載錄丙申事變有關的巡察聞見，僅可視同例行安撫性的問俗采風。仍是套用中國古代採詩「上以風化下，下以風刺上」的思維，他有和白子澄〈巡臺書感〉三篇，即讚頌他「王道綏猷非小補，行看過化又存神」「聖王無別政，樂利更親賢」。〔註35〕將民政局長水野大路、白子澄等的訪視，投射予王者勤政愛民、探查民隱的想像。

（二）敘事結構與主題意涵

綜觀上述日本漢語傳統詩歌的載錄，無論如何，敘述結構頗為一致，大抵是先敘背景、次錄詩作，或繼之略抒意見。敘述背景多就事件著筆，第 11 則「駐臺通譯官」條，敘述對駐臺通譯官案頭書所作的觀察；第 26 則「十五國風詩」條，以臺灣歸東後，日籍官僚士人吟咏感慨作背景；第 29 則「台灣歸東二年」條，背景事件為台灣改隸後地方安謐，台北開玉山吟社；第 25 則「民政局長水野大路」條，為民政局長丁酉春巡臺，問俗采風之事。就詩話作為詩學評論的媒介而言，這些背景事件充其量不過是詩作本事，抑且連本事都不算，如此敘事殊堪玩味。

敘述背景之後繼以錄詩，從作者取材範疇觀察，流寓書懷、文人雅集是傳統文士發抒性情的活動主軸，在漢語傳統詩歌的國度裡，只有性情的興發感動，與生命的交融共鳴，在生命的高度，我族與他者的分野泯然盡除。問俗采風之類詩作，則在生命的高度之下，別有一個文化平臺，異族文人超越我族與他者的對立思維，願意採用對方文化作為互動媒介，其間可以賦予的意義是相當豐富的。尤其當我族處於弱勢，而他者願意透過我族文化媒介交流時，不但容易銷解敵我對峙的壓力，而且也樹立親切優質的行銷形象，提供敘述者一份文化認同的契機。

「民政局長水野大路」則，日本官僚與地方文士弔咏五妃墓之舉，及流露文化價值意義的共識。五妃墓之為史蹟，是一種文化圖騰，象徵漢文化中節烈美德的典範。姑且不論五妃之節烈，是否通於日本武士切腹自盡的精神，但殖民者願意認同於殖民地文化，歌誦其文化圖騰，除了不失問俗采風之旨，更具有收服人心、忘其敵我之效。「台灣歸東二年」則，記玉山吟社活動也是

〔註35〕和白子澄〈巡臺書感〉三篇，即〈步白子澄先生巡臺原韻〉〈步白子澄星使巡臺書感原韻〉〈敬次白子澄星使贈開東原韻〉。吳德功《瑞桃齋詩稿》（南投：臺灣省文獻委員會，1992 年），頁 150、151、152。引述二聯分別出自頁 150、152。

如此,不過展現的是遊藝品味的一致性。二者皆為文人雅集,在當時歷史語境中,頗如清領時期臺灣巡撫唐景崧的牡丹吟社,自上而下翕揚風雅的意味。不但隱含日人對漢文化的認同想像,也透顯敘述者我族認同的思維——地方版聖王政治典範的再建構。

至於敘述日東文教,則在文化認同之上,指陳其與中國文化的關係,如駐臺通譯官案頭書,摘錄漢文化典籍;詩集不出唐詩範圍。尤有甚者,載及秦始皇方士徐福,請三百童男女,泛舟求仙不回之事,凡此皆透顯文本潛在的意圖,試圖捨異求同建構一臺日在文化與種族互相關涉的歷史脈絡,因此卷六〈詩錄〉卷首,即對日人森魯直於西學興盛之際,致力於宏揚傳統漢語詩歌之事,深致敬意:

> 明治五年,(1872)倡興西學,蟹文橫行,鳥跡漸少,東京人森魯直,號春濤髯史,獨守舊業。徵近著於諸友,集成《新文詩》二十餘集,每人皆四字別號,其詩每月刊行,與新聞紙爭勝。〔註36〕

這段「倡興西學」「鳥跡漸少」的敘述,事實上也透顯日本現代化之前,與中國文化淵源一脈,盛行漢學。西學與漢學的興替,是日本文化現代化的議題之一。1875年(明治8年)森春濤創辦茉莉詩社,刊行《新文詩》,為日本漢詩核心刊物。「新文」取以新斯文之意,其對漢詩的創新因革,如何在新舊思想框架的協調中,提供舊傳統與新知識交流對談的場域,以振興漢學,懷抱極大的熱忱。而如何透過漢文化吸納西方所謂文明開化的風潮,同樣也是日治初期,在清領時期已然蘊育成熟的臺灣傳統漢文化,所面對的衝擊。因此臺日文化非但同文同種,作為倡興西學現代化的先驅,日本脫亞入歐的強國經驗,及其漢學家對傳統的堅持,都可作為臺灣傳統知識份子的借鑑。卷三〈詩錄〉標誌清朝臺灣漢文化傳統的脈絡,卷六〈詩錄〉則展現傳統漢文化新變的契機。日本漢學家與來臺宦遊人士的文化涵養,提供傳統漢文化開拓新視野的誘因,與對近代現代性文明回應的參考。

三、我族建構與認同移動

清朝與日本相對於漢族皆為異族政權,種族對立引發的矛盾衝突,勢所難免,文人以文字賈禍者亦不在少數,這些血腥屠殺的事實,都淹沒在文化詩話學的敘述思維之下,取代的是往來酬唱、雍雍大雅的場景,這種歷史建

〔註36〕吳德功《瑞桃齋詩話》(南投:臺灣省文獻委員會,1992年),頁209。

構的想像，究竟他試圖傳達的訊息是什麼？

（一）我族建構的辯證

　　族群建構從來是一種後設思考，若以天下為一家，則天下為一族群；若基於現實條件考量，條件不同族群意涵亦隨之而變。因此當現實中他者出現，對顯出人我分別時，我族建構才成為議題。吳德功的我族建構應該也是基於同樣的考量，他出生於道光 28 年，（1848～1924）乙未割臺時已經四十七歲，原籍同安，祖先係渡海來台，如同一般臺灣傳統士人，一直在清朝治下接受漢文化教育，具有認祖歸宗的尋根意識，不會有我族建構的自覺。我族建構的自覺意識形成於乙未割臺之際，吳氏參與臺灣民主國抗日活動，是相對於日本殖民政權而發的自覺意識，武力對抗失敗，才轉而著力於建構族群集體記憶。

　　而透過漢民族的國族後設思考，「清國」的定位就顯得曖昧了，一向被視為理所當然的父祖之國，相對於漢民族的國族設定條件，與初到台灣的殖民政權同樣成了異族。因此在確認回歸無望後，他必須尋找足以說服自己的理由，才能安頓自己的價值理想。而連結兩個異族政權與漢民族的關鍵，就是超越種族本位的族群思考，以傳統漢文化的價值共識作為參數。卷二〈佳話〉，就從康熙、乾隆對漢文化的提倡與融入，將其比諸虞舜聖王，並且確立祖國形象，而他所建構的典範想像，其實是他心靈深處儒教價值意義的再現。

　　清國是滿族，而文本透顯的卻都是漢文化傳統，除了康熙、乾隆對漢文化的認同外，其中一段記載頗耐人尋味：

> 大清定鼎以來，滿洲人長於文學能詩者，推高文良公其倬為作手，況公豐功偉烈、克紹家傳……公〈平准詩句〉云：「一鞭已近長安日，萬騎猶屯朔漠雲。」又云：「華峯此日看歸馬，清海無波待洗兵。」〈望小天山詩〉云：「倚天峭壁無塵土，隨地孤流不動雲。」此數聯皆雄邁絕倫。〔註37〕

高其倬為滿人，而所謂長於文學，卻是異族文化漢語文學的評論角度，〈佳話〉的評論大都集中在聖王德政，或是臣僚所受的恩寵，專就詩文品評者僅佔三分之一，〔註38〕而在少數詩文品評的清況下，吳德功特為評道：「此

〔註37〕吳德功《瑞桃齋詩話》（南投：臺灣省文獻委員會，1992 年），頁 77。
〔註38〕筆者統計〈佳話〉評論 65 處，大抵分為四類，一為詩文品評 21 處，二為禮讚聖恩 24 處，三為歌頌聖德 15 處，四為論文人樂事 5 處；除第一類外，其餘三類書寫題材有別，主題則都聚焦於聖王建構。

數聯皆雄邁絕倫」。再者各則文本不必然錄詩，若錄有詩語也大都為應製、紀恩之作；而此則所錄，雖然與作者平生事功有關，但主要用意卻在呈顯其文學專長。因此從寓言載體的媒介角度解讀，高其倬「滿洲人長於文學」，是一則「能詩者」的故事之外，應該蘊含更深刻的文化意涵。乾隆愛好品題風雅的作為，或許讓時人忘其為異族，後代則常譏之以附庸風雅。但將乾隆與高其倬的故事連結起來，則更展現這種文化認同，是一種上行下效的全民運動。可見對漢文化的護持、推展，才是他們被譽稱是聖王典範的關鍵。

　　另一則關於漢臣徐秉義家族的書寫，也呈顯康熙至雍正二代護持漢文化的一貫態度：

> 崑山徐（案：疑漏氏字）祠堂聯云：「教子有遺經，詩書易春秋禮
> 記；傳家無別業，解會狀榜眼探花。」蓋徐氏自健菴乾學由探花至
> 尚書，秉義由探花至閣學，元文相國及第日，世宗謂太上皇曰：「今
> 朝又得一佳狀元矣！」〔註39〕一門炫赫，海內莫匹。〔註40〕

徐氏一門炫赫的關鍵在於以「詩、書、易、春秋、禮記」教子，而護持這漢文化一脈薪傳的有力人士，就是康熙、雍正二代異族帝王。〔註41〕在這裡可以發現：文化認同與民族融合是並行不悖的，聖王典範離不開漢文化主體價值，至於種族的區別，則被排除在考量原則之外；因此異族入主，只要認同漢文化、護持漢文化，進而以漢文化為道統，在他看來便是我族。

　　王松《臺陽詩話》也試圖建構臺灣文化的集體記憶，文本中同樣視清國為祖國，為文化薪傳的源頭，〔註42〕但是並未處理滿族與漢族文化如何殊途而同歸的命題，吳德功透過〈佳話〉的聖王建構，不但釐清了這個命題，將

〔註39〕 徐元文，（1634～1691）字公肅，號立齋，順治16年進士。（1659）聖祖康熙
　　　　1661至1722年在位，其時世宗雍正尚未出生。（1678～1735）「世宗謂太上皇
　　　　曰：今朝又得一佳狀元矣！」語，應該有誤，宜是順治自道。

〔註40〕 吳德功《瑞桃齋詩話》（南投：臺灣省文獻委員會，1992年），頁84～85。

〔註41〕 康雍乾三代為清盛世，康熙、乾隆二朝皆長達六十年，而雍正王朝僅十三
　　　　年。（1722～1735）吳德功記載雍正時期之事七處，其中四處係與其他時期合
　　　　寫，在〈佳話〉文本57則中，不但載錄內容偏少，而且所譽稱的「禮樂之
　　　　君」，於康熙之後逕續以乾隆，是否涉及吳氏價值意義判斷，頗堪玩味。

〔註42〕《臺陽詩話》初稿完成於1898年，其後至1905年皆續有增補，此一觀念係
　　　　1905年以前階段的認知，1912年民國成立以後，在《有竹行窩遺稿》中，他
　　　　的文化認同則轉移到漢唐世界。（詳林美秀《傳統詩文的殖民地變奏——王松詩
　　　　話與詩的現代詮釋》（高雄：春暉出版社，2007年），頁15、230～240）。

臺灣文化的集體記憶追本溯源，上接堯舜禹湯道統，而且從大歷史宏觀角度，正視民族融合的歷史事實，跳脫狹隘的民族觀念，從文化認同區別我族與他者，正展現出作為史學家特殊的史識。司馬遷作《史記・太史公自序》以「通古今之變，究天人之際」自期，問諸先生應該也有同樣的理想吧！

透過此一文化認同的價值思維，〈詩法〉置諸卷首，固然仍有職業性教學需求的意義，但更重要的是晉升為創造媒介漢文化的美學典範。日人淺野哲夫〈論古詩音韻書〉，〔註43〕於乙未後增補，以示文化同源，更突顯此一載錄意圖。卷二〈佳話〉確立清國文化母國的形象，卷三〈詩遺〉載錄中土流寓名流與本島詩作，卷四〈詩鐘〉載錄中國與臺灣本地的詩社聯吟，則承接文化母國定位，勾勒臺灣與清國的漢文化交流與傳承。卷六〈詩錄〉載錄日人詩章，則又循清國文化認同模式，從同文同種角度，試圖賦予日本殖民政權合理化的地位。因此敘述日東文教，略其西學不談，專論漢文化傳統；錄流寓書懷溯自儒家經典《詩經》；記文人雅集敘及「地方頗見安謐，台北開玉山吟社」，一派虞廷賡歌的昇平氣象；載問俗采風之事，則展現關懷民瘼、仁民愛物的王者胸懷。也就是說，〈詩錄〉載錄係為作者書寫意圖下自覺的選擇，他就儒教倫理價值，建構日治初期的族群記憶，在此一敘事主題下，我族與他者已然融合為一個文化族群。

（二）認同移動的迷思

從清朝到日本，吳德功的我族建構前後一貫是一種漢文化認同，透過漢文化價值思維，賦予異族統治者合理的政治地位。至此似乎由漢文化的認同建構轉向政權認同，尤其在日人治臺後，他還因門望資歷，被徵為參事，與日人往來頻繁，這是否意味著吳德功終究向殖民政權妥協了呢？如此推測失之簡約，不符合糾葛複雜的情境事實，觀察卷五〈詩史〉透顯的意涵，其中所寄寓的深沉感慨，應該是一種歷史頓挫的無奈吧！

吳德功身為史家，特具史識，透悉祖國不可恃回歸無望的情勢，只能就宏觀角度，視之為朝代鼎易，接受現實政權。一介傳統文士所能作為的，殆如歷代遭遇滄桑變革的族群，堅持志節而已。觀其卷三〈詩遺〉所錄節婦事，可略窺一二：

> 教官黃鑑亭嘗病篤，妻何孺人卜之術者。謂命應尅夫，孺人祝天祈

〔註43〕詳吳德功《瑞桃齋詩話》（南投：臺灣省文獻委員會，1992年），頁51～52。

禱，願以身代夫死。遂仰藥仙逝，鑑亭病立癒。後司鐸彰化徧處徵詩……予詠五言數十韻，載在《味閒齋詩集》，篇幅甚長，末云……此心求所安，浮名何足計，烈哉何孺人，捨生而取義……〔註44〕

鹿溪郭氏子名阿奴，（案：郭當作洪）　娘年二十，適聞其夫卒，女聞知，父母百計解勸，不聽，晝夜啼泣，絕粒而死……予詠五言數十韻……記蔡拔元子庭七律云……欲謀一面知無日，敢有二心負所天，貞烈他年邀特筆，千秋閨閣姓名傳。晉江副貢宋應祥〈擬洪烈女自詠詩〉云……多少閨人笑我癡，寄語東西鄰姊妹，滄桑易變志難移……〔註45〕

卷中載錄四十則，〔註46〕節婦事即占二則，此固與傳統漢文化儒教倫理價值有關。〔註47〕但就文化象徵符碼而言，父權體制下的三綱──君臣、父子、夫婦，其實是一種尊卑、主客的上下架構，臣下之道即妾婦之道，婦節象徵臣節，此作者所以特別樂於歌誦節婦。賦教官黃鑑亭妻何孺人懿行五言數十韻，詠鹿溪洪氏阿奴貞烈事作五古五十韻。（另詳第六章）當時文士吟詠所謂「此心求所安，浮名何足計」、「欲謀一面知無日，敢有二心負所天」、「多少閨人笑我癡，寄語東西鄰姊妹，滄桑易變志難移」等，跳脫政治典範思維，藉喻文化志節可謂一語雙關正中款曲。

此一文化志節的堅持，觀其錄沈應奎評其書館桃符事，可略窺其隱微：

沈方伯應奎，甲申春初法人來臺，奉檄駐彰辦理糧臺寓白沙書院，（案：辨當作辦）時山長丁壽泉寓予書館，沈來回拜，遠見桃符以「修竹」二字冠首云：「修己治人有志未逮。竹籬茅舍，小住為佳。」數日間山長開課，設筵請方伯……筵間即言曰……其書館聯文云：「修己治人語似太誇，有志未逮即自謙抑，竹籬茅舍亦極寂寞，小住為佳即不願於此終焉。蛟龍得雲雨，終非池中物也，飄飄然有南陽之風度。」……惜予十赴秋闈報罷，（案：十當作七）僅在

〔註44〕吳德功《瑞桃齋詩話》（南投：臺灣省文獻委員會，1992年），頁120～121。

〔註45〕吳德功《瑞桃齋詩話》（南投：臺灣省文獻委員會，1992年），頁127～130。

〔註46〕其中第37則記愛知縣淺野哲夫事，（頁154）依體例當收入卷六，第38則記清百菊齋齡事，（頁155）依體例當收入卷二，除此，卷三當有四十則。

〔註47〕黃鑑亭於清領時期司鐸彰化，徵詩事在乙未割臺前；洪阿奴事文本中詠詩者皆清朝職銜，又有「聯名力請　旌表」之語，詳吳德功《瑞桃齋詩話》（南投：臺灣省文獻委員會，1992年），頁127～130。知其事亦在乙未割臺前。此處藉以說明文化氣節，係就《瑞桃齋詩話》完成後整體寓意解讀。

> 鄉辦理節孝,(案:辨當作辦)以及育嬰救孩五千餘口,諸事不克副
> 方伯之譽,錄此以誌知己之感云。〔註48〕

作者於乙未(1895)當年舉為歲貢,臺灣旋即割讓日本,文中自述「惜予七
赴秋闈報罷」之語,顯係已是棄地棄民仕進無門之時,回顧平生志節理想的
感慨。所謂「僅在鄉辦理節孝,以及育嬰救孩五千餘口,諸事不克副方伯之
譽」之言,就清領時期觀察,士子參與科舉為晉身仕途的傳統程序,修己治
人以儒教功利價值而言,就是躍居青雲、勤政愛民。他未嘗宿願,故稱「有
志未逮」。沈應奎自儒家推愛的角度思維,美其「謙抑」,蓋辦理地方公益,
已是儒者仁民之業。故勉勵其靜待時運之來,終如諸葛孔明得以大展長才。
是以「諸事不克副方伯之譽」,是儒教功利思維。依沈應奎之見,在體制中「修
己治人」,其中自有非操之在我者,故評曰「語似太誇」。就殖民者「新民」
的角度而言,現代性思維衝擊下,職業分工已趨多元,依臺灣儒學特殊的實
用性格觀之,(詳第一章之二)外王事業的推擴,愛人理想的實踐,慈善事業
就是權變的典範之一。「錄此以誌知己之感」,作為跨代知識份子的晚年自述,
應該更能體會沈應奎的意思,而別有一番俯仰無愧的坦蕩吧!

　　因此對於知識份子處非常之際的表現,他有多元化的考量:

> 乙未臺灣歸東,紳士渡海紛紛,霧峰林君允卿予研友也,家貲數十
> 萬,無難買棹航海,因其母不願離故鄉,林君篤於孝,從之……於
> 是林君棄功名如敝屣,於霧五里許,入山尋一麓築廟奉佛,欲於此
> 終焉,予聞其事,約與偕隱。〔註49〕

乙未之變霧峰舉人林允卿因奉養老母,〔註50〕放棄功名,選擇入山隱居,是
保全志節的模式;至如戊戌政變,慈禧廢帝攝政,康有為、梁啟超等六人面
對撲殺令,或逃或死下場不同,他的見解也相當具有包容性:

> 林旭詩云:「青蒲欲泣知無補,慷慨難酬國士恩。欲為公歌千里草,
> 本初健者莫輕言。」讀此數作,皆激烈悲痛,或為殺身之士,或為
> 去國孤臣,各成其是。〔註51〕

〔註48〕吳德功《瑞桃齋詩話》(南投:臺灣省文獻委員會,1992年),頁118~119。
〔註49〕吳德功《瑞桃齋詩話》(南投:臺灣省文獻委員會,1992年),頁137~138。
〔註50〕林允卿,(1854~1900)名文欽,林獻堂之父。1893年(光緒19年)癸巳恩
　　　　科舉人。樂善好施,以至孝聞名。改隸後,深居簡出,不問世事。讀取自 https:
　　　　//zh.wikipedia.org>zh-t。
〔註51〕吳德功《瑞桃齋詩話》(南投:臺灣省文獻委員會,1992年),頁271。

初嗣同未就逮也，有西士願與俱奔某國使館避禍，嗣同謝之曰：「不有行者，誰圖將來？不有死者，誰鼓士氣？自古及今，地球萬國為民變法，必先流血。我國二百年來，未有因民變法而流血者，流血請自譚同始。（案：譚同當作譚嗣同）若康南海亡命得脫，人望未絕，譚嗣同雖死猶生。」〔註52〕

可見他對於志節在形跡上的展現，林旭、譚嗣同慷慨就義，康有為、梁啟超遠走日本，認為「或為殺身之士，或為去國孤臣，各成其是」。擺脫以烈士為唯一志節價值的思考，譚嗣同的說辭「不有行者，誰圖將來？不有死者，誰鼓士氣」，正好為他的觀點作了最好的註解。

　　而落實到具體存在情境中，他如何實踐「修己治人」的志節呢？綜觀吳德功生平，最為人所傳頌的有三件事，一為尋訪同安祖墳，溯本究源。〔註53〕二為急公好義，古道照人，致力於表彰節孝，與育嬰救孩之類社會賑濟。〔註54〕三是嫻熟史鑑義例，撰有《戴案紀略》《施案紀略》《彰化縣采訪冊》《讓臺記》。〔註55〕從這些事跡觀察，他是一位深具文化意識的傳統知識份子，「修己治人」的文化志節，展現在族群關懷上，就發為史著的撰寫，與節烈的表彰；體證在個人的生活實踐，就是急公好義、育嬰救孩、古道照人。如日人治臺後，傳統士人科舉無望；又書房私塾廢止，謀生無門，他曾作〈請籌善法處置士人論〉代為請命，呼籲優禮士人，令「無一夫不得其所」。並且勸說儒士，孔子亦為諸教所尊崇，非常時期，君子勿囿於己見，坐困愁城。文末自記：

　　此文引用諸書，語近滑稽，然觀當日士人之景況，不禁為之扼腕。
　　此篇曾登臺北新聞，隔年總督府即有揚文會之盛典。質諸大雅，未

〔註52〕吳德功《瑞桃齋詩話》（南投：臺灣省文獻委員會，1992年），頁271～272。
〔註53〕據〈吳德功全集・序〉：「先生幼治舉業，潛心經傳，遂於同治13年，（1874）補博士弟子員，名標上舍，至光緒21年，（1895）始膺歲貢。其間七赴鄉闈，雖屢薦不售；然其乘應試之便，訪祖墳，溯根源，終得如願以償，親承掃墓，至今猶傳為美談。」詳吳德功《瑞桃齋詩話》（南投：臺灣省文獻委員會，1992年），頁二。關於尋訪祖墳事，有〈尋同安祖墳始末記〉專文記載。詳《瑞桃齋文稿》（南投：臺灣省文獻委員會，1992年），頁73。正見其尋根意識根深柢固。
〔註54〕據〈吳德功全集・序〉記載，他曾協建彰化節孝祠、忠烈祠，著《彰化節孝冊》表彰節義；又曾籌建育嬰堂賑濟孤寡。詳吳德功《瑞桃齋詩話》（南投：臺灣省文獻委員會，1992年），頁2～3。
〔註55〕詳吳德功《瑞桃齋詩話》（南投：臺灣省文獻委員會，1992年），頁3。

知可存否？抑刪而棄之耶？〔註56〕

後人觀察揚文會活動，常自殖民籠絡政策解讀。吳德功則從人道關懷的角度，譽之為「盛典」，（另詳第三章之三）並且認為因自己的呼籲引發當局重視，自得之情溢於言表。最重要的是更加勤於漢語傳統詩文創作，挖揚風雅以傳承漢文化，平生所著《瑞桃齋文稿》《瑞桃齋詩稿》《瑞桃齋詩話》《戴案紀略》《施案紀略》《讓臺記》《觀光日記》《彰化節孝冊》等，完整呈現作者所欲建構的臺灣族群記憶，《瑞桃齋詩話》文化詩話學的敘述實踐，尤其是別具心裁。

　　因此，政權認同是黨派意見的思考，從人道、文化的角度觀之，政權只是體制環境，體制環境如何？評估的依據，在於措施之良窳，而不在於族群派系，以民主政治理念檢視，其理自明。《瑞桃齋詩話》的確透顯出臺灣歸東的政權認同，但是斯土斯民誰有能力自外於政權體制？對於歷經滄桑之變、烽火劫餘的人而言，活著傳承宗嗣、慎終追遠是最基本的願望，行有餘力則是文化慧命的薪傳。身為史學著者，《瑞桃齋詩話》的我族建構，就是基於此一角度的思考。大正 10 年，（1921）日人治臺二十六年，他寄贈給臺灣總督府圖書館典藏，當時已七十三高齡，垂垂老朽，可能擔心久而亡佚，意圖藉以留存後世。觀其一生行誼、著述，所念茲在茲者，無非是臺灣儒教價值的踐履，他對〈請籌善法處置士人論〉一文存廢的提問，值得吾人作認同論述時深思。

四、結語——認同建構是亂世生命的自我安頓

　　魚相忘於江湖，人相忘於道，當人必須區別我族／他者，如果不是基於辨識歸類方便，或是尋根感恩意識，而是出於自我防衛需求，其實象徵人間的苦難。吳德功《瑞桃齋詩話》我族建構的自覺，源自於乙未臺灣改隸。面對歷史頓挫的無奈，知識份子生命的安頓之道，就是建構一套維持存在價值的系統。所謂我族建構，便是此一無奈下對於「我是誰」「我如何走向未來」的思考。

　　大凡歷史都是一種意義詮釋，當他必須面對日人區別我族／他者，發現祖國清朝也是習焉不察的異族，而深具史識的他又洞見回歸清國無望，逼使他無所選擇的接受殖民的命運。因此他建構我族捨棄狹隘的種族觀念，從漢

〔註56〕吳德功《瑞桃齋文稿》（南投：臺灣省文獻委員會，1992 年），頁 299。

文化認同與維護的角度，建構族群集體記憶，據此清朝異族可以融合為我族，日本的漢學與徐福的移民傳說淵源，更是傳統漢文化現代化的未來景觀。

　　為因應此一特殊的書寫意圖，他採用表現傳統詩學理論的文類——詩話，作為傳達訊息的媒介，詩話遂由「以文話詩」轉變為「以詩紀事」、「以詩話史」，中國文學史中詩家、名作載錄的優先權，都讓給與臺灣有關的人士，整冊《瑞桃齋詩話》透顯出臺灣漢文化傳統的淵源與演變，展現文學、文化、區域性的跨域特質，而此一體例雖別具史識，大抵是晚清近代詩話風尚的延續。

　　雖然透過文化認同，異族可以融合為我族，站在人道的高度，志節的意涵可以權變解讀，但在知識份子內心深處，臺灣改隸仍是國族敗亡之至慟，《瑞桃齋詩稿·燈花八韻》一詩，就透顯出這種抑鬱無奈的情懷：

　　　　履端坐空齋，燭花開妖嬌，咸道福瑞徵，燈光為之兆。
　　　　燦爛頃刻間，焰縮如豆小，終宵火漸微，心黑而紅少。
　　　　萬事隨轉燭，榮華眼前了，顯者何足喜，晦分心奚悄。
　　　　強語吉祥花，其說更荒渺，盈虛理細推，不寐難報曉。〔註57〕

人生虛幻的榮華，如同燭花短暫的燦爛，看不透禍福相倚、盈虛消長的道理，耽溺在福瑞、吉祥等美麗的謊言中，醉生夢死終至趨於毀滅，怎不令人唏噓感嘆呢？人生如是，家國天下又何嘗自外於此？雖然政權移轉是事實，半百之年逢此變革，史識與存在實踐的落差，絕非可以輕易超脫的。而政治、文化的認同建構，也不過是亂世生命自我安頓的一種途徑。他以一生對儒教價值的踐履，通貫為《瑞桃齋詩話》文化敘述的氣脈。

〔註57〕詳《瑞桃齋詩稿》（南投：臺灣省文獻委員會，1992年），頁126～127。又此詩列於乙未之後卷內，確定為乙未之後所作，大抵在日軍進駐彰化之際，逃難避居甘井的外甥林水生家半年，亂定後歸返之作，約在1895年冬天。詳細時間不可察考。

第六章 結論——文化、詩話與族群想像

　　吳德功一介朴厚篤敬的基層儒教信徒，置身於臺灣歷史發展裂變的驚濤駭浪中，在移民／被殖民、遺民／棄民的身分糾葛，學統／政統、傳統／現代文明的衝擊下。以《瑞桃齋詩話》的書寫，連接二段歷史異質的構面，建構臺灣文化發展的脈絡，展現文化詩話學的書寫實踐。支持此一書寫實踐的動力與信心，基於對潛在讀者的認同信念，而根柢於其孔教信仰。將之視為臺灣文化價值的核心，是我族的認同密碼。此一認同密碼在文化詩話學的書寫中，就具體呈現為漢文化的詩學觀念——詩與文化道通為一。據此文化詩學思維，族群想像才能成為族群共同的文化記憶。是以《瑞桃齋詩話》透顯的文化詩學特質與基調，是其藉以成為凝聚族群想像的重要憑藉。本章承以上各章論述，綜合提攝，權作結論。

一、以文化詩學總攝族群美學

　　文化詩學特質何以能成為凝聚族群想像的憑藉？詩學是環繞「詩」文類主題開展的相關理論建構，其中包括本體論、創作論、風格論、批評論、鑑賞論，與詩歌功能等等的認知，是針對特定文類美學論述界定的詞語。文化詩學也是關於詩歌論述理念的思維體系，但是在文類基礎上，突顯文化屬性，強調詩與文化血脈相連的特質，進而在建構詩學之際，融攝詩與文化作整體思維。延續此一思考脈絡，文化詩學相較於將詩歌視為完整而獨立的藝術品的詩學觀念，文化成為不可切割的參數。雖然個人才學性格有其特殊性，但作者不能孤立的存在於歷史語境之外，作品的建構元素，就不是孤懸於社會、

歷史、文化乃至自然環境之外，因此作者不能做為唯一解讀的考量。若在文化高度的觀照下，政治、種族、地域等偏見，得到尊重與包容，族群的典範思維，因而可以各是其是，而不必只是追隨唯一核心價值。傳統詩歌是漢文化族群美學形式的實踐，聲韻節奏、意象指涉、美感境界、價值思維等，皆蘊含有共同文化記憶與價值判斷，詩學建構突顯文化特質乃是理之必然。

　　吳德功《瑞桃齋詩話》意圖建構臺灣族群文化記憶，詩歌的文學性質，在文本敘述中，雖然往往為紀事文獻功能所遮掩，（詳第四章）但據此因而可以說明話文中的詩，意欲突顯的正是詩文化的特質。個人生平的情思際遇，師友交遊的性靈激盪，家國氣運的盛衰興替……既可收攝在吉光片羽中，也可藉由一二詩句的點化，重現刻骨銘心的感動，與千載以上百代以下的前哲往聖交感共鳴。此一文化詩學思維，觀諸對日人詩作的選輯與評述，足堪為證。就其美學形式而言，卷一〈詩法〉討論古詩音韻，錄用日人淺野哲夫〈論古詩音韻書〉，〔註1〕漢詩音韻論述是唯一判準，重點在於能否符合漢文化美學形式規範，無關乎作者種族類別。這種文化美學形式的思維，見諸抄錄日人詩作的評述尤為鮮明：

> 駐臺通譯官案上有漢文講義……每卷末付《樂有餘堂詩集》，（案：付當作附。）但不知其姓氏。所摘七言絕句，分二十餘體。首以風、雅、頌冠，次或古體、聯句體，名目甚多，每作一體，即引清國之名家為證，如杜甫、蘇子瞻，及船山、袁倉山等諸先輩。其中可誦者，〈秋日友人至〉云：「水國秋光勞夢魂，城居日月不開門。逢君豫約同遊地，蘆荻洲前紅葉村。」此名賦體。〈海門曉雪〉云：「埋盡漁家裝釣舟，殘簷光冷蘆荻洲。可無一夜乾坤老，入眼屏顏悉白頭。」此名「藏詠體」。「戶外雨聲兼葉聲，秋林錯落幾聲聲。雨收半夜燈光冷，唯聽葉聲為雨聲。」此名「常山蛇體」。〈偶成〉云：「世非拋我我拋世，年不送人人送年。出處雖殊皆自適，榮枯相任共天然。」此名「前後兩對格」……卷末回文體，〈春愁〉云：「殘夢幽窗空欝欝，淚痕數點濕衣巾。寒烟暮雨風花落，翠柳垂欄小院春。」順讀回讀皆有趣。統觀詩集中所用故事、詩律、筆法，不出唐詩範圍。〔註2〕

〔註1〕詳吳德功《瑞桃齋詩話》（南投：臺灣省文獻委員會，1992年），頁51。

〔註2〕吳德功《瑞桃齋詩話》（南投：臺灣省文獻委員會，1992年），頁220～223。

《樂有餘堂詩集》所摘七言絕句體制，風、雅、頌、古體、聯句體、賦體、藏詠體、常山蛇體、前後兩對格、回文體等名目，皆為漢文化詩學的美學形式，而且體式二十餘，堪稱是各體兼備，此一敘述意在展現日本漢語詩歌的造詣。且「每作一體，即引清國之名家為證」，清國名家也正是當時臺灣傳統士人的詩歌典範。因此評謂：「統觀詩集中所用故事、詩律、筆法，不出唐詩範圍」，「唐詩」一詞，概稱傳統漢語詩歌，風格無涉於尊唐或祧宋的區別。無論評論是否精當，衡量的判準完全是當代臺灣漢文化傳統的詩學意識。

　　此一族群詩學意識貫串整部《瑞桃齋詩話》，在表現內容上，則藉由傳統漢文化價值判準，超越族群思考，連結兩個異族政權與臺灣住民。卷二〈佳話〉詩歌文本，點襯康熙、乾隆對漢文化的提倡與融入，將其比諸虞舜聖王，是文化道統的薪傳。卷六〈詩錄〉載錄則又循清國文化認同模式，敘述日東文教略其西學不談，專論漢文化傳統；錄流寓書懷溯自儒家經典《詩經》；記文人雅集則敘土居香國在臺北組織玉山吟社，運用現代化傳播媒體，擬題徵詩唱和，一派日本版虞廷賡歌昇平氣象的再現；載問俗采風之事，則展現殖民政權關懷民瘼、仁民愛物的王者胸懷。也就是說，〈佳話〉、〈詩錄〉的詩歌文本，雖然分屬兩個異族統治的階段，但載錄的主題皆以儒教倫理價值為核心，藉著這種漢文化族群價值意義的再現，自然將清國、臺灣、日本統攝為文化的我族。（詳第五章）

二、運通變史觀融攝族群差異

　　這種漢文化族群性格，展現在詩歌體式結構上，就是對格調法度的重視，《瑞桃齋詩話》雖是纂集之作，但其書寫意圖明確，凡所採錄若無負面評述，即透顯與作者觀點的一致性，因此足以作為觀察其對體式結構傳統意義的界定。《瑞桃齋詩話》文本在評述上常出現格調法度的相關用語：

> 內地至唐武后改稱日本，時通貢使，故詩學極有講究。多讀杜甫、李白名作所謂取法乎上也。近新聞報中刻列臺北駐臺員弁〈吁嗟行〉三章，音節合拍，句法韻韻轉變，無一律句，無一弱筆，其體自少陵七歌脫出。第一章云：萬里從王辭京洛，時事無成總索寞。漫道奇才坎痾多，（案：坎痾當作坎坷。形近而誤）方知人生行路惡。不可追者，昨日之事悔亦遲。不可置者，今日之愁說向誰？木綿裘敝空舌存，臺島天荒霧含昏。縱無緣帶六國印，彈鋏忍依孟

嘗門。此間旦暮為何事？醒則呼酒醉則眠。有酒聊可慰不平，不
然佯狂已無□。〔註3〕吁嗟乎！一歌兮，歌聲澁，行人聞之皆掩
泣……〔註4〕

所錄〈吁嗟行〉為擬古樂府七言歌行，雖兼用雜體，依法音節平仄同於古詩。
卷一〈詩法〉指出：古詩句法音節雖如海上煙波，超然變幻；但有其關捩，「須
用筆矯健，最忌軟俗」「平仄屈拗不順乎律」「兩句一聯中，斷不得與律詩相
亂」「或數句轉韻，隨人便用」。〔註5〕可見「音節合拍，句法韻韻轉變，無一
律句，無一弱筆」，是從文類體製規範著眼的評述。

不過所謂「其體自少陵七歌脫出」，舉與杜甫七歌體相提並論，又別具有
通變觀寓乎其中。錄杜甫〈同谷七歌〉第一章以為比較：

有客有客字子美，白頭亂髮垂過耳。歲拾橡慄隨狙公，天寒日暮山
谷裡。中原無書歸不得，手腳凍皴皮肉死。嗚呼！一歌兮歌已哀，
悲風為我從天來。〔註6〕

杜甫〈同谷七歌〉與臺北駐臺員弁〈吁嗟行〉三章，相同者有二：其一、在
章法上皆粗分為二部分，第一部分賦陳處境之艱難，第二部分則以嗚呼、吁
嗟感嘆口吻書其傷悲作結。其二、在句法上，第一部分皆以七言為主；第二
部分則在感嘆句後以七言收攝。而總體上〈同谷七歌〉第一部分三聯皆為七
言，形式整齊；〈吁嗟行〉各章則為七言二聯繼之四言加七言組合一聯，又七
言四聯；形式繁複變化，有踵事增華之勢。觀此可知其固然強調詩歌文類的
傳統規範，但又鼓勵在基本規格上創意超脫，通乎古而變於今，並展現個人
風格。

〔註3〕江寶釵校註「此間旦暮為何事？醒則呼酒醉則眠」聯，下句韻腳「眠」，宜承
上句「事」字，押去聲四實韻，故改為「睡」。「有酒聊可慰不平，不然佯狂
已無□」聯，則仍承上聯押實韻，故填入「醉」字。詳江寶釵《瑞桃齋詩話
校註》（高雄：麗文文化事業有限公司，2009年），頁250。論者以為詩歌押
韻皆指偶句末字，使用同韻母的字而言；單句雖可用韻，但不作限定。故以
單句末字判定偶句韻腳，本末倒置易生歧誤。若以「此間旦暮為何事？醒則
呼酒醉則眠。有酒聊可慰不平，不然佯狂已無□」二聯共為一韻，依偶句「醒
則呼酒醉則眠」為據，韻腳宜為下平聲一先韻，或與其通押的上平聲十三元、
十四寒、十五刪韻。而「不然佯狂已無□」句，□中可填入下平聲一先韻「癲」
字。佯狂即無癲，於義亦通。
〔註4〕吳德功《瑞桃齋詩話》（南投：臺灣省文獻委員會，1992年），頁226。
〔註5〕詳吳德功《瑞桃齋詩話》（南投：臺灣省文獻委員會，1992年），頁1～2。
〔註6〕讀取自百度百科 https：//baike.baidu.com.>ite。

　　詩歌創作是既在言中，又出乎言外，格調法度是必要的基本規範，但不能成為僵化的牢籠。又如：

> ……其伍長大谷泉少尉，寄古風一篇、七絕一首，囑予題扇，亦極
> 慷慨悲壯……七絕云：「鱷浪鯨波萬里潮，艨艟北去一鴻遙；男兒埋
> 骨何邊所？魯岳韓山是墓標。」音節蒼古，洵非老手不辨。〔註7〕

其〈詩法〉敘七言絕句：「其法亦以第三句為主，四句發之。有虛接、有實接，承接之間開與合相關、反與正相依、順與逆相應。一呼一吸，宮商自諧。故起承二句為難，法不過要平直為佳，從容承之為妙。至如宛轉變化，工夫全在三句，若於此得力，則末句易工矣」。〔註8〕大谷泉七絕起承二句為寫實，平直敘寫越洋國際戰爭艦隊出航的壯盛景觀，第三句「男兒埋骨何邊所」一轉，橫空一筆虛接前二句「鱷浪鯨波萬里潮，艨艟北去一鴻遙」，頗得宛轉變化之妙；而四句「魯岳韓山是墓標」則從容承接點發主題，展現男兒忠貞節烈、矢志為國捐軀的慷慨豪氣。因此所謂「音節蒼古」，雖是就句法承接變化，所形成的音情頓挫之效而發，亦是立基於形式法度規範的評述；但與詩歌文本風格評述——慷慨悲壯對照，則又見風格即在法度規律之中，並且透顯出風格論的主題意涵。所謂「音節蒼古」正是內蘊有儒教倫理價值「慷慨悲壯」的生命情操。

　　除此更直接運用整體性的規範術語，如：

> 《新文詩》集中亦有〈歲晚書懷〉詩，〔註9〕可誦者如……此數律
> 皆精鍊工穩合作也。〔註10〕

「合作」是一種正面的評述，意指作品合乎該類文體體製規範。〔註11〕依其

〔註7〕 吳德功《瑞桃齋詩話》（南投：臺灣省文獻委員會，1992年），頁224～225。

〔註8〕 詳吳德功《瑞桃齋詩話》（南投：臺灣省文獻委員會，1992年），頁15。此處影印出版時誤置錯頁。詳國立中央圖書館臺灣分館館藏原稿，頁13。

〔註9〕 《瑞桃齋詩話·詩錄》另提及《新文詩集》：「明治五年，倡興西學，蠐文橫行，鳥跡漸少，東京人森魯直號春濤聱史，獨守舊業，微近著於諸友，集成《新文詩》二十餘集，每人皆四字別號，其詩每月刊行與新聞紙爭勝。」（南投：臺灣省文獻會，1992年），頁209。此外吳德功〈蔡蓮舫姪女倩東京回臺〉一詩中，有句「更攜新詩本，風雅詞郁郁」，句下自註「帶回《新聞詩集》一部二函」，他曾視為瑰寶認真研讀。詳吳德功《瑞桃齋詩稿》（南投：臺灣省文獻會，1992年），頁168。《新文詩集》與《新聞詩集》，是否為同一書，不得其詳。

〔註10〕 吳德功《瑞桃齋詩話》（南投：臺灣省文獻委員會，1992年），頁240。

〔註11〕 「作」原來可能是工廠內部部門分類之名，後來用以指稱工商店鋪組織，雜

卷一〈詩法〉所述，七言律詩「一氣呵成，似不對而實對方佳。大抵起承轉結，開合抑揚，總要雄渾，不可卑弱。」〔註12〕所謂「精鍊工穩合作」之意，大概也就是音節、對偶、布局、遣詞用語等形式規範的觀察考量。有時則稱為「格調」：

> 歌內句法或前五言後七言，或雜以三言、四言、六言、九言，皆是
> 正體。總要錯綜變化，中卻局陣整齊不亂。倘補綴湊砌，詞氣不接，
> 成何格調？學者未具此力，切不可妄作。〔註13〕

「格調」與「正體」對照理解，此處指涉歌行句法必須錯綜變化，但變換要能流暢自然合於詞氣，否則不成「格調」，違反文類體製規範，即非「正體」，同樣透顯出對合作觀念的重視。不過此處「正體」偏就文類句法形式變化而言，「格調」則意涵更為豐富，綜括句法變化，與其影響所及通篇聲氣的流暢感而為言。而「正體」也非純然是侷限於句法形式的觀察，如：

> ……五言尚真質，質多勝文；七言尚高華，文勝多質。五言近於樂
> 府；七言近於歌行；五言難於七言。要皆貴有微旨微意，語淺情深；
> 開合反正，一氣呵成，宮商諧叶，斯為正宗。〔註14〕

「正宗」即為「正體」之意，此處綜括音節的「宮商諧叶」，句法布局的「開合反正，一氣呵成」，遣詞用語的「真質」「高華」等形式規範考量外；更兼攝內容風格的「微旨微意，語淺情深」而言。

因此〈詩法〉備錄古近體歌行諸法，固然有職業性基礎教學需求的意義，但當詩歌作為漢文化的表現典範，則標舉詩歌文類的傳統規範，更在於突顯詩歌創作的美感思維。不過這種詩歌文類規範的敘述，是意圖經由音節、句法、對偶、布局、遣詞用語等形式結構的強調，進而掌握文體的藝術風格。因而「格調」既是傳統的繼承，又不能停留在聲律句法形式層面解讀；讀者

稱作坊、作舖，從事某行職業者稱為作手、行家；而其產品合於該行規範要求者則稱為「合作」。南宋以後運用到文學藝術活動，凡作品合乎該類文體體製規範者，即稱為「合作」。如明王驥德「曲律」說：「詞曲不尚雄勁險峻，只一味嫵媚，便稱合作」，（卷四·雜論下），將一味嫵媚的詞曲視為「合作」，即代表這類體製規範觀念。因而詩文「合作」的觀念，殆如當行本色之說。詳龔鵬程《詩史本色與妙悟》（臺灣：學生書局，1986年），頁94～100。

〔註12〕吳德功《瑞桃齋詩話》（南投：臺灣省文獻委員會，1992年），頁29～30。
〔註13〕吳德功《瑞桃齋詩話》（南投：臺灣省文獻委員會，1992年），頁23。
〔註14〕詳吳德功《瑞桃齋詩話》（南投：臺灣省文獻委員會，1992年），頁15、12。此處影印出版時誤置錯頁。詳國立中央圖書館臺灣分館館藏原稿，頁13～14。

若自陷於體式論述，則恐泥於形跡而失其關捩。南宋以後文成法立，對詩歌文體的反省受到重視，標舉詩歌文類傳統規範者，以明代前後七子復古理論影響最大，其說主張詩宗盛唐，標舉格調，模擬古人聲調，其末流遂致桎梏情性，淪為古人影子，即著此弊。實則吳德功對於文類傳統的界定，有清代詩學總結調和的特質：

> 詩宗唐音，固也。然使自唐至今，千載一律，有何意味？且宋之為宋，元之為元，各具體制，方見文途變化入妙。若盡法乎唐，何以不繩漢魏六朝？何不繩以《三百篇》、〈十九首〉乎？昔人謂詩盛於唐，壞於宋。劉后村則云：「宋詩突過唐人。」此言未免於偏。方正學詩：「前宋文章配兩周，盛時詩律變無儔。今人未識崑崙派，卻笑黃河是濁流。」「大歷諸公制作新，（案：大歷當作大曆）力排舊業祖唐人。矗豪未免風沙氣，難詆熙豐作後塵。」正學瓣香東坡，故有此語，然足以鍼砭墨守盛唐者。〔註15〕

有別於明代前後七子，以盛唐典範界定文類傳統，他則兼容並蓄，唐音固佳，墨守則非，「宋之為宋，元之為元，各具體制，方見文途變化入妙」。體制除了文類形式規範與內容風格的意義，亦可從時代特質觀察，歸納出美學風格共相，因而得以呈顯各個時代詩文創作的多元風貌。因此敘《樂有餘堂詩集》所摘七言絕句，依照體制分類，各體皆引清國名家為證，如「杜甫、蘇子瞻，及船山、袁倉山等諸先輩」。〔註16〕這些名家實則分屬唐、宋、明、清不同時代，透顯出他綜攝歷代詩歌美學風格的觀點。不但各個時代各具體制，大家、名家也自成一體。如：

> 帝國自唐通中國，各家詩集皆搜入，其詩音律酷肖唐人。鳴鶴仙史東作；〈杏花雙魚圖〉云：「江南春事困人時，雙燕雙栖說向誰。惆悵離鸞孤舞鏡，杏花妝閣雨如絲。」一六評云：「真逼長吉。」小淞鈞徒伊勢華，長門人〈詠木戶公見訪〉云：「養病茅堂懶更加，何圖頻枉貴人車。門庭小小無容處，馬立街房嚙豆花。」春濤評云：「自陸務觀脫化來，風致自佳。」五桐居士富島求譽，遠江人七絕云：「正是霜前露後天，可人晴色自幽妍。陛頭來散一枝策，秋在野花幽草邊。」即山評曰：「王新城後身。」一六居士〈湖亭小集分得門字〉詩云：

〔註15〕吳德功《瑞桃齋詩話》（南投：臺灣省文獻委員會，1992年），頁46～47。
〔註16〕詳吳德功《瑞桃齋詩話》（南投：臺灣省文獻委員會，1992年），頁221。

「欲訴相思也斷魂，夕陽湖色易黃昏。重楊垂柳一堤綠，澹澹烟遮蘇小門。」即山評云：「酷肖王新城。」……一六日：「前首王漁洋，後作趙甌北。」……小舟評云：「酷似樊榭小品。」集中評選類此者甚多，皆各展其眼力。可知作者、評者，平日浸淫於諸名稿中者深矣。〔註17〕

此處雖引自森春濤所集《新文詩》，但所謂「可知作者、評者，平日浸淫於諸名稿中者深矣」，亦反映論述採取以編代作的觀點。雖說「其詩音律酷肖唐人」，依其所錄評述，如「真逼長吉」、「自陸務觀脫化來，風致自佳」、「王新城後身」等語，音律大抵泛指詩歌整體的美學風格。而唐人者包括唐李賀、（案：長吉）宋陸游、（案：務觀）清王士禎、（案：新城、漁洋）、趙翼（案：甌北）等，透顯他綜攝歷代諸名家各體的美學觀照。至謂「唐人五七言詩每分各派：陳子昂、杜審言、沈全期（案：全當作佺）、宋之問之屬，典麗精工；王右丞、孟浩然、儲光羲、韋應物之屬，清空閒遠；李白之屬，風華宕逸；杜甫之屬，沉雄悲壯。此皆諸公性情學問，自成一家者也。至若五七言體，初唐人詩太宗朝時號為貞觀體；盛唐人詩元宗末、代宗朝時詩號為大歷體；（案：大歷當作大曆）中唐人詩憲宗朝時號為元和體；晚唐人詩文宗開成初年，至五季末時號為西昆體。雖不能盡叶，亦如今之墨卷，一時風氣各自不同，豈非運會使然乎。」〔註18〕敘述更為細膩，不但作家個人或群組各有其體，政治運會亦可作為文體區別的依據。

這種對文類傳統的界定，視野相當開闊，一者強調詩歌必須合乎音韻、格調，講求合作、正體、正宗；再者又突出「不離不執」的境界，如：

讀書到神化，不必規矩。試看杜少陵〈八仙歌〉，前不用起，後不用收，中間參差歷落，（案：歷落當作俐落），格法古未曾有。可見讀書不離乎法，亦不可執乎法。然非杜公誰敢為此？誰能為此？此作亦前無古人，後無來者，所以謂詩聖。〔註19〕

徐秋濤曰：「凡讀唐詩者，全在得古人精神，并其筆法之妙。若從摹倣字句拾其餘唾，以為某詩似杜，某詩似李，雖極高妙，豈能加於

〔註17〕吳德功《瑞桃齋詩話》（南投：臺灣省文獻委員會，1992年），頁216～219。
〔註18〕詳吳德功《瑞桃齋詩話》（南投：臺灣省文獻委員會，1992年），頁16。此處影印出版時誤置錯頁。詳國立中央圖書館臺灣分館館藏原稿，頁10。
〔註19〕吳德功《瑞桃齋詩話》（南投：臺灣省文獻委員會，1992年），頁4。此處影印出版時誤置錯頁。詳國立中央圖書館臺灣分館館藏原稿，頁22。

　　李、杜之上乎？必掃去蹊徑，法古而不為古所拘，自成一家言，方
　稱匠手。〔註20〕

　　齊子治論詩五古云：「作詩如作人，宜真不宜假……我作我之詩，詩
　中貴有我。我用我之法，古法都可捨。」〔註21〕

規矩法度是詩歌文類的基本規範，但讀書以神化為貴，要「不離乎法，亦不
可執乎法」「得古人精神，并其筆法之妙」「法古而不為古所拘，自成一家言」
「我用我之法，古法都可捨」。可見他對體式結構傳統意義的詮釋，持有通於
古而變於今的通變思維。重點在於「有我」，創作主體是否真誠，能否自在的
馳騁於格律聲韻中。

　　基於通變的詩歌發展史觀，更賦予詩話錄詩的彈性空間，詩歌品評的最
高判準——不離乎法，亦不可執乎法，只要遵守基本的規矩法度，唐音、宋
調而或稍涉以文為詩，皆毋須計較。如小淞鈞徒〈詠木戶公見訪〉詩，一首
因病蒙友人屢屢造訪關懷，未能善予接待，賦詩致謝，並抒歉意的詩，意象
膚泛，旨趣平淡，若似積字累句而已。春濤評云：「自陸務觀脫化來，風致自
佳。」但吳德功僅概說「其詩音律酷肖唐人」，並於文末總評「可知作者、評
者，平日浸淫於諸名稿中者深矣」，至於所評恰當與否，則未進一步論述。此
固與《瑞桃齋詩話》書寫意圖有關——我族建構為優位考量，（詳第四章之三）
但通變的詩歌史觀，更賦予融攝異族差異的合理性。

三、持情境意識匯觀族群文化

　　通於古而變於今的文學觀點，既尊重傳統，而復重視眼前當下的興發感
動，突顯出文化詩學的情境意識，付諸創作實踐，自然強調存在語境中主客
觀因素的影響。如唐人五七言詩分派分體，有肇因於「諸公性情學問，自成
一家者」，有「一時風氣各自不同」，運會使然者，〔註22〕亦有各人際遇得失
所致。存在語境中主客觀因素不同，發為創作自然有別，因此推崇齊子治論
詩主張「詩有真性情」說：

〔註20〕吳德功《瑞桃齋詩話》（南投：臺灣省文獻委員會，1992 年），頁 6。此處影
　　　　印出版時誤置錯頁。詳國立中央圖書館臺灣分館館藏原稿，頁 20。
〔註21〕吳德功《瑞桃齋詩話》（南投：臺灣省文獻委員會，1992 年），頁 30。此處影
　　　　印出版時誤置錯頁。詳國立中央圖書館臺灣分館館藏原稿，頁 32。
〔註22〕詳吳德功《瑞桃齋詩話》（南投：臺灣省文獻委員會，1992 年），頁 16。此處
　　　　影印出版時誤置錯頁。詳國立中央圖書館臺灣分館館藏原稿，頁 10。

齊子治論詩五古云：「作詩如作人，宜真不宜假。詩有真性情，是解作詩者。勦襲以為詩，毋奈風斯下。摹仿以為詩，何能出瀟洒。典故安可無，數典亦傷雅。詩為心之聲，心藉詩以寫。我作我之詩，詩中貴有我。我用我之法，古法都可捨。」又云：「千古上乘詩，窮愁憂患出。杜老吟〈北征〉，真為萬世則。」議論精卓，可作一篇詩法讀。〔註23〕

此處涉及本體論、創作論與批評論的思考。歷來言詩歌本體，自《書‧堯典》揭櫫「詩言志」之旨，詩為心聲成為文化共識。但如何界定作為內在情思的心聲，則言人人殊；因而大致歸結有言志與緣情二說，前者重視文學教化意義，強調心性主體的群體情志，發展出儒家詩論的言志傳統。後者偏就個別情思角度，討論審美主體與景物的互動關係，主張詩緣情而綺靡。然而存在情境變化無常，情、志關係複雜難辨，後代論述常有糾纏混淆，而或和同為言。文本所謂「詩為心之聲，心藉詩以寫」，即如《書‧堯典》「詩言志」之旨，將情志主體的活動——心聲，視為詩歌創作的本質。

基於此一詩歌本質的界定，討論創作原則，「詩有真性情」自然成為第一原則。而「千古上乘詩，窮愁憂患出」，關鍵就在於存在語境的艱難困頓，情志主體置諸其中，有超乎尋常的嚴厲錘鍊，感觸遂深，發而為詩深刻真實，毋須矯揉造作，而真性情在焉。換句話說就是詩中有我，而這個我之可貴，還在於具有超越泛泛凡眾的特殊情志體驗。其次，真我如此可貴，就發展出跳脫性的法度思維——「我用我之法，古法都可捨」。將規矩法度視為詩歌文類的基本規範，如何入乎法而出於法，神明變化運用之妙，存乎一心。遣辭用典亦是如此，「典故安可無，數典亦傷雅。」總之平常講究體會，下筆則以情境感觸為主導。而就批評的角度言之，「真」就是鑑賞批評的總原則——「作詩如作人，宜真不宜假」，勦襲、摹仿、拘泥典故，刻意失真，皆為大忌。

因此臨文創作，必須意在筆先：

吳自道曰：「作詩先命意。如構宮室，必須間架形勢已備於胸中，始施斧斤。立意卑凡，則真情愈遠。」〔註24〕

〔註23〕吳德功《瑞桃齋詩話》（南投：臺灣省文獻委員會，1992年），頁30～31。此處影印出版時誤置錯頁。詳國立中央圖書館臺灣分館館藏原稿，頁32～33。

〔註24〕吳德功《瑞桃齋詩話》（南投：臺灣省文獻委員會，1992年），頁6。此處影印出版時誤置錯頁。詳國立中央圖書館臺灣分館館藏原稿，頁20。

「作詩先命意」的考量，雖然關係到格之尊卑，追根究柢仍是「詩有真性情」的一貫思維。作詩「如構宮室，必須間架形勢已備於胸中，始施斧斤」，意指詩歌創作過程中，知性的檢視、琢磨、修改是被容許的。但是創作之前，情思主體必須與情境物色有所激盪互動。換句話說是講究隨事生情、興到筆隨：

> 作歌意不怕常、詞不怕俚，須隨事生情、隨題布局。即眼前景、家常話，卻寫來自有沉雄悲壯之趣。如杜公〈茅屋為秋風所破〉一歌，細玩亦常景常事、常情常局，而用筆奇崛，確不可及。學者須於此入門。不必故為險僻語，自言古奧。亦不必故作奇怪意，自稱超脫。〔註25〕

作詩在「隨事生情、隨題布局」前提下，意趣之凡常、殊勝，詞語之俚俗、雅馴，皆毋須措意；雖是常景常事、常情常局，在真情興發下，皆可融攝點化而臻登峰造極之境。文本中評述，常透顯出此一觀念的延伸，如引述黃鑑亭評其〈哭醒甫先生〉詩：「情文相生，字字皆從肺腑中流出，足令人移情。」評唐景崧、施澐舫、邱逢甲、林仲良等詠〈鈔詩吏〉曰：「皆即景見意，新穎豁人心目」；論施澐舫〈戒煙詩〉是：「讀此知是過來人語」；邱逢甲〈寄家書〉是：「將旅人心事和盤托出；纏綿往復，情文相生」；書陳儒林賦〈臺灣割讓〉七絕是：「敘事真率，讀之如家常話」〔註26〕乃至「文如其人」的風格說，〔註27〕皆如此類，凡此不外乎對情境意識的自覺。

〔註25〕吳德功《瑞桃齋詩話》（南投：臺灣省文獻委員會，1992年），頁5、24。此處影印出版時誤置錯頁。詳國立中央圖書館臺灣分館館藏原稿，頁23～24。

〔註26〕吳德功《瑞桃齋詩話》（南投：臺灣省文獻委員會，1992年），頁122～123、145～146、147～148、148～149、141。

〔註27〕傳統詩歌文類承《書·堯典》「詩言志」之旨，將情志主體的活動——心聲，視為詩歌創作的本質。至如齊子治論詩標舉「作詩如作人，宜真不宜假」，自然發展出人格即風格的論述。《瑞桃齋詩話》述伊藤博文事：「自少遊歷各國，倡興新學。日清之戰，公贊機宜，克建殊勳，位極人臣。旋告假回里不仕，吟咏自適。」錄其〈自題小照〉：「風雲一擲憶淵明，荒徑空留落後英。隴畝秋高孤鶴舉，松林月上臥龍橫，海邦草色含霜白，山寺鐘聲警夢清。顯默隨時哲人事，無端對酒發吟情。」評道：「詩筆清潔，全無戀佐之意。瀟瀟灑灑，磊落出群，觀其詩可以知公之為人矣。」吳德功《瑞桃齋詩話》（南投：臺灣省文獻委員會，1992年），頁246。即是此例。1892年，（明治25年）伊藤博文二度組閣，因1894年中日甲午戰爭割遼東、臺澎，開疆封侯。隨後因俄、德、法結盟逼還遼東，他自度無法力敵讓步，民心大失。復以權勢過大鋒芒畢露，引發其他派系不滿，不得已請辭。讀取自維基百科自由的百科全書 https://zh.wikipediaorg.>zh-t 吳德功所述雖與史實不盡相符，但伊藤博文自信、樂觀的性格，可以略窺。

　　情境意識之成為文化詩學的重要特質，是一種後設的思考；就文化詩學的族群性格而言，則是一種先在的思維模式。詩文化思維模式，詩料遍在於生活之中，創作取諸生活情境，彙而觀之，則為一時一地之族群文化。因此《瑞桃齋詩話》錄有〈竹枝詞〉、〈番社竹枝詞〉、〈懷葛新咏〉、《裨海紀遊·竹枝詞〉、〈艋津竹枝詞〉載咏檳榔、芙蓉膏、臺灣菊花及臺南夢蝶園、五妃墓、四春園、開元寺等詩，〔註28〕可以見地域風土民情。卷一〈詩法〉、卷二〈佳話〉所錄，透露漢文化的美學與價值典範，卷三〈詩遺〉、卷五〈詩史〉、卷六〈詩錄〉所錄詩作，反映社會政治文化狀況。（詳第五章）錄新竹鹿苑吟社詩、彰化蔡醒甫荔譜吟社聯詠、辛卯臺中縣聯吟、日本《新文詩》詩、臺北玉山吟社詩等，〔註29〕可以觀文化社群活動。總之基於情境意識的自覺，透過話文的記事敘述，詩歌文本的纂錄，可以更清晰的呈現臺灣自清領至日治初期人文價值的趨向。

四、積學涵養以為詩學通識

　　對體式結構傳統的尊重，與興到筆隨的情境意識，二者間雖然存在通古變今的思維聯繫，但體式結構至唐大致發展成熟，宋代以降，政治社會文化運會所趨，個人性情才性學問殊異，詩歌體式結構已成為舊有傳統。如何通於古而變於今，以今日生活為詩料，在傳統美學形式中，表露個人情意，展現族群生活，那就是另一層次命題。尊唐、祧宋之說，詩史、本色之辨，無非是環繞此一命題開展的的論述。而所謂「隨事生情、隨題布局」的創作方法論，雖然相對於「故為險僻語，自言古奧」「故作奇怪意，自稱超脫」，強調從心中自然流出，但舉杜甫〈茅屋為秋風所破〉為證，絕不可作破律壞度、目無格調理解。反而示之以高格典範，乃得諸「眼前景，家常語」生活情境的美感經驗，融入客觀文類規範，既入乎其內又超乎其外，言人所未言發人所未發。

　　故其論五言律詩「大抵以格調為主，意興為經，詞句為緯」，〔註30〕格調

〔註28〕吳德功《瑞桃齋詩話》（南投：臺灣省文獻委員會，1992年），頁112～114、114、134～137、140～141、114、143～144、147～148、231～232、149～150、150～151、245～246、247。

〔註29〕吳德功《瑞桃齋詩話》（南投：臺灣省文獻委員會，1992年），頁157～158、159～164、165～174、209～220、159～164。

〔註30〕吳德功《瑞桃齋詩話》（南投：臺灣省文獻委員會，1992年），頁19、16。此處影印出版時誤置錯頁。詳國立中央圖書館臺灣分館館藏原稿，頁9～10。

本色是詩歌創作的必要規範，是美感經驗再現的媒介，在格調基礎上馳騁意興，是文化詩化的美感思維。文化詩化雖是族群文化的一環，存在語境的潛移默化，固然具有傳承之效。但是文化與詩化必須得諸人為設計，方能系統性的全面而深入學習；並且積漸日久方能才能守經達變，日新又新，確保其永世不墜。吳德功了解這點，因此提出「裕在平時」的學古觀念：

> 徐秋濤曰：「學詩者當效法於古、取材於先。採擷李、杜諸大家之華，以為骨格。多讀書、廣聞見，以資詩料。聲律既徹，神境自孚，而胸次勃然。每遇一題，即有真機流出。則隨意唱咏佳句自生……惟在裕於平時，而臨毫方不局促。〔註31〕

> 徐楨卿曰：（案：楨當作禎）「昔桓譚學賦於揚雄，雄令讀千首賦，蓋所以廣其資，得以參其變也。故古詩《三百》，可以傳其源。遺篇〈十九〉，可以約其趨。樂府雄高，可以厲其氣。〈離騷〉深永，尤可以裨其思。然後法經而植旨，繩古以崇詞。」〔註32〕

> 皇甫汸曰：「作詩須量力度才，取其近似者，以為楷法，久則有成矣。若性質恬曠而務求華豔，才情綺麗而強擬沉鬱。始須效響，終失故步。〔註33〕

> 徐秋濤曰：「凡讀唐詩者，全在得古人精神，并其筆法之妙……」〔註34〕

文本提出學古的途徑有二：一為法古學詩，一為讀書取材，二者都有助於達到「神境自孚，而胸次勃然」的境界。神境是情境所激起的美感體驗，胸次是指美感體驗中情志活動的境界。也就是說透過法古學詩，建構族群文化的集體記憶，培養美感思維，並體驗審美情趣，是法古學詩的目的。故文本提出四個學習的觀念，其一取諸高格，故以李杜大家為詩法典範。其二「量力度才，取其近似者，以為楷法」。其三採擷精華，以為骨格，以徹聲律。其終

〔註31〕吳德功《瑞桃齋詩話》（南投：臺灣省文獻委員會，1992 年），頁 9。此處影印出版時誤置錯頁。詳國立中央圖書館臺灣分館館藏原稿，頁 19。

〔註32〕吳德功《瑞桃齋詩話》（南投：臺灣省文獻委員會，1992 年），頁 8～9。此處影印出版時誤置錯頁。詳國立中央圖書館臺灣分館館藏原稿，頁 18～19。

〔註33〕吳德功《瑞桃齋詩話》（南投：臺灣省文獻委員會，1992 年），頁 8。此處影印出版時誤置錯頁。詳國立中央圖書館臺灣分館館藏原稿，頁 18。

〔註34〕吳德功《瑞桃齋詩話》（南投：臺灣省文獻委員會，1992 年），頁 6。此處影印出版時誤置錯頁。詳國立中央圖書館臺灣分館館藏原稿，頁 20。

極目的則「全在得古人精神，并其筆法之妙」。其四專心一致，延續「以格調為主，意興為經，詞句為緯」的思考，既掌握族群文化美感思維共相——詩歌體類的規範，復展現個體美學獨特超脫的創造。也就是說創作功力是展現在客觀規範與個人才情的辨證融合上，此番融合能力的培養，一方面要通徹聲律客觀規範，一方面要突顯我行我法，因此必須透過才力近似的典範作為師法，採擷精華，作為骨格，通徹聲律，以得古人精神與筆法之妙，而非字句詞語的摹仿。古人精神與筆法之妙，就是法古學詩的主要內容。古人精神偏就神境體驗與胸次情志活動而言，筆法偏就美感情志體驗的表現形式而言。其中有傳統正宗文體格調觀念，又有典範高格的一家之體，經過學詩法古的積學涵養，臨筆創作回歸詩中有我的精神，自然是「格調為主，意興為經，詞句為緯」。通古變今的理論思維如此，強調「裕在平時」的學古觀念旨趣亦如此。

　　而讀書之於學詩，則為文化通識的涵養，多讀書、廣聞見，可以充實詩料，提升胸懷境界。所以揚雄教賦，不但要令讀賦千首，熟悉各種不同的筆法風格；還要讀《詩經》，以掌握詩歌創作的基本精神；學習古詩十九首，瞭解詩歌的開合風度；再輔以樂府的峭勁高古，以加強雄奇變化的氣勢；藉助於〈離騷〉的深邃幽邈，以增進思慮的深度。而透過詩歌源流的美感思維與美感體驗學習，最後卻要能「法經而植旨，繩古以崇詞」，收攝在儒家文化的倫理價值與族群文化品味處。這與劉勰《文心雕龍》原道、徵聖一脈，論文學而主張文化通識的涵養，同一旨趣。

　　吳德功關於詩法纂述，書寫之初，由於本諸教學上的需求，多著墨於詩歌文類體式規範的載錄，如各體聲律、句法、章法等文體藝術形相的敘述，而未就詩歌藝術本體原理原則作系統性論述。因此如何將積學涵養所得，從知性識見內化為個人情志活動，並未提出具體意見，唯有幾處提到與「神」相關的觀念可供尋思，如：談歌體格調有平正者，至於「格之變換，韻之重疊，句之長短，神明變化存乎其人」；讀詩學古的終極目的「全在得古人精神，并其筆法之妙」；所以「讀書到神化，不必規矩」才能免於「襲貌遺神」。〔註35〕神明變化、神化就是對「神」「精神」的體悟內化。《易經·繫辭下》言：「精義入神，以致用也。」韓康伯注：「精義物理之微者也。神寂然不動，

〔註35〕吳德功《瑞桃齋詩話》（南投：臺灣省文獻委員會，1992 年），頁 15、20、22～23。

感而遂通，故能承天下之微會而通其用也。」《易經·說卦》也有相同的說法：「神也者，妙萬物而為言者也。」〔註36〕《孟子·盡心下》亦云：「充實而有光輝之謂大，大而化之謂之聖，聖而不可知之謂神。」〔註37〕可知「神」是指一種隱微難測神妙變化至乎其極的境界。吳德功這幾個神明變化、神化的觀念，即是詩歌創作在此一詮釋脈絡的思維，與學以致用有關，強調積學涵養與臨筆作詩之間，必須經過作者的創造。而這種創造能力是不可傳授的，文本引述司馬相如之言：「賦家之心，得之於內，不可得而傳。」〔註38〕並舉越處女與勾踐論劍術所說：「妾非受於人也，而忽自有之。」〔註39〕這種神祕的美感經驗與表現能力，皆「性情學問自成一家」使然，〔註40〕非語言文字所能形容。

　　宋代嚴羽有一段關於學詩的論述，殊堪對照理解：

> 夫詩有別材，非關書也；詩有別趣，非關理也。然非多讀書、多窮理，則不能及其至。所謂不涉理路，不落言筌者，上也。詩者，吟詠情性也。盛唐詩人惟在興趣，羚羊掛角，無跡可求……近代諸公乃作奇特解會，遂以文字為詩，以議論為詩。夫豈不工，終非古人之詩也。蓋於一唱三歎之音，有所歉焉。且其作多務使事，不問興致；用字必有來歷，押韻必有出處，讀之反覆終篇，不知著到何處？其末流甚者，叫噪怒張，殊乖忠厚之風，殆以罵詈為詩。詩而至此，可謂一厄也……大抵禪道惟在妙悟，詩道亦在妙悟……惟悟乃為當行，乃為本色。〔註41〕

嚴羽《滄浪詩話》也談詩體、詩法，但他不從具體的體式結構格調論本色，而從美感體驗與情志活動的特質——悟，界定「惟悟乃為當行，乃為本色」。特別強調詩有別材別趣，釐清詩與文在文類本質上的歧異，精準而明確的提

〔註36〕詳孔穎達《周易正義》（臺北：藝文印書館，1982年九版）卷八，頁169。卷九，頁184。

〔註37〕詳清趙順孫《四書纂疏·孟子》（臺北：學海出版社，1977年），頁545。

〔註38〕詳吳德功《瑞桃齋詩話》（南投：臺灣省文獻委員會，1992年），頁30。此處影印出版時誤置錯頁。詳國立中央圖書館臺灣分館館藏原稿，頁32。

〔註39〕詳吳德功《瑞桃齋詩話》（南投：臺灣省文獻委員會，1992年），頁30。此處影印出版時誤置錯頁。詳國立中央圖書館臺灣分館館藏原稿，頁32。

〔註40〕詳吳德功《瑞桃齋詩話》（南投：臺灣省文獻委員會，1992年），頁16。此處影印出版時誤置錯頁。詳國立中央圖書館臺灣分館館藏原稿，頁10。

〔註41〕嚴羽，《滄浪詩話·詩辨》，葉3b。收入臺靜農《百種詩話類編》下編（臺北：藝文印書館，1974年），頁1371。

出「得之於內，不可得而傳」的創作之心就是悟。悟則讀書、窮理有助於極其至；不悟則讀書、聞見皆成障礙。所謂「以文字為詩，以議論為詩」，既涉理路，復落言筌，違反詩歌別材別趣的特質。他從詩學理論的角度，借用參禪的思維架構，詮釋讀書涵養之識與詩歌美學的聯結，從本質原理到詩歌規範、創作批評，作系統性的建構。詩有別材別趣之說，在明末清初受到熱烈討論，詩歌言理與否？含蓄與訐露的分際、性靈與格調的辯證等，都成為詩學論述的重心。

吳德功文本中未及嚴羽其人，無法判別是否熟悉《滄浪詩話》的論述。從其〈詩法〉所述清代名家，可知其詩學觀念受到清代中葉以前詩壇風尚的影響，有總結歷代詩學理論務為調和的傾向。關於詩歌本質的界定，亦可在其詩話文本中，找到相關對應的敘述，如：

> 吳訥曰：「七言古詩貴乎語句渾雄，格調蒼古。若或窮鏤刻以為巧，務喝喊以為豪。或流於萎弱，或過乎纖麗，則失之矣。」〔註42〕

> 歌內句法……總要錯綜變化，中卻局陣整齊不亂。倘補綴湊砌，詞氣不接，成何格調。〔註43〕

> 作歌意不怕常、詞不怕俚，須隨事生情、隨題布局。即眼前景、家常話，卻寫來自有沉雄悲壯之趣。〔註44〕

> 湖山老人又熟於《易》。七絕云：「六十四年春又來，白頭蕭散好生涯。屯蒙否泰多經盡，本卦今逢未濟時。」松易評云：「世人引經入詩，動陷理窟。此詩湊合絕妙，不覺經語。」信然。〔註45〕

> 錢塘張綱孫……論詩謂：「少陵七律，能用比興。他人雖極工鍊，不過賦耳。」〔註46〕

他諄諄從創作聲律、章法、方法、技巧界定格調，看似簡略不成系統的觀念，其實隱然有一本體論的思考。除了詩本性情，得之於內不可得而傳的詩歌藝

〔註42〕吳德功《瑞桃齋詩話》（南投：臺灣省文獻委員會，1992 年），頁 32。此處影印出版時誤置錯頁。詳國立中央圖書館臺灣分館館藏原稿，頁 30。

〔註43〕吳德功《瑞桃齋詩話》（南投：臺灣省文獻委員會，1992 年），頁 5。此處影印出版時誤置錯頁。詳國立中央圖書館臺灣分館館藏原稿，頁 23。

〔註44〕吳德功《瑞桃齋詩話》（南投：臺灣省文獻委員會，1992 年），頁 5。此處影印出版時誤置錯頁。詳國立中央圖書館臺灣分館館藏原稿，頁 23。

〔註45〕吳德功《瑞桃齋詩話》（南投：臺灣省文獻委員會，1992 年），頁 213～214。

〔註46〕吳德功《瑞桃齋詩話》（南投：臺灣省文獻委員會，1992 年），頁 35。

術心靈的強調，神化、超脫、意興等用詞，都隱含嚴羽悟、興趣等同樣對詩歌不涉理路不落言筌的訴求。以嚴羽「惟悟乃為當行，乃為本色」觀念解讀，「窮鏤刻以為巧，務喝喊以為豪」「補綴湊砌」等，就章法言是詞氣不接，所以不成格調；從詩歌本質言就是以文字為詩，以議論為詩，以散文知性筆法作詩，未能掌握詩歌妙悟的感性特質。因此雖談筆法，實則牽涉到詩歌創作的美感體驗。至如「眼前景、家常話，卻寫來自有沉雄悲壯之趣」，關鍵在於能悟；湖山老人引經入詩，因能悟故湊合絕妙，未陷理窟，不覺經語，堪稱佳作；杜甫七律所以超越他人，亦以其比興，賦比興雖同為詩歌表現筆法，比興與賦之別，則在象徵意涵的存在，也就是詩歌不涉理路不落言筌特質的掌握。其他對於詩歌溫柔婉約的敘述，如：「微旨微意，語淺情深」，〔註47〕「學有餘而約以用之」、「意有餘而約以盡之」，「句中有餘味，篇中有餘句」，〔註48〕無論從表現筆法或風格為言，也都不出詩歌以妙悟為本質的思考。妙悟是創作論也是鑑賞論，作者、讀者可以靈犀相通、分享美感體驗的關鍵，在於積學涵養族群文化。卷一〈詩法〉論述，旨在建立漢文化詩學的典範，以作為族群文化通識。

五、兼攝格調、詩史以傳承文化

〈詩法〉中介紹清代中葉以前詩壇，曾提及王士禛（漁洋）有十一次之多，〔註49〕對這位山東詩人的創作及理論，應有相當理解。王漁洋提倡神韻

〔註47〕詳吳德功《瑞桃齋詩話》（南投：臺灣省文獻委員會，1992年），頁15、12。此處影印出版時誤置錯頁。詳國立中央圖書館臺灣分館館藏原稿，頁13～14。
〔註48〕詳吳德功《瑞桃齋詩話》（南投：臺灣省文獻委員會，1992年），頁33、30。此處影印出版時誤置錯頁。詳國立中央圖書館臺灣分館館藏原稿，頁31～32。
〔註49〕言及漁陽者十一處為：「或有問一字至九字」條一處，「予嘗曰古風音節」條二處；「廣東詩有三家」條一處，「南海程會元可則」條二處，「吳天章雯」條一處，「山右詩家」條二處，（案：右當作左）「仁和杭董甫世駿」條一處，（案：董甫當作董浦）「大興翁覃溪學士方綱」條一處。詳吳德功《瑞桃齋詩話》（南投：臺灣省文獻委員會，1992年），頁7、24、26、31、31、34、35、36、39、40。其中「或有問一字至九字」條，「廣東詩有三家」條，「南海程會元可則」條，影印出版時誤置錯頁。詳國立中央圖書館臺灣分館館藏原稿，頁21、33、33。據江寶釵校註：山右應為山左。蓋以此條文中所列詩家，皆為山東人，前人提及皆以山左為稱。且依舊時慣例，山東為山左，隴西為山右。故推論如此。詳江寶釵《瑞桃齋詩話校注》（高雄：麗文文化事業有限公司，2009年），註171，頁99。又仁和杭董甫世駿條，杭世駿號董浦，故改之。詳錢仲聯《清詩紀事》（江蘇：江蘇古籍出版社，1989年），頁4682。

說，面對詩歌本質因時代氣運所致，知性與感性的辨證發展，必須予以再釐清的命題，仍然運用本色說處理。〔註50〕編選《唐賢三昧集》，標舉逸品，講求詩境的虛和，文學觀念接近山水畫論中以簡潔高逸為尚的南宗，標舉頓悟。而對南宗、北宗卻展現融合匯通的意見，其引用鼉尾文論曰：

> 近世畫家專尚南宗，而置華原、營丘、洪谷、河陽諸大家，是特樂其秀潤，憚其雄奇。余未敢以為定論也，不思史中遷固、文中韓柳、詩中甫愈、近日之空同大復，不皆北宗乎？牧仲中丞論畫，最推北宋數大家，真得祭川先河之義，足破聾瞽，余深服之。〔註51〕

認為畫論中專尚南宗之秀潤，而捨置北宗雄奇之風，仍有待商榷。以文學為喻，舉史家司馬遷、班固，古文韓愈、柳宗元，詩中杜甫、韓愈、明之李空同、何大復等大家，皆類比於北宗雄奇一脈。雖為文類本色說者所質疑，但無礙於其為大家。故讚許宋犖肯定北宗是得「祭川先河之義」。此一思維殆如前述，誤在基學涵養，裕在平時，方能聲律嫻熟，神境自孚。積學文化通識與詩學律法，是格調派論述的主張，相當於漸修漸磨的北宗，故肯定學詩是創作的源頭。故其又述詩文之義：「大約始貴深入，繼貴透出，要以沈著痛快為極致」「古澹閑遠而中實沈著痛快，此非流俗所能知也」，〔註52〕試圖根柢於學問，通過格調、北宗韓愈、杜甫的沈著痛快，得詩歌感性與知性的融合，而達無迹可求的興會之境。故同時的翁方綱即說漁洋「變格調之說而衷以神韻，其實格調即神韻」，〔註53〕郭紹虞亦說：「漁洋是在格調說的骨幹上，加了一件神韻說的外衣」。〔註54〕可見與明七子格調說淵源一脈。〔註55〕

〔註50〕明代初期本色說，結合嚴羽妙悟與李空同的「法」，既提倡模擬，又主張人人各具本色，不尚模擬。明代中葉以後，詩人論本色，僅就詩的本質或法而言。未能結合妙悟，解決本色與非本色的命題，因此再度造成知性與感性的對立。漁洋從本色說務為調和；王先謙之類，則重新檢視比興傳統，放棄格調本色主張，轉而從詩史命題的再詮釋，探討杜甫詩風與比興諷諭的關係，以解決此一課題。參考龔鵬程《詩史本色與妙悟》（臺北：學生書局，1986年），頁125～130。

〔註51〕王士禎《帶經堂詩話》（臺北：廣文書局，1971年），卷二十二，葉十九。

〔註52〕王士禎《帶經堂集·芝廛集序》，卷六十五。收入郭紹虞《中國歷代文論選》下冊（臺北：木鐸出版社，1981年），頁62。

〔註53〕詳翁方綱《復初齋文集·神韻論上》冊四，卷八，葉七。讀取自 http://ctext.org/library.pl?if=gb&res=3898。

〔註54〕詳郭紹虞《中國文學批評史》（臺北：成偉出版社，不詳），下卷，頁559。

〔註55〕王士禎本色說的思維，在明人胡應麟《詩藪》中已有相當的見解。他一方面提倡當行本色的正體觀念，一方面又從風格家數主張人人各具本色。說：「文

　　宋人論本色是要解決詩歌中含蓄與與鋪陳、直賦與比興、才力議論與吟詠情性等，感性與知性的矛盾。他們站在知性反省的立場，肯定比興是詩的本質，然後以轉識成智之悟，融匯中唐詩風的轉變，達成知性與感性的辯證融合，再回歸盛唐的渾化之境。下迄明清提倡性靈神韻與講究學力議論的論諍，仍是此一本色說脈絡的延續。漁洋詩論是本色說的堅持，相對於此，錢謙益則不論本色，轉而探討詩史的命題，釐清杜韓詩風與比興諷諭的關係。吳德功以文化涵養為根柢，通過學詩法古，臨筆創作回歸詩中有我的詩學觀念，亦如漁洋本色說，以格調為骨幹，整合神韻、格調、虛實正變，脈絡有迹可循，但在論述上線索相當隱微。

　　另一方面，他也推崇杜甫，採用錢塘張綱孫觀點，指出杜甫七律超越別人之處，在於比興的運用。〔註56〕尊為詩史，肯定他「胸羅班馬，筆運屈宋，議論時事，以韻語出之」〔註57〕詩歌知性與感性矛盾等宋人本色論所釐清的諸多問題，全然置之不論，大有錢謙益論詩的路徑。綜而觀之，他對「體」的界定，置諸文類體製則為格調法古一脈，若從時代運會、作家風格言體，我行我法的主張，則會發展出馳騁才力議論，而置格調本色不論之途。這種糾纏矛盾的詩學論述，固然與其書寫之初基礎教材編輯實用性的思考有關，也可看出基於對政治運會等情境意識與詩歌通變史觀，但對詩歌辨體的問題意識不甚關心。為作詩而讀書學詩，讀書學詩是文化學習；學詩作詩是文化詩化傳統的繼承。因此提供文化內涵與文化詩化傳統的學習，一條具體可循的管道，以建立族群想像與認同的憑藉，應該是作為一個文化傳播者更關注的課題。而他基於文化涵養與學思格局，運用比興手法的編輯策略，詩史議論精神的表現，加上散文夾敘夾註的錄詩體例。編纂詩話，具體實現文化傳承的關懷。

章自有體裁，凡為某體，務須尋其本色，庶幾當行。」諸體各具本色，因此「學者務須尋其本色，即千言鉅什，亦不使一字離去。」通過本色說兼攝格調模擬與反模擬。故其更明確指出：「漢唐以後說詩者，吾於宋嚴羽得一悟字，於明李獻吉得一法字，皆千古詞場大關鍵，第二者不可偏廢。法而不悟，如小僧縛律；悟不由法，外道野狐耳。」胡應麟《詩藪》（北京：中華出版社，1958年），內編，卷一，頁20。內編，卷三，頁48。內編，卷五，頁96～97。可見清初詩學論述，雖然有宗唐祧宋之議，仍不出對前代諸家論述的總結。其中差別大概是沉著中自有痛快，抑或是馳騁議論中自有比興的認定罷了。
〔註56〕詳吳德功《瑞桃齋詩話》（南投：臺灣省文獻委員會，1992年），頁35。
〔註57〕詳吳德功《瑞桃齋詩話》（南投：臺灣省文獻委員會，1992年），頁249。

六、結語——族群想像是建構文化詩話學的核心

《瑞桃齋詩話》題材，許多原是象徵晚清邊陲臺灣基層文士的功名想像與遊藝品味，其中自有知識階層的文化價值意識。不過經過乙未變局衝擊，作者的族群思維，從基層文士擴充為國族認同，文化意涵從知識階層提升為臺灣族群集體文化記憶與價值判斷。這種雅俗聖凡的升降變化，文化為重要關捩，在族群文化提攝下，詩歌是族群美學的實踐，與文化內涵道通為一，因而成就文本文化詩話學的書寫格局。

而其詩學則展現文化詩學的特質，文化詩學思維，對於傳統體式結構，具有一種近乎意識形態的堅持，纂輯詩法材料，特別關注各體體製正宗本色的格調，音律形式結構的提點。不過為了突顯風格本色，則又強調興到筆隨的情境意識，以眼前景物的興發感動通古變今，展現詩人的情志意興。也就是說詩歌創作必須兼攝有族群文化的詩化思維，與詩人個別的情境感觸。因此積學涵養、辯證創造，成為作詩的重要工夫，讀書學詩與學古作詩，是積學的主要內涵，前者是文化通識學習，藉以充實詩料內容，後者則是詩化美學訓練，以繼承詩歌表現傳統為目標。

他雖然隱然有對詩歌本質的認知，諄諄於體製音律法式釐辨之餘，猶且提醒詩為心聲、神明變化、能用比興、我用我法等觀念。但格調作為客觀體製規範與風格家數的協調，杜甫與比興傳統的關係，議論鋪陳與感興象徵的分際等等，與清代詩歌發展的相關議題，都在文化學習與傳承更大的目標下，淡化其成為問題意識的重要性。然而此一文化詩學的基調，提供族群想像豐富的文化資產與美感體驗，是歷史頓挫中認同探索與發展定向的重要憑藉。

吳德功儒家思想價值的形成，及其以孔教統攝東西文化的視野，固然本諸於清領時期官方文化傳輸，與父祖庶民的原鄉意識，乃至臺灣海洋島國特殊的地域環境與歷史發展。其一生信守的儒學價值觀念，則在師友酬唱的遊藝活動中，更加內化為文化涵養與品味，成為其認同建構的關鍵指標。因此《瑞桃齋詩話》的編纂，可以視作其個人心法的薪傳。他結合詩學論述與遊藝談興，跨域書寫詩話。將歷史裂變的顛沛困頓體驗，儒教信仰受到衝擊的思考，師友酬唱遊藝的喜悅，以及從中體悟的生命智慧與美感品味，再現為詩話書寫。一則透顯其在歷史語境中的文化涵養，再則透過族群想像，擴大為臺灣文化的國族思維。當他於老邁之際，將此書寄贈臺灣總督府圖書館，

其念茲在茲者，無非是文化譜系能薪盡火傳。我族後輩憑藉共同族群記憶，透過詩話文本，與往聖前賢覿面對談，探尋一段族群文化發展的血脈。所以說族群想像是建構他文化詩話學書寫的核心課題，而文化詩學特質與基調，是其藉以成為凝聚族群想像的重要憑藉。

附錄：吳德功作品繫年

凡　例

1、年譜以作者吳德功為核心，載錄其文本及相關紀事。將文本置諸歷史語境脈絡，以透顯作者與文本書寫間幽微的情思。

2、年譜依作者生平為序，始於西元 1850 年止於 1924 年。若無重要紀事，則空缺不列年序。

3、紀年項目依序為西元、中國年號、干支曆、日本年號、年齡。日本年號載列，始於西元 1895 年，臺灣改隸。紀年項目次序，冠以西元，便於宏觀對照檢視。其次依改隸前後台灣傳統文士可能的思維模式設定，不涉及編製者個人認同立場。

4、作品繫年、生平紀事判定，以作者文本敘述為優位考量。若文本有版本錯置、傳抄誤植或作者記憶混淆等疑義，詳加對勘後，始予校定。

5、作品繫年可能因無可查考，缺而不錄。而或因證據不足，僅以改隸為界，概分為 1894 年前及 1895 年後。繫年明確者，若經校勘調整修改，因年代推算不同，抑或歷史語境脈絡略同，可能形成誤差。

吳德功作品繫年				
西元紀元	作　品	備　註	生平紀事	相關時事
1850 道光30年 庚戌 1歲			5月6日出生。（詳楊緒賢〈吳德功與磺溪吳氏家譜〉,《臺灣文獻》第28卷第3期,頁113）	
1859 咸豐9年 己未 10歲				彰化陳肇興（1831～1866?）舉孝廉。
1862 同治元年 壬戌 13歲			戴潮春事變,避居白沙坑。（花壇）（詳《戴案紀略》,頁26～27） 祖母81歲去世。（楊緒賢〈吳德功與磺溪吳氏家譜〉,《臺灣文獻》第28卷第3期,頁122）	戴潮春之亂起。（1861～1865）（詳《戴案紀略》,頁3、53）
1863 同治2年 癸亥 14歲			彰化城克復,返居彰化城。（詳《戴案紀略》,頁47）	
1865 同治4年 乙丑 16歲				戴潮春之亂平定,彰化陳肇興掌彰化白沙書院。
1867 同治6年 丁卯 18歲	《瑞桃齋文稿》〈放黿〉（頁253）	憶弱冠赴童子試放黿故事。質疑食黿果報原由。文筆簡練,宜是少作。	與弟汝翰及族兄吳汝位、吳澄善從族叔吳子超讀書。（詳《瑞桃齋文稿·春日重經古月井旁讀書故址記》,頁101） 赴臺南童子試。（詳《瑞桃齋文稿·放黿》,頁253）	
1869 同治8年 己巳 20歲			於白沙書院師事陳肇興。（詳《連雅堂全集·台灣詩薈第三號》,1924年3月,頁159～160）	鹿港蔡德芳主講鹿港文開書院。呂耀初倡建文英書院。（台中岸裡）

1872 同治 11 年 壬申 23 歲			師柯承暉去世，再受業於蔡醒甫。（詳《瑞桃齋詩稿·序》，頁1）	蔡醒甫首度來臺
1873 同治 12 年 癸酉 24 歲				鹿港丁壽泉中舉
1874 同治 13 年 甲戌 25 歲			補博士弟子員。（即生員。詳《瑞桃齋文稿·尋同安祖墳始末記》，頁75）	鹿港蔡香鄰舉進士。 朱樹梧任彰化縣知事。 爆發牡丹社事件，日軍犯臺沈葆楨來臺處理海防與國際事務。
1875 光緒元年 乙亥 26 歲			首次參加福州鄉試。（詳《瑞桃齋文稿·尋同安祖墳始末記》，頁76）不中。	光緒即位，首開恩科。
1876 光緒 2 年 丙子 27 歲			二度參加福州鄉試。（詳《瑞桃齋文稿·尋同安祖墳始末記》，頁76）不中。	吳子光任教岸裡文英書院。 丁壽泉掌彰化白沙書院。
1877 光緒 3 年 丁丑 28 歲			設教里中。《瑞桃齋詩話·詩遺》，敘蔡醒甫 1891 年上元日賦詩事，有「修竹軒舌耕十餘年」語。（頁123）連橫《臺灣詩乘》1917 年完成。載錄吳德功「設教鄉中，垂四十年」。（詳《臺灣詩乘》，頁249）二文對勘，設教約在此年。	
1878 光緒 4 年 戊寅 29 歲	《瑞桃齋文稿》〈驪虞解〉（頁1~4）	文末附夏宗師戊寅科試評「引用經書原原本本結尊朱注」。（頁3~4）		陳肇興《陶村詩稿》出版。
1879 光緒 5 年 己卯			三度參加福州鄉試，不中。 首度赴同安尋得部	

30 歲			分祖墳。(詳《瑞桃齋文稿‧尋同安祖墳始末記》,頁 76)	
1880 光緒 6 年 庚辰 31 歲				日軍犯臺。 朱樹梧再任彰化縣知事。
1881 光緒 7 年 辛巳 32 歲	《瑞桃齋文稿》〈朱陸異同辨〉(頁 29～32)	江老師月課作。(頁 32)	董理育嬰堂事。(詳《瑞桃齋詩話‧詩遺》,頁 109)	福建巡撫岑毓英巡視臺灣。
1882 光緒 8 年 壬午 33 歲	《瑞桃齋文稿》〈尋同安祖墳始末記〉(頁 73～65) 《瑞桃齋詩稿》〈憶壬午往同安尋祖坟二十四韻〉(頁 154)	附案語:「此篇予二八歲時尋墳而作」(詳頁 81)但文中敘壬午年事,宜是作於此年。 《瑞桃齋詩稿》有〈憶壬午往同安尋祖坟二十四韻〉可以互勘。(頁 154)	四度參加福州鄉試,與妹婿林壽卿同行,不中。 再度赴同安尋祖墳(詳《瑞桃齋文稿‧尋同安祖墳始末記》,頁 79;《詩稿‧憶妹倩林茂才壽卿》,頁 21)	
1884 光緒 10 年 甲申 35 歲	《瑞桃齋文稿》〈萬壽無疆頌並序〉(頁 183～185) 〈紀海上曉景〉(頁 249) 〈放鳥〉(頁 255～257)	文中言「皇上御極之十年」(頁 183)知是光緒十年。 出發參加次年福州鄉試,紀海上曉景。 「余書齋中有玉燕兩對……嘗見豪傑之士,閉戶潛修,豈不思一鳴驚人……詎知溺於盤樂佚安,卒至愒日玩時,末世而名不稱」(頁 255～257)與〈題修竹軒〉詩同一旨趣。宜是同一階段作品。亦可與《瑞桃齋詩話‧詩遺》,沈方伯應奎條,(頁 118～119)互參。	作慈禧五十壽旦賀文 書館名修竹。(詳《瑞桃齋詩話‧詩遺》,頁 118) 父助克法軍。(詳楊緒賢〈吳德功與礦溪吳氏家譜〉,《臺灣文獻》第 28 卷第 3 期,頁 125) 白沙書院山長丁壽泉,寓居書館,沈應奎來訪。(詳《瑞桃齋詩話‧詩遺》,頁 118) 出發參加次年福州鄉試。	中法戰爭;劉銘傳任福建臺灣巡撫,駐臺治軍。沈應奎駐彰辦理糧臺,寓白沙書院。

	《瑞桃齋詩稿》〈題修竹軒〉（頁10～11）	書館以「修竹」冠首，聯文「修己治人有志未逮，竹籬茅舍小住為佳」（詳《瑞桃齋詩話·詩遺》，頁118）故推定作於1884年。		
1885 光緒11年 乙酉 36歲	《瑞桃齋文稿》〈恭送　聖跡文〉（頁179～181） 〈澎湖賦〉（頁171～174）	「迄乎癸酉重興盛會，（1873）各抒誠心，文教暫興……茲當建酉之歲，預祈發甲之祥」（頁179～180）乙酉為科考之年，故有「預祈發甲之祥」言。 「眾島為全臺之門戶，諸澳亦閩之干城也……觀法寇之憑陵……」（頁173）以中法戰爭為例，視澎湖為閩澳台島屏障，宜是中法戰爭後之作。	五度參加福州鄉試，不中。（詳《瑞桃齋文稿·紀海上曉景》頁249）	劉銘傳改任臺灣巡撫駐台北；沈應奎任臺灣布政使。 唐景崧任福建台灣兵備道，（1885～1891）組「斐亭吟社」，與台南進士、文人於道署內射虎助興，輯為《斐亭詩畸》。
1886 光緒12年 丙戌 37歲	與丁壽泉、劉鳳翔奉旨採訪節孝婦一百六十名。（詳《彰化節孝冊》，頁191）		與丁壽泉、劉鳳翔採訪節孝。（詳《彰化節孝冊》，頁191）	臺灣設電報學堂於大稻埕。
1887 光緒13年 丁亥 38歲	《瑞桃齋詩稿》〈臺灣竹枝詞〉（頁96～99）〈番社竹枝詞〉（頁99～100）	唐景崧考觀風，邱逢甲第一，吳德功列超等。（詳《瑞桃齋詩話·詩遺》，頁113～114）推斷作於唐景崧任福建台灣兵備道，1888年邱逢甲中鄉試前。是推斷約在1887年。	與蔡德芳倡捐設立節孝祠。（詳《彰化節孝冊》，頁191）奉台灣知府程起鶚命，更正臺南詹山保海濱一帶清丈算法，以紓劉銘傳一條鞭法清丈土地，引發之民怨。（《施案紀略·自序》，頁95）唐景崧考觀風，邱逢甲第一，吳德功	劉銘傳實施一條鞭法清丈土地。劉銘傳又改任福建臺灣巡撫，台灣建省。程起鶚任台灣知府。李嘉棠任彰化知縣。 建彰化節孝祠。

			列超等。（詳《瑞桃齋詩話·詩遺》，頁112～113）	苗栗邱逢甲入唐景崧幕。
1888 光緒14年 戊子 39歲			協助平定施九緞事件。（詳《施案紀略·自序》，頁95～96） 資助彰化儒學教諭周長庚三百及其妻子內渡。（詳《施案紀略·周辛仲廣文遭難記》，頁115～116）	9.01 彰化施九緞事變。 11.05 台灣兵備道兼按察使唐景崧抵彰查核事變情由。時邵友濂任臺灣布政使司。 朱公純任彰化知縣。 邱逢甲中舉。
1889 光緒15年 己丑 40歲				邱逢甲舉進士，掌台中宏文書院。
1890 光緒16年 庚寅 41歲	《瑞桃齋詩稿》 〈庚寅六月大雨二八圳崩壞，程太守發帑開濬民賴以安〉（頁12） 〈題育嬰堂〉（頁13）	「前有朱邑侯，捐廉首倡始；後有程太守，派員嚴檢視」（頁13）	積極參加荔譜吟社聯詠。（詳《瑞桃齋詩話·詩鐘》，頁160）	臺灣設西學堂於臺北。 10月劉銘傳以病奏請辭職，命布政使沈應奎署理。 蔡醒甫二度來臺組荔譜吟社。 6月彰化大雨二八圳崩壞，程挺生觀察發帑開濬。（《瑞桃齋詩稿·六月大雨二八圳崩壞，程太守發帑開濬民賴以安》，頁12）
1891 光緒17年 辛卯 42歲	《瑞桃齋文稿》 〈游龍目井記〉（頁105～106） 《瑞桃齋詩稿》 〈敬步蔡夫子瑞桃原韻〉（頁1） 〈遊福州東門外耿王莊有感〉（頁16） 〈海上觀潮歌十	「辛酉初秋，予欲台北搭火船，往福州鄉試」（頁105）宜是辛卯年之誤。 〈施司馬魯濱和	六度參加福州鄉試，不中。（詳《瑞桃齋文稿·游龍目井記》，頁105） 二月與蔡醒甫觀菊東門外。（《瑞桃齋詩稿·辛卯孟春之月，往東門外書齋觀菊，敬次醒甫先生原韻》，頁62） 施文波寓彰化白沙書院與周惟恒、吳澄秋相共剪燭分詠（《瑞桃齋詩話·詩	3月邵友濂任臺灣巡撫，撤廢西學堂。 施文波寓彰化白沙書院。 唐景崧任福建台灣布政使，（1891～1895）組牡丹詩社。

韻〉（頁 50）	原韵七絕四首〉有「讀君海上看潮歌」語，（《瑞桃齋詩稿‧序後附錄施司馬魯濱和贈原韵七絕四首》，頁 1）知是施文波來訪同年之作。	遺》，頁 117；《瑞桃齋詩稿‧序後附錄施司馬魯濱和贈原韵七絕四首》，頁 2）臺中各縣老師寓彰化聯詠、鬮詩（詳《瑞桃齋詩話‧詩鐘》，頁 165～170）師蔡醒甫逝世，得年六十。同施山長遊八卦山。（《瑞桃齋詩稿‧九日仝施山長遊八卦山》，頁 68～69）秋日同施山長靜翁宴於東郊別墅。（《瑞桃齋詩稿‧秋日同施山長靜翁宴於東郊別墅》，頁 96）
〈辛卯孟春之月，往東門外書齋觀菊，敬次醒甫先生原韻〉（頁 62）		
〈哭醒甫老夫子〉（頁 63～64）	「芸編獨秉千秋筆」下註「公著《東瀛集》十卷，皆有論。去年遭風沉沒海中」（頁 63）知蔡醒甫逝於來台翌年。	
〈九日仝施山長遊八卦山〉（頁 68～69）	「秋景鮮明日未曛，登高晚步集同群」（頁 68）知是重陽登高之作。	
〈秋日同施山長靜翁宴於東郊別墅〉（頁 96）	為施文波寓彰化白沙書院同時之作。	
〈辛卯鄉闈報罷琢如孝廉宗兄寄書慰藉，原作七律一則肅復〉（頁 73～74）	言「八戰棘闈咸敗北」，（頁 74）疑八字為「六」字形近之誤。以下五題為六赴鄉試旅途之作。	
〈福周耿王莊懷古現見左侯祠〉（頁 74）		
〈馬尾停泊福州〉（頁 75～76）	「棘闈試罷束行裝」「往返廿年今昔異」（頁 75、76）	
〈馬江夜渡〉（頁 76）		
〈馬江弔古〉（頁 76）		

	〈有感〉（頁77～78）	「坎坷廿載命逢奇，聞道秋闈疊皺眉」，（頁77，疊宜作迭）	
	〈餞送施文波司馬〉（頁105～106）		
1892 光緒18年 壬辰 43歲	撰《施案紀略》《戴案紀略》。（詳《戴施案紀略·蔡序》，頁3；《施案紀略·自序》，頁95） 《瑞桃齋詩稿》〈軼程挺生觀察老夫子〉（頁81～82）	「台中布化已三年」（頁81）程挺生1890年就任，故推斷為1892之作。	知府陳文騄薦舉參與纂修全台通志，任採訪員，撰《施案紀略》《戴案紀略》。（詳《戴施案紀略·蔡序》，頁3。另詳《施案紀略·自序》，頁95～96）	
1893 光緒19年 癸巳 44歲	《施案紀略》完稿。（詳《施案紀略·自序》，頁95～96） 《瑞桃齋文稿》〈擬進台灣通志表〉（頁165～167） 〈香鄰山長大人蔡司馬七秩壽慶官章德芳〉（頁195～201） 《瑞桃齋詩稿》〈癸巳鄉試遇風泊舟不行〉（頁35～36） 〈癸巳省試輪船遭風停泊〉（頁54） 〈鷺門遭風停泊〉（頁58～59）	言「提調官陳文騄命擬此表」。（頁167）生卒年為1824～1899，1893年為七十壽慶。 言「試罷歸家急」（頁36）知是返程歸家途中。以下二題為同一系列作品。 「馬江開駛抵管頭，凜列海上生颶風……停泊三天始開霽」（頁54） 「綿延三日少停刻……何時天容能開霽，輪船飛駛歸故鄉」（頁59）	七度參加福州鄉試，不中。（《瑞桃齋詩稿·癸巳鄉試遇風泊舟不行》，頁35） 台灣府陳文騄命重建彰化忠烈祠。（《戴案紀略·合建忠烈祠序》，頁59） 鄉試歸程，福州馬江駛至管頭遭風停泊三日。 《施案紀略》完稿。	全台修通志。唐景崧取歷年唱稿，分門編輯為《詩畸》。 重建彰化忠烈祠。

1894 光緒20年 甲午 45歲	《戴案紀略》完稿。（詳《戴案紀略·自序》，頁1） 《瑞桃齋文稿》 〈陳吉生傳〉（頁229～233）	1862年7月臺灣總兵林向榮敗於斗六。幕友陳吉生為其報仇，事不成亦死。（詳《戴案紀略》，頁23、37～38） 文本應與《戴案紀略》作於同時。	再赴同安尋祖墳（《瑞桃齋詩稿·甲午同安重尋祖塋》，頁23） 《戴案紀略》完稿。 重遊施九緞事件官紳議事之祝豐館。	邵友濂辭職，唐景崧繼任臺灣巡撫。 中日甲午戰爭。
	《瑞桃齋詩稿》 〈小春有感〉（頁87）	言「把卷何心編甲乙」「感懷時事輒傷心」（頁87） 因《施案紀略》《戴案紀略》相繼完稿，判定與施案以下社會動盪、甲午中日戰爭等有關。以下五題，仍為此一憂患意識下的思維。		
	〈立春大雨作〉（頁87）	「河山鳳曆王正改」（頁87）推算為1894年春。		
	〈暮春重到祝豐館〉（頁88）	「世多棄舊迎新熱」「紛紛世事頻遷變」（頁88）祝豐館為施九緞案發生時，吳德功等官紳磋商對策處。（詳《施案紀略·周辛仲廣文遭難記》，頁112～115）		
	〈清明踏青〉（頁88）	「此地當年舊戰場，登臨蒿目倍心傷」（頁88）		
	〈遊東門外書齋〉（頁89）	「登堂共話逃亡事，不勝欷歔感慨來」（頁89）東門外書齋即祝豐館，所感慨者		

		應為周長庚遭難流離偃蹇事。（詳《施案紀略・周辛仲廣文遭難記》，頁 111～115）		
	〈暮春和美線結燈逐疫〉（頁89～90）	「古禮鄉人猶守舊，亂餘覩此樂雍雍」（頁 90）知是 1894 年暮春作。		
	〈夜到和美庄看燈〉（頁90）	承上題。		
	〈彰邑暮春逐疫〉（頁90）	承上題		
	〈端午日與友人聯吟偶成〉（頁91）	「為羨三閭真氣節，家家依舊把魂招」（頁91）呈顯社會動盪中對維護舊傳統的欣慰之情。		
	〈楓口曉發福州〉（頁21）	以下五題皆為甲午同安重尋祖墳之作。		
	〈憶妹倩林茂才壽卿〉（頁21～22）	「今歲越甲午」（頁21）故知作於1894 年。		
	〈泉郡途中遇雨〉（頁22）			
	〈小營嶺晚行同安縣〉（頁22～23）			
	〈甲午同安重尋祖塋〉（頁23）			
	〈秋日同安早渡〉（頁44）			
1894 前	《瑞桃齋文稿》〈林先生傳〉（頁225～227）	「施公財費不貲，而子孫食德無窮」（頁 226）1850 年代後，施家已逐漸沒落。文本應作於1895年前。		
	〈天降紅雨〉（頁259～263）	事主陳慶鏞，（1795～1858）		

	〈紀郭望安〉（頁 269～271）	道光十五年，（1835）乙未榜有臺灣府嘉義郭望安；曾任湖北知縣。與文本所記頗有出入，宜是民間傳說，敘為少作。		
	〈中元普度說〉（頁 289～291）	「搶孤……實出於西方釋氏化民之法，彼西方無禮樂詩書之教」，（頁 290）稱印度為「西方」非日治以後用語，推斷作於1895 年以前。		
	《瑞桃齋詩稿》上卷（頁 1～120）			
1895 後	《瑞桃齋文稿》〈諡法論〉（頁 39～42）	「今當各處遷塚，宜令各區區長保正」言，（頁 41）舉日治行政制度，判是乙未後作。		
	〈鄭成功論〉（頁 51～54）	文末附中村櫻溪評註，判是乙未後作。		
	〈賀顏氏新居序〉（頁 147～149）	「間嘗睥睨五大洲講富強之策者首重商務」（頁 147）乃新文化觀念，判是乙未後作。		
	〈蔡曉滄觀察六旬壽序〉（頁 215～220）	「滄桑更變，斯人咸期再出老夫自謝無能」（頁 218）知作於 1895年後。		
	〈董先生榮華傳〉（頁 235～237）	「改隸後，直臣將其書，託予寄泉州」（頁 236）知作於 1895 年後。		
	〈醫術〉（頁 265	「近日內地人濱		

	〜267）	口熊岳，能以不可思議之術醫病」（頁266）知是1895年改隸後之作。		
	〈言鑑〉（頁273〜274）	言「滄桑乍變，世界新翻」（頁273）知作於1895年後。		
	〈蛇化鼈〉（頁283〜286）	「昨讀臺北新聞」言，（頁283）《臺北新聞》為日治後新媒體，知作於1895年後。		
	〈貓乳鼠〉（頁287〜288）	「清水支廳長拒絕……」語，（頁287）為日治職官，知作於1895年後。		
	《瑞桃齋詩稿》下卷（頁121〜247）			
1895 光緒21年 乙未 明治28年 46歲	《讓台記》完稿《瑞桃齋文稿》〈吳統領彭年傳林鴻貴袁錫清附〉（頁239〜247）《瑞桃齋詩話》〈和朱樹梧留別〉四首（頁110〜111）《瑞桃齋詩稿》〈乙未春余到臺南道署陳觀察留署數日〉（頁81）〈乙未仲春陪宴臺南道署〉（頁121）〈割臺有感〉（頁122）〈臺亂有感〉（頁122）〈乙未八月有感〉（頁122）〈乙未冬入城有	亦見於《讓台記》（頁162〜165） 亦見於《瑞桃齋詩稿》。（頁69〜70） 「出城已半載，	2月謁陳文騄巧遇劉永福（詳《讓台記》，頁157）榮膺歲貢。（詳楊緒賢〈吳德功與礦溪吳氏家譜〉，《臺灣文獻》第28卷第3期，頁125〜126）參與台灣民主國抗日，奉彰化縣令丁變諭與吳景韓周紹祖在保甲局招募練勇。6月辭帶練勇。（詳《讓台記》，頁127、136、142、144、148、157）6月逃難，寄住甘井外甥林水生家；7月染瘧疾；家中長子聞及、妻許氏、母陳氏、四弟婦丁氏、五弟敏功、姪兒作求等六人相繼喪亡，11月返家。	中日馬關條約協議割讓臺灣 5月臺灣紳民共謀獨立，成立台灣民主國抗日，舉唐景崧為總統。5月任命海軍大將樺山資紀為臺灣總督。6月台灣總督府舉行始政式，日本正式治理臺灣。7月7日日軍攻下彰化城。7月日人於士林開設國語傳習所，開授日語。10月臺灣民主國劉永福逃走廈門。12月宜蘭義軍林大北、林李成率

	感〉（頁129）	束裝回故里」（頁129）避乙未日軍進駐之亂後返鄉。	（詳《瑞桃齋詩稿‧搔首問天歌》，頁132～134；楊緒賢〈吳德功與礦溪吳氏家譜〉，《臺灣文獻》第28卷第3期，頁123～124）	眾抗日。翌年1月台北陳秋菊等眾義軍響應，襲擊台北城，造成台北之亂。
	〈乙未冬與諸紳士留在官署〉（頁134）〈重到味閒齋〉（頁135～136）	避台北之亂引發的蜚言謠諑。避乙未日軍進駐之亂後返家。	12月避嫌台北之亂，留住官署。染血疾日人高橋大尉延醫療治（詳《瑞桃齋詩稿‧乙未冬與諸紳士留在官署》，頁134）	
	〈哭聞及兒〉（頁136）	因避亂，八月十一日卒於燕霧擺塘庄，得年二十二。（詳楊緒賢〈吳德功與礦溪吳氏家譜〉，《臺灣文獻》第28卷第3期，頁124）		
	〈擬李義山漢南書事〉（頁136～137）	暗諷台灣民主國抗日爭功失敗之故。		
1896光緒22年丙申明治29年47歲	《瑞桃齋詩稿》〈搔首問天歌〉（頁132）	言「回思乙未六月間……」（頁132）推斷作於1896年。	宅第借用為臨時法庭，加籐禮次郎法官到訪。（詳《瑞桃齋詩稿‧送加籐禮次郎法家正可》，頁169）	3月臺中縣掛牌運作，初設苗栗、鹿港、埔里社、雲林等四個支廳。9月鹿港支廳改為彰化支廳。日本設臨時法院於彰化。6月簡義、柯鐵等於雲林鐵國山發動抗日事件。10月公布臺灣紳章條規。總督府書記白井新太郎巡遊探訪民情。
	〈端午有感〉（頁137）	「稱雄海外今何在」（句下自註：去年五月唐帥稱民主國）（頁137）故推斷作於1896年。	6月鐵國山事變避難於頂黎、寄居親家謝攀桂宅。（詳《瑞桃齋詩稿‧頂犁謝攀桂親家齋中即事排律十四韻》，頁140）送楊吉臣赴東京（詳《瑞桃齋詩稿‧送楊吉臣赴東京》，頁148）	
	〈端午弔屈原〉（頁137）〈望太平〉（頁138）	「海外遭兵燹」（頁138）知是鐵國山事變避期間難作。以下二十三題皆然。		
	〈頂犁庄望月〉（頁138）〈東道〉（頁138～139）〈線西〉（頁139）	「奚日歸我家」（頁138）「無家歸不得」（頁138）「驚惶避線西」		

	〈頂犁謝攀桂親家齋中即事〉排律十四韻（頁140）	（頁138）「妻孥半死生」句下自註：去年八九月慘甚（頁138）	
	〈戲贈陳資西舍回書館述懷五古〉（頁141）〈覆巢〉（頁141～142）〈解悶〉（頁142）〈寄賢友開東茂才〉（頁142）		
	〈覆開東賢友函〉（頁142～143）	「僻處村庄中，佳音候洗耳」（頁143）	
	〈去年〉七古 丙申土匪之變（頁143～144）〈荒園〉（頁144～145）	「去年七月走山陽今年六月逃海疆」（頁143）「荒僻園林好」避難寫動盪中的桃花源（頁145）	
	〈甘井村中即景排律十韻〉（頁145）	「歸家未有期」（頁145）	
	〈寄居甘井林家感懷〉（頁145～146）	「干戈猶未定何日起瘡痍」（頁146）	
	〈寄探汝修譜兄用寄開東原韻〉（頁146）	「鄉村空寂寞」（頁146）	
	〈七夕寄請汝端宗兄開東賢友造甘井五古二十四韻〉（頁146～148）	「尤幸同學友，平安報兩字，家室慶團圓，一門托天庇」（頁147）	
	〈送楊吉臣兄赴東京五古二十韻〉丙申（頁148）	「冀君請民命……畫圖袖歸來足補《齊諧志》」（頁148）	
	〈初秋夜間即景〉（頁149）〈東勢社頭庄田家即景〉（頁149	「何時海外干戈息」（頁149	

	〜150）〈新秋〉（頁150）〈步白子澄先生巡臺原韻〉（頁150）〈步白子澄先生巡臺書感原韻〉（頁151）〈敬次白子澄星使贈開東原韻〉（頁152）	「光音容易過，何日返家鄉」（頁150）《瑞桃齋詩話》載錄：白子澄到彰化「與邑內諸生吳開東互相唱和」（《瑞桃齋詩話・詩史》，頁225）未及他人，此三首應為聞風響應之作。		
1897 光緒23年 丁酉 明治30年 48歲	《瑞桃齋文稿》〈謝台中縣知事村上義雄惠國史略啟〉（頁169〜170）《瑞桃齋詩稿》〈小春有感〉（頁164） 〈蔡蓮舫姪女倩之東京回台〉丁酉（頁167〜168）〈清明往林厝坑祭墓〉丁酉年（頁168〜169）〈送加籐禮次郎法家正可〉（頁169）	文本題下自註「丁酉十二月」（頁169） 「丁酉之春，台灣縣知事村上義雄，疊遣通譯三谷到家延訪延訪，委以囑託之任」（頁164）	台灣縣知事村上義雄遣通譯三谷延訪，委請擔任囑託之職，懇辭。（詳《瑞桃齋詩稿・小春有感》，頁164）清明往林厝坑祭墓。（《瑞桃齋詩稿・清明往林厝坑祭墓》，頁168）5月受佩紳章。（詳《臺灣列紳傳》，頁182）蔡蓮舫姪女倩之東京回台携新聞詩集一部二函借閱。（詳《瑞桃齋詩稿・蔡蓮舫姪女倩之東京回台》，頁168）台中縣知事村上義雄贈《國史全編》。（《瑞桃齋文稿・謝台中縣知事村上義雄惠國史略啟》，頁169〜170）	1.08 為調查台灣制度文物風俗習慣，民政局內特置臨時調查組。5.08 日刊報紙台灣日報發刊創刊號。村上義雄任台中縣知事。（《瑞桃齋文稿・送台中知縣村上義雄君榮遷序》，頁137）7 月肥田野畏三郎就任彰辨務署長。
1898 光緒24年 戊戌 明治31年 49歲	《瑞桃齋文稿》〈白鷺營巢林家記〉（頁93〜95）	「予姻翁林耀亭，前清之茂才亦台中之舊參事」（頁94）林氏1897年曾任台中辨務署參事，1900年擔任樹子腳區長。文中稱	建議設中部師範學校。（《瑞桃齋文稿・送台中知縣村上義雄君榮遷序》，頁138）遊定軍寨。（《瑞桃齋詩稿・定軍寨有感五古》，頁181）	2.26 陸軍中將兒玉源太郎任台灣總督。3.02 後藤新平任台灣總督府內務局長。7.17 兒玉總督假總督府舉行首次饗老典。

	〈讀觀光紀游書後〉（頁125～127）	舊參事，宜作於參事卸任後。「我彰辦務署長肥田野君雅嗜書籍，余於元旦慶賀……」（頁125～127）彰辦務署長肥田野畏三郎於明治三十年（1897）七月就任，文中言及元旦事，故推斷作於1898年。		9.21 戊戌政變爆發。慈禧太后掌握實權，光緒帝被幽囚，康有為、梁啟超亡命日本。12 月 23 日梁創刊「清議報」於橫濱。台中縣知事村上義雄升任台北縣知事。遺缺由木下周一接替。
	《瑞桃齋詩稿》〈登定軍寨有感五古〉（頁181）	「回憶乙未秋黑騎樹營壘徐吳聞雞舞」（頁181；另詳《讓台記》，頁146）		
	〈登定軍寨有感七絕〉（頁182）	「此地前年曾用兵」（頁182）		
1899 光緒25年 己亥 明治32年 50歲	《瑞桃齋文稿》〈讀朱子國小書後〉（頁133～135）	時任台中師範學校教授囑托。	任台中師範學校教授囑托。（詳《明治三四年台灣總督府公文類纂》永久乙種，〈四〇三十四年十一月台中師範學校事務報告〉）	4.09 兒玉總督假彰化文廟舉行饗老典。台中師範學校成立於彰化。
	〈送台中知縣村上義雄君榮遷序〉（頁137～140）	「丁酉公來莅斯土……于今三年」（詳頁137～139）故知作於己亥1899年。		
	〈慶饗老典會有序〉（頁189～193）〈請籌善法處置士人論〉（頁297～300）	彰化文廟舉行饗老典。「此篇曾登於《臺北新聞》隔年總督府即有揚文會之盛典」（頁299）揚文會於1900年舉辦，故推斷作於1899年。		
	《瑞桃齋詩稿》〈恭贈橫堀三子〉（頁170～172）	橫堀三子於明治三十年（1897）任職臺中縣書記官、內務部、臺中國語傳習所，		

		旋即返回日本。（詳《臺灣總督府職員錄》，明治 30 年，頁 639、643）此為歸里後、魚雁互通之作。		
1900 光緒 26 年 庚子 明治 33 年 51 歲	作《觀光日記》（頁 167～188） 《瑞桃齋文稿》〈運動會記〉（頁 67～71） 〈日新俱樂部序〉彰化廳長須田綱鑑設（頁 141～142） 〈賀木下太守新建樓舍序〉（頁 143～145） 《瑞桃齋詩稿》〈庚子中秋彰化辨務署長筧朴郎延請到新建宿舍樓中玩月飲酒爰賦七律〉（頁 173～174） 〈并步平野君原韻〉（頁 174） 〈庚子中秋彰化辨務署長筧朴郎邀同周君仰亭玩樂飲酒賦詩即用其韻〉（頁 174～175） 〈寄贈陸軍參謀竹下平作君五古十六韻〉（頁 180～181）	載 1900 年 3 月參加揚文會始末。 「請廳長須田綱鑑并紳士觀閱」，（頁 68）知作於 1900 年。 彰化廳長須田綱鑑（頁 141） 台中縣知事木下周一（頁 143） 「按明治三十三年東京命士官學校教授竹下平作來臺採訪戰事，山崎大尉帶《讓台記》一冊以獻……作古風以謝之）。」（詳《瑞	春與木下邦昌教授、武籐學務課長針五郎至八卦山尋梅。（詳《瑞桃齋文稿·觀僵梅記》，頁 63） 3.08 啟程赴楊文會，至 3.31 返抵家門。（詳《觀光日記》，頁 167、184） 台北探訪李石樵、陳淑程。 3.25 台北巧遇施悅秋。 3.26 新竹探訪鄭香谷。 3.27 同林峻堂王學潛抵中港訪陳汝濃。 3.28 苑裡探訪蔡啟運。（詳《觀光日記》，頁 167） 中秋彰化辨務署長筧朴郎延請到新建宿舍樓中玩月飲酒。（詳《瑞桃齋詩稿·庚子中秋彰化辨務署長筧朴郎延請到新建宿舍樓中玩月飲酒爰賦七律》，頁 173～174） 東京修戰史，山崎虎之助大尉取《讓臺記》獻竹下參謀。（詳《瑞桃齋文稿》，頁 303～304）	3.15 台灣總督府男爵兒王源太郎舉行揚文會。總計全台舉人、貢生、廩生止餘一百五十名。（《觀光日記》，頁 167） 清國義和團事變 彰化廳長須田綱鑑匯登節孝神牌。（《彰化節孝冊》，頁 191） 彰化廳長須田綱鑑設日新俱樂部

		桃齋文稿》，頁 304）是知作於 1900 年。		
1901 光緒 27 年 辛丑 明治 34 年 52 歲	《瑞桃齋詩稿》〈辛丑仲春我木下校長領教員往湖水坑探梅折枝攜歸插膽瓶中三屋大武郎作詩以紀之爰和七絕四首〉（頁 175～176）〈祝天長節燃放煙火於八卦山七古〉（頁 194～196）	「明治三十有四年，天長令節張彩筵」（頁 194）知作於 1901 年。	與東京名學士中村柏實認識。（詳《瑞桃齋文稿·讀中村櫻溪涉濤集書後》，頁 114）11 月任彰化廳參事。（為臺灣人最高職位）	11 月總督府實施「一府一廳」二級制，設彰化廳。
1902 光緒 28 年 壬寅 明治 35 年 53 歲				台中師範學校廢校。
1903 光緒 29 年 癸卯 明治 36 年 54 歲	《瑞桃齋文稿》〈觀僵梅記〉（頁 63～65） 〈讀中村櫻溪涉濤集書後〉（頁 113～115）	「明治三十三年春余與木下教授邦昌武藤學務課長針五郎諸人徒步同行到此園尋梅……自是每年或一至焉或再至焉……去年春夏之交……緣於正月十有五日重履其地」（詳頁 63～64）據以推斷作於三年後，約在 1903 年。中村櫻溪《涉濤集》台北，1903 年版	與楊吉臣等於兒玉總督至彰時，建議設置中等學校。10 月八卦山背小園觀梅。	
1904 光緒 30 年 甲辰 明治 37 年 55 歲	《瑞桃齋文稿》〈再讀中村櫻溪涉濤集書後〉（頁 117～119）	中村櫻溪《涉濤續集》台北，1904 年版。		2.10 日俄戰爭。隨後中國宣言中立。

	〈讀館森子漸先生先正傳書後〉（頁125～131）	管森鴻《先正傳》拙存園開雕，宮部勘七1904年出版。		
1905 光緒31年 乙巳 明治38年 56歲	《瑞桃齋文稿》〈旅順破後防海〉（頁33～34） 〈俄艦東來論〉（頁34～38） 〈清國不宜中立論〉（頁43～46） 《瑞桃齋詩稿》〈山莊探梅〉（頁197）	1905年日俄戰爭，俄國於旅順投降。 以下三題皆論述日俄爭中國旅順海權議題。 《瑞桃齋文稿》上卷目次標為〈俄艦東來論明治三十年〉（頁1）時間與國際情勢及文本所述俄艦旅順敗亡事不符，故判定作於1905年，日俄戰爭後。	山莊探梅。（《詩稿‧山莊探梅》，頁197）	9.05日俄媾和條約簽署（朴次茅斯條約）
1906 光緒32年 丙午 明治39年 57歲			彰化養濟院改為慈惠院，與世文來、吳澄善捐款贊助。（詳《瑞桃齋文稿‧養善所碑記》，頁48～50）	台中廳長加藤尚志
1907 光緒33年 丁未 明治40年 58歲	《瑞桃齋詩稿》〈塞上曲〉（頁198）			
1908 光緒34年 戊申 明治41年 59歲	《瑞桃齋文稿》〈三跋中村櫻溪涉濤三集〉（頁121～123） 《瑞桃齋詩稿》〈戊申三月和劉君育英憶中村櫻溪先生詩原韻〉（頁208）		中村櫻溪《涉濤三集》（台北，1908年版）	

1909 宣統元年 己酉 明治42年 60歲	《瑞桃齋文稿》 〈養善所碑記〉 （頁47～50） 《瑞桃齋詩稿》 〈己酉春日小松 吉久廳長折東 招飲即席賦詩 敬步原韻〉（頁 197）	慈惠院祭祀金不 足「請台中廳長 枝德二加添」（頁 50）	小松吉久廳長招飲 （《瑞桃齋詩稿》，敬步 小松吉久廳長原韻，頁 197）	小松吉久任彰化 廳長 10月彰化廳併入 台中廳，枝德二 擔任首任台中廳 長（1909～1915）
1911 宣統3年 辛亥 明治44年 62歲			與楊吉臣、吳汝祥 等人斷髮。（詳明治 44年12月19日《漢文 台灣日日新報》）	
1912 民國元年 壬子 大正元年 63歲	《瑞桃齋文稿》 〈春日重經古月 井旁讀書故址 記〉（頁101～102） 〈祭征番討伐隊 殉難人員文有 序〉（頁159～160） 〈桃李冬實〉（頁 279～281）	「予弱冠時與舍 弟汝翰讀書其 中……迄今已隔 四十五年」（頁 101）弱冠後45 年，知作於63 歲，值1912年。 序言「明治四十 五年三月二十有 一日」（頁159）知 作於1912年。 「壬子歲夏秋之 交，狂風驟雨奔 騰澎澎」言，（頁 279）知作於1912 年。	隨祭征番討伐隊殉 難人員。（詳《瑞桃齋 文稿·祭征番討伐隊殉 難人員文》，頁159）	
1913 民國2年 癸丑 大正2年 64歲	《瑞桃齋文稿》 〈賀攀桂宗兄七 秩壽序〉（頁221 ～224）	「大正皇上踐祚 之二年歲次癸 丑」（頁221）		
1914 民國3年 甲寅 大正3年 65歲	《瑞桃齋文稿》 〈游武東堡蜜柑 宅記〉（頁91～92） 〈同志青年會 序〉（頁151） 〈彰化同志學問	「甲寅十月之望 朔風初烈」（頁91） 大正三年彰化同 志青年會成立， 支廳長河東田義	成立彰化同志青年 會，支廳長河東田 義郎任會長。（詳黃 呈聰〈關於彰化思想問 題的考案〉（上），收於 《臺灣民報》卷2，第 17號，1924年9月11	加藤廳長開蜜柑 品評會

	研究會論作文法〉（頁161～163） 〈中秋彰化公園觀月序〉（頁155～157） 〈蜜柑賦〉（頁175～177）	郎任會長。 「甲寅之秋八月中秋前一日」（頁155） 「甲辰冬十二月五日，我彰化加藤廳長開品評會……」（頁175） 案：甲辰應為甲寅之誤。	日） 參加河東田義郎支廳長彰化公園之觀月會。	
1916 民國5年 丙辰 大正5年 67歲	《瑞桃齋文稿》 〈日月潭記〉（頁83～86） 〈珠潭浮嶼水分二色魚二種說〉（頁293～295）	「丙辰初秋七月河東田支廳長……」（頁83）言「今埔里社輕便車開通與二八水驛火車相接」，（頁295）埔里社輕便車開設於1916年，推斷約作於此年。	七月與河東田義郎支廳長同遊日月潭。	
1917 民國6年 丁巳 大正6年 68歲	《瑞桃齋文稿》 〈復館森袖海先生書〉（頁301～304）	「但此書原不敢問世，因河東田警視及臺北新聞記者欲取付梓」（頁303） 原彰化支廳長河東田義一郎，於1917年8月任宜蘭廳警視。故判約作於此年。（詳《臺灣總督府檔案·宜蘭廳警視河東田義一郎（任警察官及司獄官練習所舍監）》，100353件／02747冊022號）	與黃臥松等創立崇文社。	10月彰化崇文社創立
1918 民國7年 戊午 大正7年 69歲			擔任一至四期文宗。題目如下： 一期〈勸孝悌以重人倫論〉 二期〈養苗媳及蓄婢弊害議〉	1月起崇文社每月課題徵文 櫟社詩人創立台中臺灣文社

			三期〈救荒策〉 四期〈戒奢侈說〉	
1919 民國 8 年 己未 大正 8 年 70 歲	《彰化節孝冊》輯成（頁192） 《瑞桃齋文稿》〈孔教論〉（頁9～12） 《瑞桃齋文稿》《瑞桃齋詩稿》完稿。		1 月任臺灣文社評議員，並擔任第一期徵文〈孔教論〉文宗。（詳《臺灣文藝叢誌》第一期） 贈予台灣總督府圖書館《瑞桃齋聞稿》《瑞桃齋詩稿》抄本。（詳寄贈戳記「大正八年四月九日」字樣）	1 月臺灣文社發行《臺灣文藝叢誌》。
1921 民國 10 年 辛酉 大正 10 年 72 歲			贈予台灣總督府圖書館《瑞桃齋詩話》抄本。（詳寄贈戳記「大正十年十一月八日」字樣）	
1924 民國 13 年 甲壬 大正 13 年 75 歲			去世（楊緒賢〈吳德功與礦溪吳氏家譜〉，《臺灣文獻》第 28 卷第 3 期，頁 113）	

重要參考文獻

（以姓氏筆劃為序，不列姓氏者置前）

一、原典

1. 吳德功，《瑞桃齋詩話》，臺北：國家圖書館臺灣分館藏，1921 年。
2. 吳德功，《吳德功全集》含：
   吳德功，《瑞桃齋詩話》，南投：臺灣省文獻委員會，1992 年。
   吳德功，《瑞桃齋詩稿》，南投：臺灣省文獻委員會，1992 年。
   吳德功，《瑞桃齋文稿》，南投：臺灣省文獻委員會，1992 年。
3. 吳德功，《戴案紀略・施案紀略・讓臺紀・觀光日紀・彰化節孝冊》，南投：臺灣省文獻委員會，1992 年。

二、文獻史著

1. 臺灣總督府，《臺灣列紳傳》，臺北：臺灣日日新報社，1916 年。
2. 珍本十六經，《六經集註》，臺北：龍泉出版社，1978 年。
3. 國史館，《清史稿校註》，臺北：國史館，1986 年。
4. 臺灣省文獻委員會，《重修臺灣省通志・卷十藝文志著述篇》，南投：臺灣省文獻委員會，1993 年。
5. 新竹市政府，《新竹市志・卷七人物志、卷八藝文志》，新竹：新竹市政府，1994 年。
6. 彰化師大地理系，《彰化市志》，彰化：彰化市公所，1997 年。
7. 臺灣省文獻委員會，《彰化縣志》，南投：臺灣省文獻委員會，1997 年。
8. 東海大學中國文學系，《臺灣古典文學與文獻》，臺北：文津出版社，1999 年。
9. 王士禎，《帶經堂詩話》，臺北：廣文書局，1971 年。
10. 王國璠、邱勝安，《三百年來臺灣作家與作品》，臺灣時報，1977 年。

11. 王國璠，《臺灣抗日史》，臺北：臺北市文獻委員會，1981 年。

12. 王夫之等，《清詩話》，臺北：西南印書局，1979 年。

13. 王松，《滄海遺民賸稿，臺陽詩話》，南投：臺灣省文獻委員會，1994 年。

14. 王則修，《則修先生詩文集》，臺南：臺南市立圖書館，2004 年。

15. 托克托《宋史》，臺北：商務印書館，1983 年。

16. 江寶釵，《嘉義地區古典文學發展史》，嘉義：嘉義市立文化中心，1998 年。

17. 江寶釵，《瑞桃齋詩話校註》，高雄：麗文文化事業有限公司，2009 年。

18. 何文煥，《歷代詩話》，臺北：漢京文化事業有限公司，1983 年。

19. 胡應麟，《詩藪》，北京：中華出版社，1958 年。

20. 洪繻，《寄鶴齋詩話》，南投：臺灣省文獻委員會，1993 年。

21. 施懿琳，《臺中縣文學發展史》，臺中：臺中縣立文化中心，1995 年。

22. 施懿琳、楊翠，《彰化縣文學發展史》，彰化：彰化縣立文化中心，1997 年。

23. 徐世昌等著，《清儒學案》，臺北：世界書局，1966 年再版。

24. 梁紹壬，《兩般秋雨盦隨筆》，上海：上海古籍出版社，1982 年。

25. 陳夢雷《古今圖書集成》，臺北：廣文書店，1977 年。

26. 陳澤，《臺灣前期武裝抗日運動有關檔案》，南投：臺灣省文獻委員會，1977 年。

27. 陳浩洋著，江秋玲譯，《台灣四百年庶民史》，臺北：自立晚報，1992 年。

28. 陳文達，《臺灣縣志》，南投：臺灣省文獻委員會，1992 年。

29. 陳漢光，《臺灣詩錄》，南投：臺灣省文獻委員會，1997 年。

30. 陳明台，《臺中市文學史初編》，臺中：臺中市立文化中心，1999 年。

31. 郭紹虞，《中國歷代文論選》，臺北：木鐸出版社，1981 年再版。

32. 郭紹虞，《清詩話續編》，臺北：木鐸出版社，1983 年。

33. 郭紹虞，《中國文學批評史》，臺北：成偉出版社，不詳。

34. 莫渝、王幼華，《苗栗縣文學發展史》，苗栗縣立文化中心，2000 年。

35. 連雅堂，《臺灣詩乘》，南投：臺灣省文獻委員會，1992 年。

36. 連雅堂，《臺灣詩薈》，南投：臺灣省文獻委員會，1992 年。

37. 連雅堂，《臺灣通史》，臺北：眾文圖書公司，1994 年。

38. 戚嘉林，《臺灣史》，臺北：戚嘉林，1998 年三版。

39. 勞思光，《中國哲學史》第三卷，香港：友聯出版社，1980 年。

40. 黃旺成編纂，《新竹縣志卷九人物志》，臺北：成文出版社，1983 年。

41. 張仲禮著，李榮昌譯，《中國紳士》，上海：上海社會科學院，1991 年。

42. 葉榮鐘，《日據下台灣大事年表》，臺中：晨星出版社，2000 年。

43. 臺靜農，《百種詩話類編》，臺北：藝文印書館，1974 年。

44. 蔡鎮楚，《中國詩話史》，湖南：文藝出版社，1988 年。

45. 劉兆璸，《清代科舉》，臺北：東大圖書公司，1979 年再版。

46. 劉登翰等，《臺灣文學史》，福建：海峽文藝出版社，1991 年。

47. 廖一瑾，《臺灣詩史》，臺北：文史哲出版社，1999 年。

48. 錢穆，《中國近三百年學術史》，臺北：臺灣商務出版社，1987 年臺九版。

49. 錢仲聯，《清詩紀事》，江蘇：江蘇古籍出版社，1989 年。

50. 顧易生等，《中國文學批評史》，臺北：五南圖書公司，1991 年。

51. 龔鵬程，《詩史本色與妙悟》，臺灣：學生書局，1986 年。

52. 龔顯宗，《臺灣文學家列傳》，臺北：五南圖書公司，2000 年。

三、其他論著

1. 東海大學中文系，《明清時期的臺灣傳統文學論文集》，臺北：文津出版社，2000 年。

2. 方孝謙，《殖民地臺灣的認同摸索》，臺北：巨流出版社，2001 年。

3. 江自得編，《殖民地地經驗與臺灣文學》，臺北：遠流出版社，2000 年。

4. 朱雙一，《閩台文學的文化親緣》，福建：人民出版社，2003 年。

5. 李世偉，《日據時代臺灣儒教結社與活動》，臺北：文津出版社，1999 年。

6. 尾崎秀樹著，陸平舟等譯，《舊殖民地文學的研究》，臺北：人間出版社，2004 年。

7. 吳文星，《日據時代臺灣領導階層研究》，臺北：正中書局，1992 年。

8. 林國標，《清初朱子學研究——對一種經世理學的解讀》，湖南：人民出版社，2004 年。

9. 林美秀，《王松詩話與詩的現代詮釋》，高雄：春暉出版社，2007 年。

10. 施正鋒，《台灣人的民族認同》，臺北：前衛出版社，2000 年。

11. 翁聖峰，《日據時期臺灣新舊文學論爭新探》，臺北：五南圖書公司，2007 年。

12. 許俊雅，《臺灣寫實詩作之抗日精神研究》，臺北：國立編譯館，1997 年。

13. 許俊雅，《臺灣文學論——從現代到當代》，臺北：國立編譯館，1997 年。

14. 陳昭瑛,《臺灣文學與本土化運動》,臺北:正中書局,1998 年。

15. 陳昭瑛,《臺灣與傳統文化》,臺北:正中書局,1998 年。

16. 陳昭瑛,《臺灣儒學——起源發展與轉化》,臺北:正中書局,2000 年。

17. 陳進國,《信仰・儀式與鄉土社會——風水的歷史人類學探索》,北京:中國社會科學院,2005 年。

18. 曾昭旭,《王船山哲學》,臺北:遠景出版事業公司,1983 年。

19. 黃昭堂著,黃英哲譯,《臺灣總督府》,臺北:前衛出版社,1999 年修訂版。

20. 黃俊傑,《臺灣意識與臺灣文化》,臺北:正中書局,2000 年。

21. 黃美娥,《重層現代性鏡像——日治時期臺灣傳統文人的文化視域與文學想像》,臺北:麥田出版社,2004 年。

22. 黃美娥,《古典臺灣:文學史・詩社・作家論》,臺北:國立編譯館,2007 年。

23. 趙順孫,《四書纂疏》,臺北:學海出版社,1977 年。

24. 蒲若茜,《族裔經驗與文化想像》,北京:中國社會科學院,2006 年。

25. 劉勰,《文心雕龍》,臺北:臺灣開明書店,1973 年臺十一版。

26. 蔡鎮楚,《詩話學》,湖南:湖南教育出版社,1990 年。

27. 蔡鎮楚、龍宿莽,《比較詩話學》,北京:北京圖書館,2006 年。

28. 簡炯仁,《台灣開發與族群》,臺北:前衛出版社,1997 年。

29. 龔顯宗,《臺灣文學研究》,臺北:五南圖書公司,1998 年。

四、期刊論文

1. 王順隆,〈日治時期臺灣人「漢文教育」的時代意義〉,《臺灣風物》第 49 卷第 4 期,1999 年 12 月,頁 107～127。

2. 江寶釵,〈日治時期臺灣詩話編輯校註與研究價值述略〉,國立臺灣文學館《臺灣文學研究學報》第 14 期,2012 年 4 月,頁 133～168。

3. 李知灝,《瑞桃齋詩話研究》,中正大學 2003 年碩士論文,2003 年。

4. 林瑞明,〈國家認同衝突下的臺灣文學研究〉,《文學臺灣》第 3 期,1993 年 6 月,頁 14～32。

5. 林淑慧,〈世變下的書寫——吳德功散文之文化論述・附錄〉,國家臺灣文學館籌備處《臺灣文學研究學報》第 4 期,2007 年 4 月,頁 34～35。

6. 林美秀,〈吳德功《瑞桃齋詩話・佳話》的聖王建構〉,《高雄應用科技大學人文社會學報》第 1 期,2004 年 7 月,頁 1～12。

7. 林美秀,〈吳德功《瑞桃齋詩話》文本的媒介特質與我族建構〉,《高雄應